养老金通论

——关于人口结构、养老金制度、金融结构变迁的一般理论

刘云龙　肖志光　著

中国财政经济出版社

图书在版编目（CIP）数据

养老金通论：关于人口结构、养老金制度、金融结构变迁的一般理论/刘云龙，肖志光著．—北京：中国财政经济出版社，2011.12

ISBN 978－7－5095－3288－1

Ⅰ.①养…　Ⅱ.①刘…②肖…　Ⅲ.①退休金－劳动制度－研究　Ⅳ.①F241.34

中国版本图书馆CIP数据核字（2011）第245919号

责任编辑：刘五书　　　　责任校对：王　英

封面设计：朱　江　　　　版式设计：董生平

中国财政经济出版社出版

URL：http：//www.cfeph.cn

E－mail：cfeph@cfeph.cn

社址：北京市海淀区阜成路甲28号　邮政编码：100142

营销中心电话：88190406　北京财经书店电话：64033436　84041336

北京富生印刷厂印刷　各地新华书店经销

787×960毫米　16开　18.25印张　239 000字

2012年3月第1版　2012年3月北京第1次印刷

定价：36.00元

ISBN 978－7－5095－3288－1/F·2783

（图书出现印装问题，本社负责调换）

质量投诉电话：88190744

前言
人口与资本发展的动态经济学

人口与资本是我们理解当今世界发展变化的一把金钥匙，几乎可以打开社会经济迷宫的每一扇门和每一扇窗。

人口与资本也可以称之为丁与财。丁财矛盾是农业社会、工业社会、现代社会全部经济关系的基础。农业社会中，丁财矛盾表现为人口与土地的矛盾。工业社会中，丁财矛盾表现为产业工人和产业资本的矛盾。现代社会中，丁财矛盾表现为现代化和老龄化的矛盾。

现代社会中，由于“丁财不能两旺”，出现了前所未有的两极现象：一端是人口老龄化现象日趋严重，另一端是养老金资产日积月累。前者是人口结构的转变，后者是金融结构的变迁。连接这两端的桥梁则是养老金制度的变迁。

揭示人口结构、养老金制度和金融结构变迁三者之间的逻辑关系，就是本书的主旨所在。本书对“养老基金发展与金融结构变迁”之间引致关系的重点刻画和实证分析，就成为笔者倡导的“养老金融学”的核心范畴，同时也是笔者倡导的“长期资本战略”的理论基础①。笔者认为，它们也是人口与资本发展的动态经济学、动态金融学理论的重要组成部分。

在全球人口老龄化时代，懂得生育和养老的经济学，也就懂得了真正的经济学！

在全球人口老龄化时代，丁财两旺是人类最期盼的发展境界和最理想的发展环境，是衡量国家相对比较优势、国际竞争力的核心内容和关键指标！

一、农业社会的人口与资本矛盾

1. 人地矛盾成为农业社会经济关系的基础

在我们老祖宗那里，人口与资本的关系是用“丁与财”来概括。它正好符合我们老祖宗创立的“阴阳学说”：丁是阴，财是阳，丁生财，财养丁；丁少则财弱，丁多则财旺。

丁少财弱的现象就是经济学大师凯恩斯所言的“有效需求不

① 刘云龙，《养老金帝国Ⅰ——长期资本战略的百年大计》，中国财政经济出版社2012年版。

足”，丁多财旺的现象就是推动经济增长的人口红利。但是，一切皆有度，过犹不及。丁过多则耗财，财过多则伤丁。丁多耗财的现象就是“人满为患”，用今天的话来讲就是：社会抚养压力大，对自然环境和资源的压力大；用老祖宗的话来讲就是：人地矛盾，人地冲突。人地矛盾过于严重和激烈的时候，就会民不聊生，就会导致国内或者国家之间的战争，这时候就会出现由于“人满为患”导致“兵满为患”的现象发生。财多伤丁的现象就是“土满为患”，有地无人种，有荒无人开。原因是人们富裕之后，奢靡之风盛行，人们热衷于舒适享乐，普遍不愿意生儿育女、拖家带口了，于是人口锐减，土地过剩乃至荒芜。

从我国传统社会的王朝更迭、治乱交替的发展规律来看，人口与资本的矛盾表现得更加一览无余。封建王朝的初期，由于老百姓普遍人心思定，君臣们励精图治，建国之初往往采取休养生息的经济政策，于是盛世之治、国泰民安、风调雨顺随之而来，人口迅速增长，由于人口增长带来的人口红利进一步推动社会经济发展。但是，天下承平日久，人口大规模增加，在技术水平未有突破性的同时，人地矛盾和人地冲突相继而来。与此同时，往往由于封建王朝治理松弛，官吏腐败，豪强地主大肆兼并土地，严重的时候，普通百姓“上无片瓦，下无立足之地”，生活苦不堪言，于是出现揭竿而起的战乱，并且通过战乱实现改朝换代。这样，人口与土地的矛盾就暂时性地得到了缓解。可见，人口与土地的矛盾，造成了中国封建社会的经济周期，同时也形成了中国封建社会改朝换代的“周期律”。

2. “养儿防老”、“土地养老”成为基础性的养老保障模式

农业经济时代的经济特征是：商品和货币关系不发达，金融产品和金融工具缺乏，满足从年轻到年老跨期交易所需要的金融服务契约难以建立；劳动力和田土是最重要的生产资料，土地和房屋成为财富积累的主要工具，买田置地成为扩大再生产和进行财富积累的主要选

择；家庭成为社会经济发展和社会治理的基础单元，覆盖家庭成员的生老病死、婚嫁、建造等重要事件的经济往来和人情往来十分发达和频繁。于是，“养儿防老”、“土地养老”成为一种基础性的养老保障模式选择，其主要特点包括：

第一，它是一种非正式制度安排，养老资源获取范围局限于家庭和家族。

第二，以传统文化强化子女与父辈、祖父辈之间抚养与赡养义务关系。

第三，代际间温情脉脉的养老关系背后，隐含了长期借贷的契约关系。

也就是说，父母在年轻力壮的时候把剩余产品借给自己的子女，年老体弱的时候从子女那里得到本金和利息。

第四，遗产动机十分强烈，尤其是田产和地产成为主要的遗产方式。

第五，居家养老、家庭养老，成为主流的养老方式选择。

第六，以牺牲劳动力的流动性为代价，强化居住地的相对稳定性。

第七，长者治家、家长理财，成为主要的家庭治理模式。

与此相适应，我国发展出了以家文化、孝道文化为基础的儒家文明，强调伦理和秩序的重要性，要求国家尽仁、社会尽爱、家族尽礼、子女尽孝。

我国传统社会的“养儿防老”模式构建得十分精巧和细致。以传统的家庭为载体，在家庭和家族内部发展出了一整套有利于实现老有所养的微观制度安排，有效地消除了养老之忧，有力地推动了经济发展，成功地实现了我国在全球农业经济时代的领先地位。但是，家庭社会经济功能的扩大化，使得家庭作为一种系统化的经济制度替代了诸如商业银行、商业保险等金融市场的发展；而且，受到传统文化和传统观念的束缚，严重制约了我国在探索解决养老问题方面的技术发展和技术进步，导致诸如金融技术和金融手段的发展相对滞后。

随着工业革命的爆发，一种崭新的社会形态出现了，它就是工业社会。

二、工业社会的人口与资本矛盾

1. 人口与资本的关系成为工业社会经济关系的基础

随着工业革命的兴起和工业社会的出现，资本的范畴逐步超越了土地，涵盖了机器设备、工厂住房、矿产资源、石油资源、农产品等等实物资本，也涵盖了黄金、白银、货币等金融资本。

工业社会的初期，机器大生产、工业化大生产占据主导地位，劳动生产率和社会生产能力相比农业社会得到相当大的提升。由于自由放任的市场经济思想，以及“守夜人”国家模式的建立，机器大生产与社会化管理之间产生矛盾，并且以经济危机的方式表现出来，出现了工业社会经济周期的四个阶段：经济危机、经济萧条、经济复苏、经济高涨。

在经济危机阶段，不少因为工业化进程而失去土地的城市劳动者或者说产业工人，面临严重的经济打击——失业，以失业为标志的经济危机，在工业社会中此起彼伏地爆发，将工业革命的辉煌和光荣一而再、再而三地打翻在地。

于是，农业社会中的人口与土地的矛盾，就延伸和演变为工业社会中的人口与资本的矛盾，它成为工业社会全部经济关系的基础。同时，农业社会中农民（土地耕种者）和地主（土地所有者）之间的矛盾，就演变为产业工人和产业资本的矛盾。

马克思深刻地领悟到工业社会初期人口与资本、工人与资本家的矛盾，通过《资本论》来揭示两者之间的冲突关系，他提出了著名的劳动价值论和资本有机构成学说。在马克思看来，工人是剩余劳动的提供者，资本家是剩余价值的获得者。同时，马克思还认为，在这种特定的收入分配关系、资本积累原则的作用下，失业具有不可避免的制度属性，与此相关的社会财富分配必然出现两极分化的趋势：一端是财富的积累，一端是贫困的积累。

马克思理论的兴起，以及工人革命的爆发，迫使工业社会通过建立新的社会经济关系，来破解人口与资本的矛盾。

2. 社会保障成为调节人口与资本矛盾的新出路

自由放任市场经济的基本逻辑是：由市场进行资源配置，由市场决定收入分配。随着自由市场经济运行过程中出现一系列的问题，如收入分配不公、经济垄断严重、“老有所养”落空等“市场失灵”现象大量出现，要求国家纠正“市场失败”的力量越来越强大，于是国家干预主义应运而生。

初期的国家干预主义，可以简略地概括为对“市场失灵”的“三反”：

第一，反经济危机。通过货币政策、财政政策和产业政策，加强宏观经济管理，尽量延长经济繁荣的时间，尽量缩短经济危机的时间，最大限度地减少经济危机的发生。面对经济危机，政府通过扩大公共支出等干预经济的措施来减轻其对社会经济的影响和破坏。

第二，反经济垄断。通过制订《反垄断法》，确保经济领域有效的市场竞争，确保全社会获得“来自竞争的繁荣”。

第三，反经济贫困。政府向社会公众提供包括社会救济、养老保障、医疗保障等公共福利安排，确保失业者、伤残者、年老者的经济安全。

国家干预主义的盛行，标志着自由市场经济时代逐步向成熟市场经济时代发展。

用社会保障模式替代“养儿防老”、“土地养老”模式，把国民养老问题从家庭内部的微观问题和局部问题，提升到通过国家和全社会共同解决的宏观问题和社会问题，是工业社会的一大制度发明和伟大创造，其主要特点包括：

第一，商品和要素等各类市场得到培育和发展，养老所需要的养老资源可以通过市场来获得，如年老时的健康和护理需求可以通过向市场购买服务来满足。

第二，金融市场得到培育，金融技术得到发展，银行储蓄理财、养老保险产品、股票和基金投资、房地产投资、逆向按揭贷款等金融工具得到开发，可以满足从年轻时到年老时跨期交易的养老金融需要。

第三，生育观发生重大改变。子女被认为是耐用消费品，生儿育女的经济意义在于能够给父母亲带来效用和快乐，父母亲在子女教育、健康等方面进行人力资本投入，是为了获得更多的效用和快乐，家庭从追求子女的数量转变为追求子女的质量。

第四，覆盖全国居民的社会保障制度，即养老保障体系的第一支柱，为全体劳动者提供了老年经济安全的保障，不但有效缓解了人口与资本的经济矛盾和社会冲突，同时也有力地促进了社会经济发展。

于是，在国家干预主义政策的作用下，工业社会向现代社会进化。

三、现代社会的人口与资本矛盾

相对于工业社会而言，现代社会的经济特点可以概括为现代化或者说“新四化”，即工业化、城镇化、市场化、国际化。现代社会是工业社会的进一步发展，同时也是对农业社会的进一步疏远。

1. 财富浪潮与老龄化浪潮

现代化是贯穿20世纪的主旋律和主浪潮，显著特点是财富增长的速度前所未有。一方面，原先蕴藏在地下的石油、天然气、矿产、矿藏等资源被源源不断地挖掘和勘探出来，纳入到当前的财富体系中；

另一方面，在资本市场和金融市场的作用下，未来的财富创造能力贴现为当前的财富规模。于是，原有资源价值的重估和未来经济价值的贴现，成为财富增长的“双轮驱动”，财富规模蔚为壮观。根据美国伯克利大学经济学家德隆的研究，人类历史上（从旧石器时代到公元2000年的250万年间）97%的财富是在过去250年创造的（从1750年到2000年），也就是说人类用了万分之一的时间创造了97%的财富。同时，世界的人均GDP在2000年底达到6600国际元（这是按照1990年国际购买力核定的一个财富度量单位），是1750年180国际元的37倍。也就是说，在过去的250年间财富增长了37倍①。

与现代化相伴而生的还有一大浪潮，那就是人类自身正在走向老龄化。一方面是人口预期寿命的大幅度提高。从世界人口平均预期寿命来看，18世纪末为30岁左右，19世纪末40岁左右，20世纪末为67岁左右。随着医学和生物学在预防衰老研究的突破，人类预期寿命还将继续延长。另一方面人口出生率和总和生育率显著下降。

于是，以银发世界和“空空的摇篮”为标志的老龄化浪潮汹涌澎湃，向现代化发起绵绵不断的冲击。

2. “财丁不能两旺”的魔咒

我国著名社会学家潘光旦先生在20世纪20年代曾经写过一篇有名的文章，发表在《新月》杂志上，留下了一句名言：财丁不能两旺。通俗地讲，就是人们一旦获得财富、走向上流社会后，小孩数量就少了，家庭和家族就走向衰落了。比如说西欧，全球最早富裕的地区，结果富裕之后人们都不愿意生育小孩了，“白发欧洲”因此而起，国家竞争力开始下降。今天，我国已经富裕起来的沿海地区、大中城市，那里的人们率先致富，如今人们生育小孩的意愿也大大降低了，“白发上海”即是代表，区域竞争力也开始大打折扣。“财丁不

---

① 张维迎：“市场经济与财富（上）”，《上海证券报》，2008年1月7日。

能两旺”的说法，也许过于绝对和武断，似有宿命论的嫌疑，不过它提醒人们要关注人口老龄化与现代化的共生性、因果性。

西方社会学则把老龄化、低出生率现象与工业化、市场化进程联系在一起，寻找人口结构转变、人口老龄化的深层社会原因，他们得到的结论是：市场体制是避孕药，技术经济是催老剂①。

于是，现代社会中的人口与资本的矛盾，就转变为现代化与老龄化的矛盾。

3. 现代化与老龄化的百年对决

面对两者之间的百年对决，前有联合国的呐喊，后有投资大师罗杰斯的呐喊。联合国于1973年出版的《人口趋势的影响因素及其后果》一书，第一次对人口老龄化的社会经济影响进行系统研究，该书指出了人口老龄化对社会和家庭的影响，对储蓄、劳动生产率、技术进步和经济增长等经济因素的负面影响；2009年中国青年出版社出版了《投资大师罗杰斯给宝贝女儿的12封信》一书，罗杰斯在书中写道：“我必须说日本不适合做长期投资，因为这个国家有一个最严重的问题即出生率降低，而政府始终拿不出对策。除非有新的对策改善这个环境，不然一百年以后就没有日本了”。

四、现代社会的“人口结构”力量

现代经济学和人口学直接采用“人口规模、人口素质、人力资本、人口结构”等一系列“小而化之”② 的概念和术语，来深入地实证分析

---

① 蔡崇达：“越来越苍老的世界”，《三联生活周刊》，总第321期。

② 笔者把“广土众民”、“财丁两旺”的经济观，看作是一种“大而化之”的经济学分析方法。

人口对社会经济发展的影响，笔者把他们得到的结论进行通俗化表述：

1. 人口红利是个宝，人口负债是毒草

从人口结构导引出来最重要的经济学范畴就是人口红利和人口负债。经济学家们对“东亚奇迹”、“日本奇迹”、“中国奇迹”背后的人口红利贡献进行了数量化的测算，认为三大奇迹背后的GDP增长中有25%—33%（即1/4～1/3）是由这些国家或者地区的人口红利所贡献。

从20世纪90年代开始，日本经济发展出现了“逝去的20年”，不少经济学家认为，日本经济衰退的根本原因在于人口拐点和人口负债。从20世纪60—70年代开始，以欧洲为代表的大西洋地区，其国际竞争力逐步落后于以美国和亚洲为代表的太平洋地区，根本原因同样在于人口拐点和人口负债。

2. “人口结构”是基础，影响众多“关系户”

经济学家们不满足于将人口结构的作用仅仅区分为人口红利和人口负债两个要素，他们继续高歌猛进，从经济增长、财政发展、金融发展、资产价格、资本流动等多个方面，把人口结构尤其是人口红利对其他经济关系的影响，有声有色地进行了精细化刻画。

第一，对生产贸易结构的影响。

第二，对产业投资结构的影响。

第三，对收入分配结构的影响。

第四，对居民消费结构的影响。

第五，对财政货币政策的影响。

第六，对生产要素价格的影响。

第七，对财政支出结构的影响。

第八，对税收收入结构的影响。

第九，对金融资产结构的影响。

第十，对国际经济发展的影响。

第十一，对国际资本流动的影响。

第十二，对国际劳动力流动的影响。

在自然资源和技术水平相对稳定的条件下，一个国家通过劳动密集型产业—技术密集型产业—资本密集型产业—知识密集型产业的发展路线，国家和国家之间的生产和贸易结构的变化（即生产和贸易的国际分工体系），都受制于人口结构的演变。同时，人口结构还进一步影响国家的收入分配结构和居民消费结构。

经济学家们通过对全球人口结构转变、第二次世界大战后的“婴儿潮”现象进行深入分析后，他们发现一个国家在资产价格（包括股票、债券、房地产等市场）、能源价格、资源价格、农产品价格上涨的背后，第一推动力就是人口结构年轻化带来的人口红利。因此，一个国家财政政策和货币政策的制定都必须充分考虑到该国人口结构的特点和发展趋势。

经济学家们通过对全球资本流动的分析，发现国家或者地区之间人口结构的差异是导致国际资本大规模流动的重要原因，修正了过去单纯用贸易结构来解释国际资本流动的局限性，而且认为随着人口老龄化差异越来越显著，人口结构越来越超越贸易结构“引发”国际资本流动。聪明的资本总是偏爱人口结构年轻的国家或者地区，并且会巧妙地规避资本流动的国内政策限制，总是源源不断地由人口结构老龄化的国家流向人口结构年轻化的国家。正如笔者在《养老即命运》的小诗中所写的那样：“劳动有价资本爱，人口拐点难青睐；逐利而动大挪移，只因红利变负债。”①

① 刘云龙，《养老金帝国Ⅱ——长期资本战略的百年传奇》，中国财政经济出版社 2012 年版。

五、现代社会的“资本结构”力量

如果说农业社会的财富主要表现为土地的话，那么工业社会的财富主要表现为产业资本。相对于工业社会的财富增长速度，现代社会的财富增长速度则更加迅猛和高速。同时，现代社会的财富增长特点还表现在资本结构的裂变上。

1. 资本内核的裂变：产业资本和金融资本

工业社会的繁荣是建立在采掘业、制造业等产业发展的基础上，因此钢铁大王、石油大王、铁路大王成为产业资本的代表和灵魂人物。随着工业社会向现代社会的进步，以银行业、保险业、证券业为代表的现代金融服务业迅速崛起，金融业巨子掌握和管理的金融资产无论从资本规模还是社会影响力，都超越了产业资本。于是，产业资本和金融资本分庭抗礼，导致了资本内核的第一次大裂变！

实际上，现代社会中资本内核的第一次裂变，同样得益于人口结构的变迁。

2. 金融资本内核的裂变：养老金①异军突起

由于人口结构的快速转变，人口长寿化、老龄化压力越来越明显，社会保障制度特别是社会养老保障制度，不得不承受前所未有的

① 养老保障是一个内涵十分广阔的经济学范畴，至少可以区分为物质层面的保障和精神层面的保障。因此它成为社会学、政治学、经济学等多个学科可以共同关注的对象。物质层面的养老保障，强调的是为国民提供稳定的退休养老收入，强调的是养老保障的资产属性和金融属性，它往往成为金融学、投资学等专业学科重点研究的核心问题。可见，养老金的范畴要小于养老保障，更适合成为财务、金融、投资分析的对象。

财政压力。

为了充分调动国家、企业、个人为主的三方为养老问题分担责任的积极性，实现养老保障体系的可持续发展，释放和应对人口老龄化对社会养老保障制度带来的财政压力，国家综合运用财税金融政策，在社会保障制度（或者称之为公共养老金制度，即养老保障体系的第一支柱）之外，推动建立起职业年金制度（或者称之为“私人退休金”、“企业年金”制度）、商业养老保险制度，即养老保障体系的第二、三支柱。这样，现代社会中的养老保障体系三大支柱就打造成型了。

在税收优惠政策和金融发展政策双重推动力的作用下，养老金不断地分流银行储蓄，不断地投向资本市场，形成一种特殊的金融资本形态，即养老基金，它是“以养老为目的”的长期资本的汇聚。依赖于长期资本的长期投资运作，养老基金在金融体系中的竞争力显著提升，养老基金规模得到快速发展，于是养老基金成为以英美为代表的工业化国家金融体系中的第四大支柱①，成为这些国家推动资本市场国际化、确立全球资本市场中心地位的奠基石。

这样，在现代社会中，养老基金发展开创了伟大的“养老基金时代”，全民参与、全民分享的养老基金，通过债券投资、基金投资、股票投资、房地产投资（另类投资）、直接股权投资、私募股权投资、风险投资、对冲基金投资等多种投资方式，纷纷成为上市和未上市企业的大股东或者控股股东，完成了从“资本家的资本主义时代”到“养老基金的资本主义时代”的跳跃和迈进。

可以说，人口结构变迁、养老金制度变迁，是金融资本内核再次裂变、奠定养老基石的第一推动力！

---

① 现代金融体系中的四大支柱分别是：银行业、保险业、证券业、养老基金。

六、人口与资本发展的动态金融学

百年以来，伟大的养老金制度，不但横空出世，前所未有，而且遍地开花，茁壮成长。

百年以来，从人口结构变迁开始，经过养老金制度变迁，最后导致了资本结构的变迁，金融结构的变迁。

这样，在现代社会里，人口与资本的关系，就以一种崭新的姿态出现在世人目前：一端是人口老龄化汹涌澎湃，另一端是养老金资本日积月累。

人口结构变迁是养老金制度变迁的根源！

养老金制度变迁是金融结构变迁的根源！

1. 养老金通论与养老金融学

揭示从人口结构变迁到养老金制度变迁、再到金融结构变迁的一般规律，正是本书《养老金通论——关于人口结构、养老金制度、金融结构变迁的一般理论》一书的主旨。本书对“养老基金发展与金融结构变迁”之间引致关系的重点刻画和实证分析，就成为笔者倡导的“养老金融学”的核心范畴，同时也是笔者倡导的“长期资本战略”的理论基础。笔者认为，它们也是人口与资本发展的动态经济学、动态金融学理论的重要组成部分。

正是因为考虑到我国许多人士，仍然对人口结构、养老金制度、金融结构等因素在现代社会中的重大经济意义缺乏足够的认识和了解，所以笔者不惜笔墨、不嫌啰嗦地写下这篇题为“人口与资本发展的动态经济学”的前言，就是希望大家能够从千百年来的人类发展历史长河中来考察人口与资本这一对基本矛盾，就是希望大家能够把“人口结构、养老金制度、金融结构变迁”的继起关系放置到这样一个大背景、大历史中来加以认识。

在全球老龄化时代，懂得生育和养老的经济学，也就真正懂得了经济学！

2. 养老基金发展与金融结构变迁

今天，我们耳熟能详的一个经济学观点是：根据企业外源融资方式的差异，即通过金融市场融资（如发行股票、债券融资）为主还是通过金融中介融资（如银行贷款）为主，可以将一国金融体系划分为两大类型：以金融市场为主的金融体系和以银行中介为主的金融体系。前者被称之为“市场主导型”，后者被称之为“中介主导型”。前者又称之为英美模式，后者又称之为德日模式。

国际上不少著名经济学家从法律体系上的差异入手来对此进行解释，认为两种不同模式的差异起源于法律体系的不同。很显然，法律体系差异决定融资体系、金融结构差异的观点，类似于“法律即命运”的决定论。

面对现有的关于金融结构差异的经济学解释，笔者并不满足。大约在2000年前后，笔者根据自己的研究基础和从业经验，朦胧地认识到：如果从金融机构作为资产管理人角度，从居民财富持有者作为资金提供者角度，来宏观地思考一个国家的金融结构变迁，也许可以获得一个非常有价值的研究发现，而且还可以把人口结构变迁、养老金制度变迁、金融结构变迁三者之间的逻辑关系贯穿起来。

大概经过5年左右的深入研究，笔者将此前的朦胧认识逐步理清为一种相对清晰的研究成果，反映在笔者完成的博士后（中国社会科学院金融研究所博士后流动站）出站报告“养老基金、税收优惠政策与金融结构变迁”一文中。

在这篇研究报告中，笔者引入养老基金这位“新主角”，拓展了传统经济学关于“养老金与资本市场”“二人转”的分析框架，构建了养老基金、银行体系、资本市场共同博弈的三维空间体系，重点刻画了养老基金发展推动金融结构变迁的内在机制，并基于 31 个 OECD 国家 1980—2008 年数据进行了实证分析。无论是实证研究还是模拟测算结果都表明：养老基金的发展是金融结构演进的重要推动力。在这里，笔者将最终的实证分析结论表述如下：

“从养老基金占 GDP 的比重、银行资产占整体金融资产的比重、银行资产占股票市场总价值的比重来看，它们都是显著相关的，表明养老基金规模对一个国家的金融结构产生显著影响：养老基金发展的规模增大，银行资产与股市市值的比值和银行信贷与股市交易额的比值都将下降。具体而言，养老基金资产占 GDP 的比重每提高一个百分点，银行资产与股市市值的比值将下降 0.15 个至 0.3 个百分点，银行信贷与股市交易额的比值将下降 0.2 个至 0.4 个百分点。它表明一国养老基金规模越大，银行在金融市场中的地位越下降。这个结论同时意味着，随着一个国家养老基金规模的不断壮大，该国金融结构将逐步从银行主导型向市场主导型转变。”

虽然笔者现在将本书命名为《养老金通论——关于人口结构、养老金制度、金融结构变迁的一般理论》，但是真正准确反映该书核心观点的书名应该是《养老基金发展与金融结构变迁》。

3. 养老金制度变迁与“养老金治国”之变

纵观现代国家治理（modern state governance）的主要方法，可以发现治国安邦有三大法宝：民主、法治、养老金。

民主和法治，无论从理论还是实践上看，已经为包括我国老百姓在内的世界各国民众所熟知。但是，养老金的命运就不一样了。在西方国家，特别是工业化国家那里，养老金早已深入人心。在我国，人们对养老金可以说是知之甚少，即使是领导干部和专家学者，对此也少有研究。应该讲，这是一件令人遗憾的事情，也反映出我国在国家治理、金融发展上与其他工业化国家存在很大的差距。

能攻心：养老金治国之始。

德国于1889年成为世界上第一个建立正式的社会保障制度的国家，对世界影响深远。社会保障制度给退休职工送来了养老金，提高了他们的福利水平和幸福程度，从而最终提高了全社会的福利水平。由国家提供的公开承诺和制度性保障，使得全体国民既无后顾之忧，也无养老之忧。于是，所有国民热情地工作，大胆地消费，告别犯罪，告别革命，憧憬美好的未来。

一句话，社会保障深入人心，大快人心！

行文至此，笔者忽然想起我国清代学者赵藩在成都武侯祠留下的那首“攻心”名联：

能攻心则反侧自消，自古知兵非好战；

不审势即宽严皆误，后来治蜀要深思。

在笔者看来，“能攻心”正是“养老金治国”的核心贡献、核心解法，在社会治理中的核心意义。

能攻金：养老金治国之变。

在笔者看来，“能攻金”则是“养老金治国”的新贡献、新解法，在社会经济发展中的新作用、新形象。“能攻金”是笔者的一种简略表述，它是指养老金制度变迁导致金融结构和资本结构的变迁：一方面，它可以推动金融结构变迁，从商业银行主导型的金融结构转变到资本市场主导型的金融结构；另一方面，它可以推动资本结构变迁，从短期货币存贷为主转变到长期资本投资为主。

伟大的养老金制度孕育了伟大的养老金资本！

养老金发展已经成为汇聚长期资本的主渠道、主战场！

以社保基金、企业养老金、个人养老金为代表的养老金体系三支柱，再加上国家的主权养老基金①、民间的养老公益基金，养老金资

---

① 主权养老基金（state pension funds，SPFs）可分为“缴费型”主权养老基金和“储备型”主权养老基金。前者是由政府或社保部门建立的支撑现收现付制的公共养老基金，其资金来源主要是参保者的缴费余额。后者是由政府直接建立、在管理上与社保制度自身相分离、融资渠道主要来自转移支付的公共养老基金。请参阅郑秉文：“建立‘主权养老基金’与外汇储备分流的战略部署”，《国际经济评论》，2008年第3—4期。

本已经成为继银行、保险、证券之后的全球金融体系的第四大支柱。

养老金成为金融体系的第四支柱，正是养老金制度“能攻金”的伟大表现。

在全球老龄化条件下，养老金制度变迁，不但可以推动金融结构变迁和资本结构变迁，而且可以推动经济增长方式变迁，推动国家竞争力的兴衰变迁。

多歧路：养老金治国之难。

养老金制度变迁作为连接人口结构变迁和金融结构变迁的桥梁，传递和沟通了两者之间的合理诉求，并不是只有“华山一条路”，而是“多歧路”。通过养老金制度变迁，有些国家获得了“养老金治国之果”，有些国家收获了“养老金误国之实”。①

放眼世界，建立养老金制度、积累养老金资产的国家并不少，但是把养老金制度从被动的财政制度转变成进取的金融制度，从简单的消费性制度安排转变成复杂的生产性制度安排，从作为再分配手段的“切蛋糕”模式转变成创造财富的“做大蛋糕”的模式，把“养老的负担”转变成“养老的礼物”，把本国的人口老龄化危机“在国内解决”转变成“在全球解决”，这样的国家并不多见。

英国、美国做到了！

拉美国家、中东欧国家正在争取！

日本却失败了！

德国、法国至今还没有看到希望！

这就是养老金制度变迁的伟大魅力和无穷奥妙！

养老金作为一种制度安排不但需要布局谋篇，而且还可达到助推大国崛起之妙！

---

① 刘云龙，《养老金帝国Ⅱ——长期资本战略的百年传奇》，中国财政经济出版社2012年版。

目录

第一章 导 论

第一节 问题的提出

一、三个基本主题：老龄化、养老基金、金融结构

（一）人口老龄化

人口学家将人口老龄化定义为人口结构中中位数年龄或年龄结构的不断提高，老年人口逐渐成为一个国家人口年龄结构中的代表（斯瑞塔：Shretha，2000）。张运刚（2005）认为，人口老龄化是老年

人口占总人口的比重不断上升的过程，也是人口结构老化的过程，是近代人口再生产过程中所出现的一种人口现象[①]。同时，人口老龄化是动态的过程，而不是人口老化程度达到一定标准后的静态结构[②]。

关于人口老龄化的成因，学者们的观点和研究结果都基本一致。斯瑞塔（Shretha，2000）认为，人口老龄化是出生率下降和医疗卫生知识普及的结果。医疗卫生知识的普及导致了人口预期寿命的提高，而由于人口预期寿命的不断提高和出生率的不断下降，世界人口正在不断老龄化（詹森和尼尔森，Jensen & Nielsen，1995）。杨雪（2002）也认为，低生育率和不断增加的人口预期寿命是造成欧盟人口老龄化的两个根本原因。普特伍里叶和莱恩（Poortvliet & Laine，1997）认为，人口老龄化是人口环境方面的三个根本趋势（即出生率的下降、人口预期寿命的提高和在出生率高的时期出生的上一代的年龄不断老化）共同作用的结果。

世界许多国家和地区的人口结构都在不断地老化，而人口结构对于总消费、储蓄、劳动力供给和社会保障等各方面都会产生重要的影响。因此，人口环境变化的不断加快将成为未来几十年内决定社会发展的一个重要因素。

第一次对人口老龄化的社会经济影响进行比较系统研究的成果是联合国1973年出版的《人口趋势的影响因素及其后果》一书，该书提出了人口老龄化对社会和家庭的影响，初步讨论了人口老龄化对储蓄、劳动生产率、技术进步和生产增长等的影响。具体来说，人口老龄化对于社会和经济的影响绝不仅仅是上述几个方面，它对于社会和经济的影响是方方面面的，主要包括：

1. 人口老龄化与生产率

人口年龄结构的老化，将导致更少的劳动力来维持整个社会的消

---

① 张运刚著：《人口老龄化背景下的中国养老保险制度》，西南财经大学出版社2005年版，第13页。

② 人口年龄结构老化程度达到一定标准后的静态结果是指老龄型人口。

费，这就要求生产率的提高，从而需要提高资本—劳动力的强度①及进行人力资本投资，这会导致工资的提高和资本回报的下降（阿克塞尔：Axel，2003）。

2. 人口老龄化与储蓄

根据莫迪利亚尼的生命周期理论，个人在不同年龄阶段的储蓄和消费倾向存在较大差异，因此在人口老龄化过程中必然伴随着储蓄和消费结构的显著变化：人口老龄化会使人口从劳动状态转变到退休状态，使未成年人口和老年人口都成为单纯消费人口从而导致居民储蓄率下降（莫迪利亚尼和布伦伯格：Modigliani & Brumberg，1980）。袁志刚和宋铮（2000）运用一个两期叠代模型证明了无论养老保险制度采取何种形式，未来劳动力数量的下降必将通过利率或代际转移总额来影响第一代人退休以后的消费水平，进而影响他们的最优储蓄率。

3. 人口老龄化与消费结构

张本波（2002）指出人口老龄化发展到一定阶段，会使得整个社会的消费倾向增加，储蓄倾向降低。这种转变的后果会产生两个方面的影响：一方面，社会消费需求，包括用于老年人口的公共消费支出将会增加，社会消费模式将发生根本性的变化；另一方面，个人和家庭储蓄减少。根据发达国家的经验，家庭和企业是资本积累的主要来源，因而个人消费、储蓄模式的变化，会对生产性资金的积累产生消极影响。同时，年龄结构的老化将使更多的服务和产品转向老年消费者（阿克塞尔：Axel，2003）。

4. 人口老龄化与劳动力市场

张本波（2002）将人口老龄化对劳动力市场的影响归纳为三个方面：一是对劳动力资源的影响，二是对劳动力人口年龄结构的影

---

① 根据一般宏观经济学教材的定义，资本—劳动力强度被定义为单位有效劳动的资本量，即：单位有效劳动的资本量 = 社会总资本 ÷ 有效劳动（$k = K \div AL$），其中，有效劳动 = 劳动 × 知识。

响，三是对劳动力参与率的影响。具体而言，伴随着人口老龄化进程，必然出现劳动年龄人口比重的下降，从而影响到劳动力的有效供给；在人口老龄化过程中，劳动力中年轻人的比重会降低，而年长者的比重会上升，从而导致劳动人口年龄结构的变化；人口老龄化引起劳动参与率下降（阿克塞尔：Axel，2003）。将人口老龄化对劳动力市场的影响归纳为两个方面：一方面，因为劳动力数量相对减少，导致资本对劳动的需求强度提高，要求劳动生产率相应提高，因此，需要加大对劳动力的教育和培训，加快人力资本的形成和积累；另一方面，人力资本的形成和积累，导致工资率提高，相对而言资本回报率下降，从而导致全社会的投资率降低。

5. 人口老龄化对国际经济关系的影响

阿克塞尔（Axel，2003）认为，资本将从年龄结构相对老化的国家流向年龄结构相对年轻、资本回报更高的国家。虽然全世界都在经历着人口老龄化过程，但是人口年龄结构的相对差异将足以导致资本的国际流动。

6. 人口老龄化与金融市场

许多金融市场的分析家们都认为“婴儿潮”时期出生的一代逐渐成长，是导致美国20世纪90年代资产价格上升的一个重要因素。同时，由于这一代人达到退休年龄并开始提取其资产，将会导致资产价格的下降。标准的分析模型认为，金融市场的均衡回报率将随着人口年龄结构的变化而变化。

7. 人口老龄化与养老保障制度

在人口年龄结构剧烈变动时期，税率也很可能变动。当人口老龄化时，享受养老金收益的人数占养老金缴费人数的比例上升，从而意味着在现收现付制（PAYG，Pay - As - You - Go）融资模式下，从年轻人向老年人的转移支付提高。如果人口老龄化导致的公共支出压力不能够通过进一步的负债融资得到缓解，必然需要提高税率或削减养老保障预算之外的支出（詹森和尼尔森，Jensen & Nielsen，1995）。

在现收现付筹资模式下，人均寿命的延长和出生率的下降所引起的人口老龄化，导致了制度赡养率的提高和养老金支付的急剧增加，制度的长期可持续性面临挑战（陈飞飞，2006）。布莱克和梅休（Blake & Mayhew）认为，由于人口老龄化和出生率降低，如果不能提高养老金的领取年龄和缺乏外国年轻人口的稳定流入，英国养老金体系将不可能维持。杨雪（2002）对欧盟国家人口老龄化对养老福利制度影响的研究表明：当“婴儿潮”时期出生的人口逐渐进入退休年龄，领取养老金的人数将会急剧增加，这将对欧盟国家养老金制度的可持续性带来很大的威胁。为适应人口结构的转变对养老金制度在财政上的可持续性所造成的影响，延长退休年龄、增加劳动力供给、修改移民制度和养老金制度改革势在必行。

（二）养老基金

由于工业化国家经济增长速度的放缓，人口结构的逐步老龄化，导致其现收现付制公共养老金的财务压力不断加大，政府被迫提高缴费率并降低养老收益以维持养老金计划的偿付能力。但是，持续的财务压力也激发了这些国家彻底改变养老金计划的兴趣（巴里和贝特斯，Barry & Burtles，2004）。于是公共养老金制度改革风起云涌（霍尔兹曼：Holzmann，1996；World Bank，1994）。在养老金改革的浪潮中，一个重要举措就是将筹资模式从现收现付制转向基金积累制。采取该措施的一个重要认识是基金积累制将提高总储蓄率，而高储蓄率和资本形成能够提高未来的国家收入。因此，基金积累制将为当前的劳动者在他们退休时提供额外的退休收入，有助于降低未来劳动者的消费压力（巴里和贝特斯，Barry & Burtles，2004）。另外一个重要改革举措是公共养老金的私有化改革，导致该项改革的两个最主要的原因是：一方面，政府希望通过引入竞争性私营金融机构参与养老金投资管理，提高公共养老金资产的收益率；另一方面，政府希望通过养老金的私有化改革来支持金融市场的发展，并促进生产率的提高

（普特伍里叶和莱恩，Poortvliet & Laine，1997）。

为此，世界银行1994年提出了建立包括公共养老金、强制性养老金和资源性养老金的三支柱模式，其他国际组织如世界劳工组织、国际货币基金组织、经济合作与发展组织也相继提出建设"多支柱（多层次）"养老金体系的建议，许多国家开始借鉴世界银行的三支柱模式，改革本国现收现付制公共养老金制度，建立各具特色的多支柱养老保障体系①。同时，为了刺激非公共养老金的发展，各国实施了不同程度的税收优惠政策，从而促进了私人养老基金的迅速发展（穆米和曼森，Mumy & Manson，1983）。

随着养老基金规模的不断扩大，养老基金在经济增长、金融发展中扮演着越来越重要的角色。具体而言，养老基金的发展对宏观经济的作用主要包括以下几方面：

1. 养老基金与储蓄

戴蒙德（1965）利用世代交叠模型（OLG，Over Lap Generation）分别研究了现收现付制和完全积累制②对经济的动态影响，其影响表现为现收现付制减缓资本积累率，同时也减少了稳态资本存量；而完全积累制是一种强制性储蓄计划，在其他条件不变的情况下，对资本形成的作用是中性的。戴蒙德（1997）、费尔德斯坦和杰弗里（Feldstein & Jeffrey，2000）等人都承认基金制具有强迫人们进行储蓄的特性，在减轻人们税负压力的同时，又将他们在年轻时的缴费与退休收益联系起来，能够刺激储蓄继而推动物质资本的形成，可以提高经济增长的速度。科特利科夫（Kotlikof，1979）等人发现，基金制既能提高老年人承担的税收又能降低年轻人的税赋，这等于在降低了老年人的可分配收入的同时提高了年轻人的可分配收入。由于老年人的边际消费倾向远远大于年轻人，因此这种效应会导致社会消费总量减少

① 孙建勇主编：《企业年金管理指引》，中国财政经济出版社2004年版，第8页。

② 完全积累制，又称之为完全基金积累制（full-funded），有时简称为基金制。

和储蓄水平增加，至少会带来短期的经济增长。面对私有化改革给政府带来的隐性债务等相关财政难题，米切尔和扎得斯（Mitchell & Zeldes，1996）等人提出利用更广泛意义的"储蓄挤出效应"，他们认为基金制养老保障有助于提高国民储蓄水平①。

当然，基金制并不完美，它所带来的效应并不是单方面的。米切尔等提出，养老保障制度向基金制的改革，势必改变家庭所面临的风险和对未来财富增长的预期，对人们储蓄行为的影响是多方面的。尽管基金制消除了政府频繁干预养老保障规则的政治风险，可以促成家庭选择减少私人储蓄的做法。但是，基金制却将特有的增长风险完全转嫁到了家庭或个人身上，如通货膨胀风险和收益不确定性风险等等，造成其未来财富增长具有极大的不确定性，又会迫使家庭增加储蓄以备不测。奥斯扎格和斯蒂格利茨（Orszag & Stiglitz，1999）则认为，人们进行储蓄的目的是多种多样的，如果人们在交纳了社会保障基金之后，又以相等的数额减少了其他形式的储蓄，那么私人储蓄总量就不会受到个人账户的任何影响。此外，由专业的资产管理机构对保障基金实施资产运作，可能会带来较高的资产收益率。基金制的个人账户模式，将人们在年轻时的缴费与老年时的退休收益直接挂钩，是否会对国民储蓄产生影响，则完全取决于家庭和政府的反应（费尔得：Fields，2000），其结果依然是不确定的。

经济学认为，导致长期经济增长的源泉是储蓄，由于基金制养老保障制度对储蓄产生的影响具有不确定性，因此判断现收现付制和基金制到底孰优孰劣的讨论就不得不陷入两难（别朝霞，2004）。霍尔兹曼（Holzmann，1996）认为，养老金制度的改革并不会必然导致

① 所谓广义的储蓄包括私人储蓄和政府盈余两部分，统称为国民储蓄。他们认为养老保障的基金制改革使政府丧失了原来获得的养老保障税收，加大了政府财政预算赤字甚至政府负债的压力。为了避免这种情况出现，政府往往会采取减少支出或增加其他种类税收的政策，这种开源节流的方式会增加政府的预算盈余。如果政府选择依靠征收产品价值附加税来解决财政问题，又会导致当期商品的价格上涨，提高了现期消费相对于未来消费的价格，家庭必然会推迟消费而选择更多的储蓄。

国民储蓄的增加，从而促进资本积累和经济增长。要获得这种改革的经济收益可能需要全面的、可信的一揽子经济改革和严格的财政政策立场。否则，金融市场发展对于全要素生产率的积极效应可能不会出现，或者这种效应将（部分地）因为资本形成的降低或需要引进外国储蓄而抵消。

2. 养老基金与经济增长

经济学研究很大程度上集中在养老基金是否会促进国民储蓄，从而促进经济增长。霍尔兹曼（Holzmann，1996）认为，智利 1981 年的养老金制度改革——从非基金制转向基金制，是智利经济增长的一个重要原因。其对经济增长的促进作用的传导机制是：养老基金的发展促进金融市场的发展；金融市场发展促进竞争增长。

李珍、杨玲（2001）的研究认为，养老基金的发展是美国 20 世纪 90 年代经济增长的重要源泉。养老基金的发展对经济增长的作用主要表现为：（1）为资本市场提供了重要的资金来源；（2）推动经济结构转型；（3）养老基金的业绩刺激了国内消费的增长。

田存志、杨志刚（2006）从理论上证明[①]养老金投资对于经济增长具有推动作用，且养老金的投资比例与经济增长率之间具有一定的正向关系：养老金投资比例越高，经济增长率就越高。

郑秉文、胡云超（2004）对英国养老金制度的市场化研究表明，市场化改革的效果是：（1）有利于财政收支状况的改善；（2）激励了居民家庭的储蓄动机，增加了居民家庭储蓄；（3）市场化改革提高了劳动力市场的弹性；（4）降低了企业的成本，提高了企业的竞争力。市场化改革的这些宏观经济效果都将有利于经济增长。

3. 养老基金与金融发展

随着养老基金规模的不断扩大，养老基金在金融市场中扮演着越

---

① 其利用一个简单的内生增长模型，假定养老金投资品和资本品均进入到 CES 型的生产函数中去，且假定这两种资产不是完全替代的。

来越重要的角色。林义、陈志国（2006）的研究成果表明，较大规模的养老基金有利于降低资本市场资产价格的波动性；随着养老基金的增加，养老金资产组合使人们降低他们的非金融资产，增加流动性资产，进而在一定程度上增强资本市场的流动性；同时，养老基金投资在一定条件下能够推动股票市场的发展；养老基金与银行具有较好的互补性。王立新、王娴（1998）认为，养老金通过将原来分散在个人手中的储蓄集中到机构投资者手中，它对资本市场的参与，将改变资本市场上的投资者结构，提高金融市场成熟度。同时，由于养老金特别是补充养老保险在专业基金管理人的管理下，将资金投入投资回报率高的产业和企业，有利于优化资源配置，从而能使金融市场的资源配置效率提高。

博迪（Bodie，1990）研究了养老基金和金融创新之间的关系，研究结果表明，在过去 15 年间，美国的养老基金在债务和资产证券化及其衍生品市场的演进中扮演着关键的角色。美国金融市场在过去这段时期的许多金融创新，都可以解释为对于养老基金资产管理需要的反应。例如零息债券、GICs（Guaranteed Investment Certificates）、CMOs（Collaterized Mortage Obligations）、期权及金融远期合同等金融工具的出现，都是为了满足养老基金发展的需求。

（三）金融结构

戈德史密斯（Goldsmith，1969）开创了对金融结构理论研究的先河，并提出了分析金融结构的指标①。在金融结构的内涵方面，许

---

① 关于金融结构的内涵，美国金融学家戈德史密斯教授 1969 年在《金融结构与金融发展》一书中提出，“金融结构即金融工具和金融机构的相对规模”，“各种金融工具和金融机构的形式、性质及其相对规模共同构成了一国金融结构的特征”。并且，金融结构“随时间而变化的方式在各国不尽相同”（戈德史密斯，1969）。其核心思想是：一国现存的金融工具与金融机构之和构成该国的金融结构，其中包括各种现存金融工具与金融机构的相对规模、经营特征和经营方式，金融中介中各种分支机构的集中程度等，而且金融结构随着时间推移而发生变动。

多学者都有不同的理解与定义。例如李健、贾玉革（2005）将金融结构划分为金融产业结构、金融市场结构、融资结构、金融资产结构、金融开放结构等五个方面。许多学者着眼于企业的外源融资，即通过金融市场融资（如发行股票、债券融资）为主还是通过金融中介（如银行贷款）融资为主，将一国金融体系划分为两类：以金融市场为主的金融体系和以银行中介为主的金融体系。前者被称之为“市场主导型”，后者被称之为“中介主导型”。

1. “中介主导型”与“市场主导型”的优劣之争

关于金融结构的争论主要围绕市场主导型和中介主导型两种典型的金融结构孰优孰劣而展开。即通过考察金融结构与经济增长的关系，试图找出不同的金融结构在经济增长中的相对比较优势。这一比较主要集中在四个国家：以金融市场为主的美国和英国，以银行中介为主的德国和日本。

斯蒂格利茨（Stiglitz，1985）、斯莱夫和维什尼（Shleifer & Vishny，1997）、拉詹和津加莱斯（Rajan & Zingales，1998）、莱文（Levine，2000）等人的研究认为，“中介主导型”结构具有优越性，因为银行等金融中介在执行收集和处理信息、实施公司控制、动员储蓄等功能方面，比市场具有优势；布特和萨科（Boot & Thakor，2000）、布莱克（Black & Moersch，1998）等人的研究结果则主张，“市场主导型”具有相对优势，金融中介对企业的影响力较大，对企业发展会带来负面效应。另外，韦恩斯特恩等（Weinstein & Yafeh，1998）认为，银行天生具有谨慎性倾向，使得“中介主导型”金融结构不利于公司的创新和增长。同时，市场主导型金融体系能够提供更为丰富灵活的风险管理工具，可以根据不同的情况设计不同的金融风险产品，而银行主导型的金融结构只能提供比较基础的风险管理服务。

阿伦和盖尔（Allen & Gale）进行了一系列研究，讨论了银行和市场在不同方面的各自优势。阿伦和盖尔（1995，1997）认为，金融中介能够提供更有效的跨期风险分担，而金融市场具有更强的跨部门（cross - sectional）风险分担能力；阿伦和盖尔（Allen & Gale, 1999）认为，金融中介适于为技术相对成熟、不确定性低、投资者对投资决策的看法相对一致的项目提供融资，具有节约信息成本的优势，但在投资的不确定性高、对投资项目的看法存在重大差异，并且信息成本较低的环境中，金融市场具有相对优势。因此，金融中介与市场各有优劣，正如阿伦和盖尔（Allen & Gale, 2000）所总结的那样：对不同金融体系的比较是复杂的，没有简单的答案，最重要的是理解金融市场和中介的各种功能之间的平衡和取舍（trade - off）。

2. 金融结构的决定论

各种金融结构的共存，其本身就说明金融结构不存在绝对的优劣好坏之分。既然金融结构并不存在绝对的孰优孰劣，那么各种金融结构的并存，就说明其存在是与一国特定的经济、社会、法律等环境相适应，即存在具有合理性。因此，就产生了有关金融结构决定因素的研究。

以拉波塔、洛佩兹等（La Porta, Lopez - de - Silance, Shleifer 和 Vishny）为代表的“金融法律观”[①] 和以默顿（Meton）为代表的“金融功能观”直接否认了市场主导型和中介主导型金融结构争论的必要性。

“金融法律观”认为，一国的法律制度影响和制约了本国的金融结构，不同法律制度产生不同的投资者保护程度，一国的金融结构主导模式的选择，取决于该国法律所赋予的债权人和股东的权利差异，以及执行这种权利的力度差异。其通过实证研究表明：采用普通法系的国家更倾向于对市场投资者的保护，更重视中小股东的权利，大公司股权分散化结构趋势明显，因而更容易发展出市场主导型金融体系；成文法传统的国家则较为强调银行债权人的权利，由于相对缺乏

① 以拉波塔、洛佩兹等为代表的“金融法律观”又称为 LLVS 学派，即“法与金融学派”。其率先抓住一国法律体系的渊源与该国金融结构形成与演进之间的内在联系，从法律制度对市场投资者和银行债权人保护程度不同等角度展开研究，并以此作为变量解释不同类型金融体系形成原因，将金融结构的差异，归结为各国法律制度的异同。

对市场投资者的保护而最终发展出银行主导型金融体系。从法律渊源的差异、对市场投资人的法律保护力度与执行力度来看，习惯法对市场投资者的保护力度最强，而法国民法系国家最弱，德国民法系国家居中。从而认为一国法律的性质及其实施机制是导致金融体系运行差异的原因（拉波塔等，La Porta et al.，1997，1998）。

“金融功能观”[①] 认为，机构形式和内容是可变的，必须把研究视角定位在金融体系的基本功能之上[②]。默顿与博迪（1995）指出："金融体系的功能在过去的二十年中是相对稳定的，但是其发挥功能的途径和方式却有很大的变化。世界金融市场和金融机构的结构，以及我们对于如何利用它们来为家庭、企业提供投资机会的认知方面，在过去的二十年中发生了革命性的变化"；并且，"金融机构的功能比金融机构的组织结构更重要，只有机构不断创新和竞争才能最终导致金融体系具有更强的功能和更高的效率。因此应该首先梳理和定位功能，然后再根据功能设置来建立可以最好地行使这些功能的机构与组织，而不是正好相反，由现有的组织和机构决定功能"。也就是说，在金融体系的动态过程中，各种金融中介、金融市场之间是互补的，通过不断的金融创新共同演化，从而提高金融体系实施其功能的效率（默顿和博迪，Merton & Bodie，1995）。

此外，关于“金融结构决定论”的另外一种重要观点是“金融结构的发展阶段论”，该观点认为，经济发展是经济活动与金融活动

① “金融功能观”是一种新的视角。与之相对的是传统的“机构决定论”，传统的“机构决定论”观点是将现存的金融机构和组织结构作为既定的、固化的前提，所有的金融体系调整与改革都基于在这个既定的前提下进行。

② 关于金融功能的具体内容，“金融功能观”内部也有不同的理解。彼得·S. 罗斯和罗伯特·默顿（Robert C. Merton）、兹威·博迪（Zvi Bodie）分别从不同角度对金融体系的功能作了描述。前者认为金融体系的功能主要包括：储蓄功能、流动性功能、支付功能、政策功能、财富功能、信贷功能、风险功能。后者认为金融体系的功能包括：支付、清算、结算功能、聚集分配资源功能、进行跨时间、跨空间、跨行业的经济资源的转移功能、提供保险、分散化投资和套期保值的等管理风险的手段功能、信息供给功能、提供解决信息不对称和委托代理问题功能。

不断融合的过程，是金融总量增长的过程，也是金融结构变迁的过程。随着时间序列的演进，金融结构明显呈现出阶段性演进的若干阶段，即实物货币的银行雏形阶段、信用货币创造的银行主导阶段和非货币金融工具迅速扩张的金融市场主导阶段。由此可以看到，金融结构的发展阶段论认为金融结构主导模式在时间上是继起的，形式上是替代的，先实物货币而银行信用，再到金融市场，最后随经济进步的轨迹而分阶段渐进式走进社会经济历史视野，由低到高，由盛而衰，有着明晰的渐进式脉络①。

在对于金融结构差异原因的进一步研究中，其结论与金融法律观的观点基本一致。陈国进、林辉（2002）认为，金融结构的形成具有路径依赖，政府对于1719—1720年英国发生的南海泡沫事件和法国发生的密西西比泡沫事件作出的不同法律反应，是导致两种不同金融制度（市场主导型和中介主导型）形成和发展的重要原因。具体而言，英美法系的判例制度对维护股东的权益起到了良好的作用，而大陆法系相对比较僵化，法律的修改跟不上金融犯罪的创新进展，因而难以对投资者的权益得到有效保护，这可能就是英国和美国的资本市场比较发达的原因之所在（王军生，2005）。

3. 金融结构演进论

与金融功能论和金融结构发展阶段论的论述一致，一国的金融结构并不是一成不变的，各国的金融结构始终处于不断的演进变化之中。迪兹尔贝克和加勒特（Dziobek & Garrett，1998）提出了金融系统的趋同问题，美国银行业转向全能型银行，而德国加强了其融资的市场导向，这两种金融系统看起来好像是要趋同于一种共同的中间模式。

关于金融结构演进的原因，劳平（2003）作了一个很好的归纳总结，其将金融演进的原因归纳为四个方面：

（1）产业结构。阿伦（Allen，1998）提出，银行只能提供“一

① 姜海川著：“金融结构演进比较研究”，博士学位论文，2006年，第48页。

元审查”机制，而市场能提供“多元审查”机制，即金融市场通过多种机制（市场价格、交易量、并购企图等等）来提供多重检查。由此可见，当最优的决策规则难以形成并且对公司如何运作存在争议时（比如说，在信息交替更新很快的情况下），金融市场将配置资本。因此其认为：一国在发展相对熟悉的传统工业时，银行的“一元审查”机制所需的交易成本相对较低，银行的发展将优先于金融市场的发展；而在发展有争议的新兴市场时，市场的重要性将会增加。这就解释了为什么绝大部分不发达国家以及后发工业国首先发展银行主导型的金融结构，因为银行主导型金融体系能为传统工业提供便宜的资金来源。

（2）人均 GDP。当经济发展到一定的阶段，随着新兴产业的兴起、产品的多样化和全球化以及人均财富的积累，资金盈余者和短缺者更加细分，需求呈现多样化的特征，经济对金融提出了更高的要求，金融体系在推动经济增长和发展的同时，也必须适应经济发展阶段的要求，趋向于更加自由的、分权的、市场主导的金融结构。相对于这样的经济发展阶段，市场主导型的金融结构更能节约交易成本①。林毅夫、孙希芳、姜烨（2006）也认为，一个经济体系中的最适金融结构内生决定于实体经济的特征。从而，随着一国实体经济特征发生变化，一国金融结构也将不断演进。

（3）金融业自身的发展特点。这种观点认为，银行在经济和金融发展初期呈现出较强的规模经济效应，而当银行扩张到一定程度时，将进入规模不经济阶段。换而言之，银行的长期成本曲线呈 U 形。当银行规模增长到一定程度时，必然会出现银行和市场的融合。因此，银行和市场各有千秋，它们之间应当是互补而非替代的关系。它们的融合将有助于降低交易成本，提供更优质的金融服务。这将是

① 这种观点与“金融结构发展阶段论”的观点基本一致，认为金融结构是为适应不同阶段经济发展的特征而逐渐演进的。

金融结构演变的第三阶段。

（4）政策法规。虽然政策法规是影响一国金融结构的一个重要因素，但是金融体系的演进最终会沿着内在因素的驱动前进，因此，政策法规并不会成为决定金融结构差异的最重要因素①。

从上面文献综述可以看出，人口老龄化、养老金制度和金融结构都是经济金融领域的重要研究课题，不仅每个课题研究都产生了大量的文献，而且彼此之间存在许多交叉和联系，这意味着这三个课题可能并不是彼此独立的，而是存在着紧密的内在联系。

二、两个重要事实：养老基金发展、金融结构变迁

（一）养老基金发展

由于各国养老金制度的改革，即从现收现付制转向基金积累制，从 DB 计划转向 DC 计划，从统一账户到个人账户，从一次性领取到年金化领取，各国养老基金规模得到了迅速的扩大。美国和英国养老基金总资产分别从 1980 年的 7977 亿美元和 1006 亿美元迅速增加到 2009 年的 156314 亿美元和 16992 亿美元，年平均增长率分别为 10. 8%、10. 9%，养老基金资产与 GDP 的比例从 1980 年的 28. 8∶100 和 24. 3∶100 分别提高到 2009 年的 111. 2∶100 和 80. 5∶100。即使是养老金制度改革相对较晚，税收优惠力度相对较小的德国和日本，养老基金也获得了较快的发展。1980—2009 年期间德国和日本养老基金资产的平均增长率分别为 7. 8% 和 8. 9%，资产总量分别从 1980 年的 129 亿美元、923 亿美元增加到 2009 年的 1148 亿美元和 11012 亿美元，养老基金资产与 GDP 比例相应从 1. 6∶100 和 4. 1∶100 提高到

① 这种观点与制度经济学中的制度演进观点一致，都认为制度演进的最终动力和目的是降低交易成本，政府的有关政策、法律法规等虽然能在一定程度上加速、减缓制度演进的速度，甚至改变制度演进的方向，但是长期来看政府难以维持较高交易成本的制度，制度演进的内在动力最终会成为制度演进的决定因素。

5.2∶100和25.2∶100。[①]

（二）金融结构变迁

随着养老基金规模的不断扩大，养老基金在金融市场中的地位不断提高，银行资产在金融总资产中的比重不断下降，从而逐渐改变了以银行为主导地位的金融结构特征。美国是由于养老基金和投资基金的崛起而改变其金融结构最为典型的国家。1980—2009年期间，银行资产占金融总资产的比重从62.7%下降33.9%；养老基金资产占比曾一度从1980年的18.4%提高到30.5%，投资基金占比从1980年的3.4%迅速提高到2009年的26.9%，逐渐在金融市场中占据重要地位。英国的情况稍有不同，由于英国银行业资产在1984—2005年间同样保持了12.1%的高速增长，使得银行资产在金融总资产中的比重没有出现像美国一样的迅速下降。但是整体上看，英国银行业的绝对主导地位一直在受到很大的挑战，养老基金和保险公司在金融市场中扮演着十分重要角色。

而德国和日本由于养老基金的规模比较小，导致养老基金的发展对金融结构的冲击比较小，银行资产占金融总资产的比重变化较小，仍然在金融市场中占据绝对主导地位。从德国来看，银行资产占金融总资产的比重虽然从1980年的89.68%下降到2001年的77.59%，日本银行资产所占比重也从1989年的63.66%下降到了2009年的51.77%，但都不是由于养老基金的扩张，而是因为保险公司和投资基金的迅速发展。

三、一个基本问题：养老基金发展与金融结构变迁

在观察到养老基金发展与金融结构变迁这两个重要事实之后，我

① 相关数据来源及说明见第四章。

们不仅要问：养老基金发展与金融结构变迁之间是否存在内在的必然联系？即养老基金发展是否构成金融结构变迁的一个重要因素？当然，这种猜想并不是一种凭空的联想，因为由初步的发散分析至少可以联想到两个事实：1. 养老基金作为一种金融中介组织，其作用与银行的作用至少存在部分的替代关系，即实现储蓄吸收、资金供给的功能，从而养老基金的发展将降低银行作为金融中介机构的地位和作用；2. 养老基金作为重要的机构投资者，其资金供给不仅将扩大股票市场的规模，而且有利于提高股票市场的健康发展。于是，我们通过简单的分析便可得到这样一个关系：养老基金发展→降低银行业地位和作用 + 促进股票市场的发展。而银行业和股票市场作为决定一国金融结构最主要的两个因素，它们之间的此消彼长必然会导致一国金融结构的变化。因此，关于养老基金发展与金融结构变迁关系这一基本问题，我们至少可以得到一个初步的逻辑关系：养老基金发展→降低银行业地位和作用 + 促进股票市场的发展→金融结构变迁。

既然养老基金发展与金融结构变迁之间存在或多或少的内在联系，这就意味着养老基金发展至少可以部分地解释金融结构变迁。在此基础上，我们自然会进一步地思考以下问题：（1）养老基金发展如何导致金融结构变迁？即养老基金发展导致金融结构变迁的具体内在机制是什么？（2）养老基金发展到底可以多大程度上解释金融结构变迁？即金融结构的变迁在多大程度上归结为养老基金的发展？

在此基础上，我们注意到另外一个事实：世界各国养老基金规模及其发展速度是大不相同的，世界各国的金融结构也存在着很大的差异。因此，我们可以继续思考：既然养老基金发展将导致金融结构变迁，那么养老基金规模及其发展速度的不同，对于金融结构变迁的影响程度肯定也存在差异，那么养老基金发展的差异是否成为导致金融结构差异的一个重要原因？如果是，那么养老基金发展的差异在多大程度上可以解释金融结构的差异？

总之，在养老基金发展与金融结构变迁这一基本问题上，我们衍生出了四个重要的相关问题：

1. 养老基金发展导致金融结构变迁的内在机制是什么？

2. 养老基金发展在多大程度上可以推动金融结构变迁？

3. 养老金制度差异及其导致的养老基金发展差异如何导致金融结构差异？

4. 养老金制度差异及其导致的养老基金发展差异在多大程度上可以解释金融结构的差异？

回答上述四个问题就成为本书在理论上的突破点和创新点，同时也是本书的重点研究内容。

第二节　研究思路与结构安排

一、本书的研究主线

在第一节的分析中，笔者从两个重要事实可能的联系出发，引出了本书的研究重点。但是，如何从两者可能的关系出发，将两者的关系最终归结为客观环境的变化即人口老龄化，从而将三个基本研究主题联系起来，笔者从逆向思考和顺向推导两条思维路线出发来研究三个研究主题可能存在的内在联系。

（一）逆向探索思考

这一思考过程是：以金融结构变迁这一现象为基本出发点，探索和思考可能导致这一现象的客观事实和相关因素，一步一步深入，将其最终归结为经济和社会环境因素的变化①。具体分析过程是：

第一步：以观察到金融结构变迁的这一事实作为出发点，然后思考可能是什么因素导致金融结构变迁。通过第一节的文献综述，我们总结出可能导致金融结构变迁的因素：（1）法律制度的变化（从“金融法律观”推论）；（2）金融业发展的自身必然规律（从“金融结构的发展阶段论”和金融结构演进理论中的“金融业发展的自身特点”观点出发）；（3）产业结构的变化和经济发展水平的提高（分别从金融结构演进论中“产业结构决定论”和“人均 GDP 决定论”引申）；（4）养老基金发展这一客观事实。前面三种因素对金融结构的影响已经产生了许多相关研究文献，因此本书选择以养老基金发展这一因素作为本书研究主题。于是，我们得到第一步的逻辑关系如图 1－1 所示。

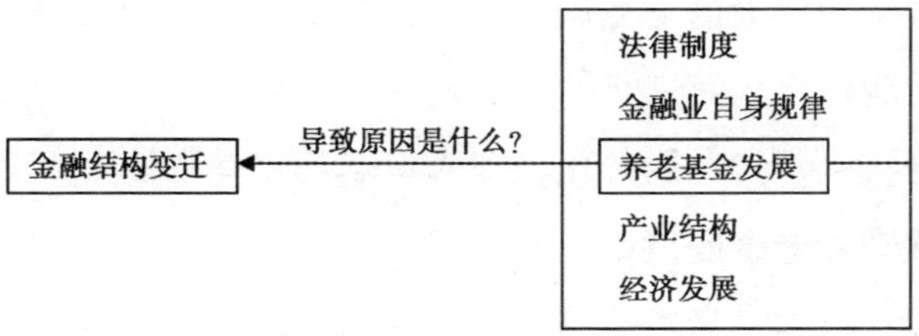

图 1－1　金融结构变迁的可能原因

第二步：以养老基金发展这一事实作为出发点，思考可能导致养老基金发展的原因，我们很容易联想到养老金制度改革这一事实。因为在养老金制度改革之前，世界各国实行的都是现收现付制的养老金制度，养老基金规模很小。于是我们得到第二步的逻辑过程：养老基

① 这一思考过程的理论依据是青木昌彦（2002）在《比较制度分析》中所提出的制度安排的共时关联理论——“要理解制度的多样性和当代经济的复杂性需要研究在经济、政治、组织和社会诸领域的制度之间的相互依存性以及联结这些域的制度的性质”，或者说是哲学理论中的“经济基础决定上层建筑”这一观点的延伸，即任何制度的安排都是由其特定的客观经济和社会环境因素所决定的，任何制度的变迁都是由于其客观经济和社会环境因素所导致的。

金发展←——养老金制度改革，即养老基金发展受益于养老金制度改革。

第三步：以养老金制度改革这一事实作为出发点，思考可能导致养老金制度改革的原因。而导致养老金制度改革可能的原因无非在于两个方面：其一是希望通过养老金制度的改革促进养老基金发展，从而促进金融市场发展和资本积累，最终促进经济发展；其二是政府无法维持原有的养老金制度体系①。但是，由于养老金制度本身并不存在绝对的孰优孰劣，只存在其与一国或地区经济和社会环境相适应的问题②。因此，全球范围内的养老金改革，不可能主要是因为养老金制度本身的优劣问题。从而我们可以推断导致养老金制度改革的主要原因应当是原有养老金制度无法维持。那么，导致原有养老金制度体系无法维持的原因是什么呢？从第一节的分析可知，人口老龄化给养老金体系带来的巨大的财务压力，成为其中一个十分重要的因素。

于是，我们得到第三步的逻辑过程：养老金改革←——原有养老金制度无法维持←——人口老龄化，即人口老龄化导致原有养老金无以为继，从而推动养老金制度改革。

第四步：以人口老龄化这一事实为出发点，思考可能导致人口老龄化的原因。从第一节的分析可知，导致人口老龄化的原因主要有出生率下降、死亡率下降和预期寿命提高等三个方面，于是我们得到第四步的逻辑过程如图 1－2 所示。

至此，我们最终将金融结构变迁与出生率下降和预期寿命提高这两个客观因素联系起来。将这上面的逻辑思维过程串起来便得到了如

---

① 普特伍里叶和莱恩（Poortvliet & Laine，1997）指出导致养老金私有化改革的最主要两个动因是：一方面，政府，特别是发展中国家不能公平有效的管理公共养老金体系并给受益人提供可以接受的养老金收益；另一方面，政府希望通过养老金的私有化改革来支持金融市场的发展并促进生产率的提高。

② 霍尔兹曼（Holzmann，1997）认为，养老金改革并不是必然导致增加国民储蓄，从而促进资本积累和经济增长。要获得这种改革的经济收益可能需要全面的、可行的一揽子经济改革和严格的财政政策立场。

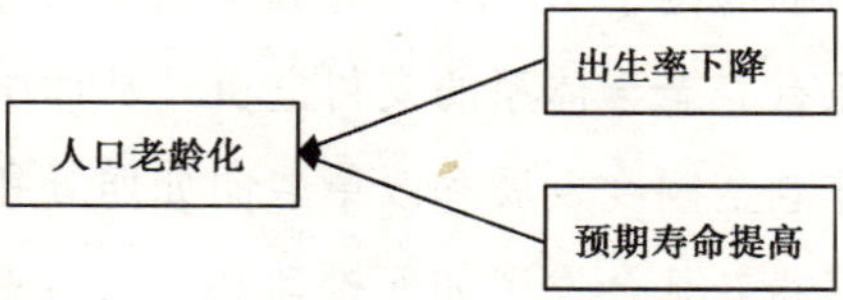

图 1－2　人口老龄化的主要原因

图 1－3 所示的逆向探索思维过程。

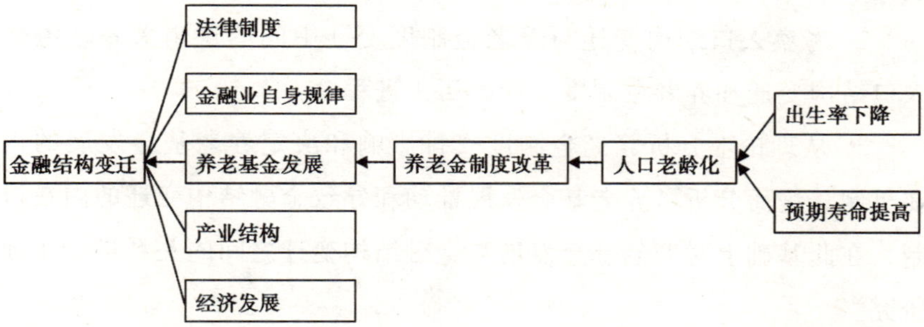

图 1－3　金融结构变迁原因的逆向探索思维过程

（二）顺向逻辑推导

以出生率下降和预期寿命提高这两个基本客观因素为出发点，以出生率下降＋预期寿命提高→人口老龄化→原有养老金制度体系危机→养老金制度改革→养老基金发展→金融结构变迁这条可能的主线为基础，来思考这条逻辑主线的理论基础是什么？具体内在机制是什么？因为这条主线中任何两者之间的逻辑关系、作用机制出现问题，都有可能破坏由出生率下降和预期寿命提高导致的人口老龄化与金融结构变迁之间的关系。

二、本书的研究思路

就写作思路而言，笔者选择顺向的逻辑推导这一方法，首先，考察世界各国普遍面临的由于出生率下降和预期寿命提高导致的人口老龄化，如何导致原有养老金体系的支付危机，从而引发养老金制度改革。然后，考察养老金制度发展和改革取向如何导致和决定养老基金发展。最后，考察养老基金发展如何推动和导致金融结构变迁。

这样，本书的研究思路就是：

1. 考察世界人口老龄化的时代和经济背景，揭示人口结构变迁成为全球经济发展、养老金制度变迁的重要社会经济环境。

2. 考察人口结构变迁与养老金制度变迁中间的逻辑关系，考察人口结构变迁和养老金制度变迁的历史进程。

3. 从理论上分析养老金制度安排影响和决定养老基金发展的内在机制，进而分析了养老基金发展推动和导致金融结构变迁的内在机制，在此基础上对养老基金发展与金融结构变迁之间的关系进行实证研究。

4. 从理论和实证研究的角度，论证了养老金制度的差异如何导致金融结构的差异、养老金制度的差异在多大程度上可以解释金融结构的差异。

5. 对中国养老金制度发展、养老基金发展、金融结构变迁进行了展望，并对基于养老金发展可能导致的金融结构变迁方向作出了一个初步的判断。

三、本书的结构安排

根据上述的研究思路，本书余下部分的结构安排如下：

第二章关于人口结构变迁与养老金制度变迁。分析导致人口老龄化的因素，以及人口老龄化对现收现付制养老金制度带来的财政压力和支付危机，从而导致养老金制度改革、养老金制度变迁的社会需求。

第三章关于养老金制度安排与养老金资本汇聚。在讨论人口结构与储蓄结构相互关系的基础上，分析养老金制度如何将养老储蓄汇聚并转化为规模庞大的养老金资本，并探讨其带来的经济效应。

第四章关于养老基金发展与金融结构变迁：内在机制与实证研究。从理论上分析养老金制度安排促进养老基金发展的内在机制，以及养老基金发展促进金融结构变迁的内在机制，并在此基础上对养老基金发展与金融结构变迁的关系进行实证研究。

第五章关于养老金制度差异与金融结构差异：以美英德日四国为例。分析养老金制度安排的差异如何导致养老基金发展的差异，并在此基础上分析养老基金发展的差异如何导致金融结构的差异。

第六章关于中国养老基金发展与金融结构变迁展望。从我国人口老龄化、人口结构转变入手，分析了“未富先老”带来的财政压力，“未富高储”带来的“金融压制”。考虑到我国养老金制度发展和改革的方向是英美模式，随着我国养老基金的发展，我国“类德日模式”的金融结构将会发生重大变迁。

在正文之后，整理了两份附录：

附录一关于美、英、德、日四国养老金制度变迁。一个国家的养老金制度安排，三支柱是纲，纲举目张。针对上述四个国家在养老金体系三支柱关系处理上的特点，我们把美、英、德、日四个国家养老金制度发展的特点分别进行了抽象和概括。

附录二关于制度安排与养老基金发展。从养老保障、税收待遇、基金投资、养老金监管等四个方面，介绍了养老金制度安排对养老基金发展的重要影响。

第三节　研究方法与研究创新

一、本书的研究方法

本书的研究方法主要包括：

1. 定性与定量分析相结合。本书写作过程中，在分析人口结构变迁、人口老龄化对现收现付制养老金制度的影响、养老基金发展导致金融结构变迁、养老金制度差异导致金融结构差异的时候，都是先从定性的角度来进行分析，然后运用数据统计或实证研究进行定量分析。

2. 归纳与演绎方法相结合。本书在研究人口结构变迁、养老金制度变迁、金融结构变迁的时候，往往会综合运用归纳与演绎两种分析方法。一方面需要从千差万别、千变万化的结构变迁过程中归纳和抽象出一些带有普遍性、规律性的认识，另一方面需要运用见微知著、落叶知秋的演绎方法，将它们之间的内在引致关系进行阐述。

二、本书的创新之处

本书的创新之处主要包括以下几方面：

首先，第一次系统地探讨了人口老龄化与养老金制度改革、养老金制度安排与养老基金发展、养老基金发展与金融结构变迁三个层次的相互关系和内在机制，第一次从养老基金发展的角度来解释金融结构的变迁和金融结构的差异。

其次，第一次系统地提炼出世界各国养老金制度改革的基本框架，以及当前养老金制度安排的基本思路，并初步探讨了养老金制度安排将分散的、规模和期限不确定的家庭养老储蓄汇聚并转化为规模庞大的、期限长期的养老金资本的经济效应。

最后，第一次实证分析了养老基金发展与金融结构变迁之间的关系，以及养老金制度差异与金融结构差异之间的关系，为大家理解各国金融结构差异和金融结构变迁提供了一个崭新的视角。

第二章　人口结构变迁与养老金制度变迁

自第二次世界大战结束以来，由于营养状况的迅速改善、医疗卫生服务水平的大幅度提高、老年保障制度的普遍建立，各国人口的平均寿命都有了明显的提高。与此同时，人口出生率、死亡率却不断下降，从而导致人口的年龄结构不断老化。发达国家和地区，尤其是欧盟和日本等国都先后进入了老龄化社会的行列，许多发展中国家人口老龄化的状况也不断加剧，由此带来了一系列的社会经济问题，给养老保障制度带来了严峻的挑战。

由于人口老龄化直接影响到现收现付

制养老金制度下养老保险基金的收支平衡，原有养老金制度运行面临巨大的财务压力，世界各国为了应对人口老龄化给养老金制度带来的危机，纷纷进行养老金制度改革。

第一节　世界人口老龄化趋势

一、人口老龄化的主要原因

人口老龄化是指一定社会中老龄人口比重相对较高的一种人口结构状况[①]。人口老龄化的衡量标准有多种[②]，从养老金制度的角度来看，应当用退休人口占总人口的比重来衡量一个国家的人口老龄化程度[③]。当然，由于每个国家的退休年龄不同，目前一般用65岁以上人口占总人口的比重作为衡量人口老龄化的指标。即人口老龄化程度＝退休或老龄人口数/总人口数×100%，由公式可见，对退休人口数或总人口数这两个变量产生影响的因素都将对人口老龄化程度产生影响。但总的来说，这些因素主要包括人口出生率、预期寿命、人口死

---

① 联合国把65岁以上人口占总人口比例超过7%的现象称为老龄化，65岁以上老年人口占总人口的比例超过7%的社会称为老龄化社会，这一比例超过14%的社会称为老龄社会。

② 雷（Wray，2006）指出可以运用一系列的方法来衡量社会的人口老龄化状况。其主要有：（1）中位数年龄，即一个国家人口中年龄处于中位数的人口的年龄；（2）老龄化指数＝年龄超过65岁的人口数÷年龄低于15岁的人口数×100；（3）老年赡养率＝年龄超过65岁的人口数÷年龄位于24—64岁之间的人口数×100%；（4）抚养率＝年龄位于0—19岁的人口数÷年龄位于24—64岁之间的人口数×100%；（5）总负担率＝老年赡养率＋抚养率。

③ 因为老年人口是一个相对的概念，有的认为年龄超过65岁才算作老年人口，有的认为年龄超过60岁即算作老年人口，这里为了后面分析人口老龄化对养老金制度影响的方便，运用一国退休年龄作为衡量标准，从而用退休人口占总人口的比重来衡量人口老龄化程度。

亡率和移民政策。在过去和未来几十年内，人口出生率下降和预期寿命提高将是主导人口老龄化趋势的主要原因。①

（一）人口出生率不断下降

第二次世界大战后，由于经济发展和社会进步，人们的社会工作和活动机会增加、社会保障体制更加健全、生育子女的机会成本不断上升，人们的生育观念逐渐改变，从而导致人口出生率逐渐下降。如表2－1所示，世界各国平均生育率从1950年至1955年之间的4.95，下降到1990—1995年之间的3.04，而到2005－2010年之间生育率已经下降到2.52。根据预测，到2030－2035年之间时，该比率还将进一步下降到2.25。

表2－1　1950—2035年世界主要国家或地区生育率　单位：‰

国家或地区	1950－1955年	1970－1975年	1990－1995年	2005－2010年	2015－2020年	2030－2035年
全世界	4.95	4.45	3.04	2.52	2.39	2.25
非洲	6.60	6.67	5.62	4.64	4.11	3.38
亚洲	5.82	5.00	2.97	2.28	2.09	1.95
欧洲	2.65	2.17	1.57	1.53	1.63	1.82
拉丁美洲和加勒比海地区	5.86	5.02	3.02	2.30	2.05	1.84
南美洲	5.67	4.64	2.88	2.18	1.96	1.78
北美洲	3.33	2.05	1.96	2.03	2.05	2.06
大洋洲	3.81	3.30	2.49	2.49	2.43	2.31
中国	6.11	4.77	2.01	1.64	1.51	1.63
日本	3.00	2.13	1.48	1.32	1.51	1.71

① 由于移民政策属于政府可控变量，不属于客观环境因素，所以这里不分析移民政策的影响；而死亡率的下降是导致预期寿命提高的直接原因，两者是一个问题的两个方面，所以这里不具体分析死亡率。

续表

国家或地区	1950－1955年	1970－1975年	1990－1995年	2005－2010年	2015－2020年	2030－2035年
印度	5.90	5.26	3.72	2.73	2.38	2.06
俄罗斯	2.85	2.03	1.55	1.44	1.61	1.78
英国	2.18	2.01	1.78	1.83	1.90	1.97
法国	2.76	2.31	1.71	1.97	2.00	2.04
德国	2.16	1.64	1.30	1.36	1.55	1.74
阿根廷	3.15	3.15	2.90	2.25	2.10	1.93
巴西	6.15	4.72	2.60	1.90	1.72	1.61
智利	4.95	3.63	2.55	1.90	1.78	1.71
加拿大	3.65	1.98	1.69	1.65	1.73	1.83
美国	3.45	2.02	1.99	2.07	2.08	2.09

说明：（1）资料来源：联合国网站（http：//esa.un.org/unpd/wpp/unpp/panel_indicators.htm），该数据为《世界人口展望》2010年最新修改版本；（2）生育率为总和生育率（Total Fertility），即每个妇女平均生育的孩子数量；（3）2015年后数据为预测数据，并选取中等（Medium）预测水平。

正是由于出生率的大幅度下降，即使这个过程同时伴随着人口死亡率的下降，世界各国的人口增长率仍在逐步下降。如表2－2所示，1950－2035年间世界主要国家或地区人口增长率都将呈下降趋势。世界平均人口增长率从1950－1955年间的1.82%下降到2005－2010年间的1.16%，预计到2030－2035年间时，人口增长率将下降到0.69%。

表2－2　1950－2035年世界主要国家或地区人口增长率　单位：%

国家或地区	1950－1955年	1970－1975年	1990－1995年	2005－2010年	2015－2020年	2030－2035年
全世界	1.82	1.96	1.52	1.16	1.00	0.69
非洲	2.11	2.65	2.53	2.30	2.20	1.85
亚洲	1.98	2.28	1.63	1.08	0.85	0.45

续表

国家或地区	1950 - 1955 年	1970 - 1975 年	1990 - 1995 年	2005 - 2010 年	2015 - 2020 年	2030 - 2035 年
欧洲	1.00	0.61	0.19	0.20	0.06	-0.12
拉丁美洲和加勒比海地区	2.72	2.41	1.71	1.15	0.93	0.53
南美洲	2.75	2.32	1.69	1.10	0.88	0.46
北美洲	1.71	0.94	1.01	0.91	0.80	0.60
大洋洲	2.22	1.94	1.48	1.75	1.33	0.94
中国	1.99	2.33	1.17	0.51	0.26	-0.17
日本	1.45	1.32	0.36	0.02	-0.20	-0.48
印度	1.78	2.32	1.98	1.43	1.17	0.73
俄罗斯	1.63	0.58	0.06	-0.12	-0.17	-0.40
英国	0.22	0.21	0.27	0.60	0.58	0.36
法国	0.75	0.75	0.40	0.58	0.45	0.34
德国	0.56	0.13	0.70	-0.06	-0.12	-0.26
阿根廷	1.98	1.68	1.31	0.88	0.78	0.51
巴西	3.05	2.38	1.57	0.94	0.69	0.24
智利	2.14	1.68	1.77	0.97	0.74	0.31
加拿大	2.72	1.27	1.12	1.05	0.85	0.54
美国	1.62	0.90	1.00	0.89	0.80	0.61

资料来源：同表 2 - 1。

（二）预期寿命提高

与导致死亡率下降的原因基本相同，随着生活水平的提高，医疗卫生知识的普及，养老保障制度的建立和完善，世界各国的人口平均预期寿命不断提高。如表 2 - 3 所示，从世界平均来看，预期寿命由 1950 - 1955 年间的 47.66 岁提高到 2005 - 2010 年之间的 67.88 岁，意味着人均寿命在半个世纪内提高了 20 岁，预计到 2030 - 2035 年之间时将进一步提高到 73.3 岁。从部分国家来看，美国、加拿大、法国、1950－1955 年间的预期寿命分别为 69 岁、69.1 岁、66.3 岁；到 1985－1990 年间的预期寿命已分别提高到 74.9 岁、76.8 岁、68.8 岁、76 岁、76.3 岁和 77 岁；预计到 2020－2025 年间的预期寿命将进一步提高，分别为 79.7 岁、80.7 岁、75.3 岁、80.2 岁、80.3 岁和 80.5 岁。

表 2－3　　1950－2035 年世界主要国家或地区预期寿命（岁）

国家或地区	1950－1955 年	1970－1975 年	1990－1995 年	2005－2010 年	2015－2020 年	2030－2035 年
世界	47.66	58.50	64.38	67.88	70.44	73.29
非洲	38.17	46.56	51.18	55.16	59.25	64.01
亚洲	42.94	56.99	64.95	68.98	71.61	74.49
欧洲	65.58	70.79	72.58	75.36	77.45	79.82
拉丁美洲和加勒比海地区	51.28	60.86	68.88	73.41	75.64	78.01
南美洲	51.97	60.51	68.39	72.96	75.33	77.74
北美洲	68.65	71.47	75.85	78.22	79.68	81.53
大洋洲	60.50	66.62	72.48	76.65	78.65	80.80
中国	44.58	64.57	69.92	72.71	74.74	77.19
日本	62.17	73.14	79.45	82.73	84.36	85.90
印度	37.91	50.77	58.98	64.19	67.41	71.01
英国	69.28	72.15	76.16	79.58	80.97	82.70
法国	67.27	72.43	77.35	80.95	82.44	84.27
德国	67.50	71.00	76.02	79.85	81.36	83.26
阿根廷	62.51	67.19	72.11	75.30	76.98	79.07
巴西	50.90	59.50	67.28	72.24	75.07	77.54
智利	54.80	63.71	74.52	78.65	79.96	81.69
加拿大	68.96	72.98	77.79	80.54	81.77	83.45
美国	68.63	71.46	75.64	77.97	79.45	81.32

说明：（1）数据来源同表 2－1；（2）预期寿命为出生时预期寿命。

二、人口老龄化趋势及其表现

人口出生率和死亡率的下降、预期寿命的提高都将使人口老龄化程度加剧，正是由于过去几十年间，世界人口出生率和死亡率的不断下降以及人口预期寿命的不断提高，世界人口老龄化程度不断加剧。从老年人口所占的比重来看，在过去几十年间以及未来 20 年，世界人口中老年人口所占的比重都不断提高。如表 2－4 所示，从世界范围来看，1950 年时老龄人口（65 岁及以上）占总人口的比重仅为 5.2%，这一比重到 1995 年时提高到 6.2%，2010 年时已经达到 7.6%，并预计到 2035 年时将达到 13.1%。而且，从德、日、英、美等发达国家来看，人口老龄化程度相对更高，德国和日本到 2035 年时 65 岁以上人口占比将超过 30%。

表 2－4　　1950－2035 年世界主要国家或地区老龄化情况（%）

国家或地区	1950 年	1975 年	1995 年	2010 年	2025 年	2030 年	2035 年
世界	5.2	5.7	6.6	7.6	10.5	11.7	13.1
非洲	3.3	3.1	3.2	3.5	4.2	4.5	4.8
亚洲	4.1	4.2	5.3	6.7	10.1	11.6	13.5
欧洲	8.2	11.5	14.0	16.2	20.6	22.4	23.8
拉丁美洲和加勒比海地区	3.5	4.2	5.3	6.9	10.4	12.1	13.8
北美洲	3.5	4.3	5.4	7.1	10.8	12.6	14.3
南美洲	8.2	10.3	12.5	13.2	18.4	20.2	20.9
澳大利亚和新西兰	8.3	8.8	12.0	13.4	17.9	19.5	20.7
阿根廷	4.2	7.5	9.5	10.6	12.8	13.6	14.5
澳大利亚	8.2	8.8	12.1	13.4	17.9	19.5	20.5
巴西	3.0	3.8	5.0	7.0	11.5	13.7	15.7
加拿大	7.7	8.5	12.0	14.1	20.6	23.0	24.1

续表

国家或地区	1950 年	1975 年	1995 年	2010 年	2025 年	2030 年	2035 年
智利	4.3	5.4	6.6	9.3	14.6	17.3	19.4
法国	11.4	13.5	15.2	16.8	21.7	23.1	24.2
德国	9.7	14.8	15.4	20.4	25.0	28.0	30.6
日本	4.9	7.9	14.4	22.7	29.3	30.3	31.6
英国	10.8	14.0	15.8	16.6	19.7	21.1	22.4
美国	8.3	10.5	12.6	13.1	18.2	19.9	20.6

说明：（1）数据来源同表 2－1；（2）人口老龄化＝65 岁及以上人口 ÷ 总人口的比重×100%。

人口老龄化的另一个反映就是老龄赡养率的提高。如表 2－5 所示，从世界范围来看，1950 年时世界平均赡养率为 10.1%，这一比重到 2010 年时提高到 13.4%，预计到 2035 年时将提高到 22.8%。而德国和日本的老年赡养率在 2035 年将提高到 60% 以上，意味着 1.5 个工作年龄阶段（20－64 岁）的劳动人口将需要养活 1 个 65 岁及以上的老年人。

表 2－5 1950－2035 年世界主要国家或地区老年赡养率变化情况（%）

国家或地区	1950 年	1970 年	1990 年	2010 年	2025 年	2035 年
世界	10.1	11.3	12.1	13.4	18.2	22.8
非洲	7.2	7.4	7.4	7.7	8.7	9.5
亚洲	8.2	8.5	9.7	11.5	16.7	22.5
欧洲	14.4	18.7	21.4	25.8	35.4	42.8
拉丁美洲和加勒比海地区	7.6	9.4	10.1	12.3	17.5	23.3
南美洲	7.3	9.2	10.0	12.4	18.0	24.0
北美洲	14.3	18.4	21.0	21.9	33.0	38.7
大洋洲	13.3	14.0	16.6	18.5	25.4	29.6
中国	8.7	8.9	10.8	12.7	21.7	33.3
日本	10.0	11.7	19.4	38.3	54.7	61.4

续表

国家或地区	1950 年	1970 年	1990 年	2010 年	2025 年	2035 年
印度	6.4	7.2	7.9	9.0	12.4	15.5
俄罗斯	11.2	13.7	17.0	19.3	29.0	32.6
英国	17.9	23.3	26.9	27.8	34.6	41.2
法国	19.5	23.8	24.0	28.5	39.8	45.9
德国	16.2	24.3	23.5	33.4	43.9	60.3
阿根廷	7.5	12.5	17.2	18.9	22.1	24.7
巴西	6.5	8.1	8.8	11.8	18.4	25.6
智利	8.6	11.4	11.3	15.4	24.1	33.5
加拿大	14.0	15.1	18.5	22.5	35.9	44.3
美国	14.3	18.7	21.3	21.8	32.7	38.1
澳大利亚	14.0	15.5	19.1	22.1	31.6	37.4

说明：(1) 数据来源同表 2－1；(2) 老年赡养率＝65 岁及以上人口数÷20－64 岁的人口数×100%。

第二节　老龄化与现收现付制养老金制度危机

一、现收现付制养老金制度下的收支平衡

(一) 现收现付制养老金制度的成本

在现收现付养老金制度下，养老金制度的成本可以用如下公式表示①：

① 这里借用了劳伦斯·汤普森（Larrence Thompson，2003）在《老而弥智——养老保险经济学》一书中提出的养老保险的成本的计算公式的基本雏形，这里是根据现收现付制养老金制度的特点以及本书分析的需要进行的一种变形。同时注意，这里的成本是一个相对的概念，即养老金制度成本占国内生产总值的比重。劳伦斯·汤普森还指出用国民生产总值代替国内生产总是更为合适，但是这里为了在后面分析支付压力时在概念上的一致性（即养老金制支出占国内生产总值的比重），这里用国内生产总值代替国民生产总值。

养老金制度的成本 = 退休收益额 ÷ 国内生产总值 × 100%

将公式进行变型得到如下公式：

$$养老金制度的成本 = \frac{工资收入额}{国民生产总值} \times \frac{退休人口数}{在职人口数} \times \frac{退休金收益额}{平均工资额} \times 100\%$$

因此，养老金制度的成本可以简单表示为工资收入率、退休者赡养率、退休金替代率三个不同比率的乘积，即：

养老金制度的成本 = 工资收入率 × 退休者赡养率 × 退休金替代率

其中：（1）工资收入率 = 工资收入额 ÷ 国民生产总值；（2）退休者赡养率 = 退休人口数/在职人口数；（3）退休金替代率 = 退休金收益额 ÷ 总人口平均消费额；并且，工资收入额 = 在职人口数 × 平均工资额。

（二）现收现付制养老金制度的收入

养老金制度的收入来自于在职人口的养老金缴费，所以养老金制度的收入可用下面公式表示：

养老金制度的收入 = 养老金缴费额 ÷ 国内生产总值

= 在职者人口数 × 退休金缴费额 ÷ 国内生产总值

将公式变型得到如下公式：

$$养老金制度的收入 = \frac{工资收入额}{国民生产总值} \times \frac{退休金缴费额}{平均工资额}$$

因此，养老金制度的收入可以表示为工资收入率和养老金缴费率的乘积，即：养老金制度的收入 = 工资收入率 × 退休金缴费率

其中：退休金缴费率 = 退休金缴费额 ÷ 平均工资额

（三）现收现付制养老金制度的收支平衡

要实现现收现付制下养老金制度的收支平衡，需要使养老金制度的收入 = 养老金制度的成本，将上述公式代入得到如下公式：

养老金制度的成本 = 工资收入率 × 退休者赡养率 × 退休金替代率
= 养老金制度的收入 = 工资收入率 × 退休金缴费率

二、老龄化对现收现付制养老金制度的冲击

由现收现付制养老金制度下的收支平衡公式可以看出，在其他条件不变的前提下，由于人口老龄化不断加剧，退休者赡养率不断提高，从而使得养老金制度的成本急剧上升，养老金制度的成本大于养老金制度的收入。国家为了维持养老金制度的收支平衡，必须通过其他财政收入来弥补养老金制度的收支缺口，这样又给国家财政造成持久的压力，最终导致现收现付制养老金制度不可持续。如表 2 – 6 所示，各国公共养老金支出占总产出的比重，在人口年龄结构发生变化后大幅度提高，给国家财政带来压力。

表 2 – 6　　公共养老金支出占总产出的比重

	加拿大	法国	德国	意大利	日本	英国	美国
年龄结构变化前	3.9	11.4	8.8	10.2	3.1	3.5	6.2
年龄结构变化后	9.0	20.4	16.8	19.5	6.9	5.6	12.3

数据来源：帕特里洛和波拉德（Pecchenino & Pollard，2005）。

彼得森（Peterson，1996）的研究成果表明，2020 年至 21 世纪 30 年代中期，工业化国家通过借贷弥补养老金的短缺将超过这些国家储蓄总额的 1/4。到 2030 年，美国养老金的短缺可能超过国民储蓄净值的 90%；到 2005 年日本的养老金短缺将达到其国民储蓄净值的 7%，该比重到 2015 年将达到 21%，到 2025 年将进一步提高到 32%。斯蒂文森（Stenvenson，1998）的研究成果表明，到 2030 年德国和法国养老金费用预计将分别达到 GDP 的 14.2% 和 17.2%，因此两国都在考虑改变养老金的筹资模式。

罗格里格斯（Rodriguez，1998）的研究表明，在13个欧盟国家[①]中有9个国家，未来社会保障承诺的净现值为其国内生产总值的2.5倍，而这13个国家中有6个国家，养老金隐性负债净现值超过国内生产总值的100%。1996年，发达国家的养老金隐性负债总计为30万亿美元，从所占GDP的比重来看，美国最低，为113%；意大利最高，为242%。在所有OECD国家，养老金隐形负债大约占他们GDP总和的145%。到20世纪90年代，阿根廷、巴西、加拿大、法国、德国、匈牙利、意大利、日本、美国、墨西哥、克罗地亚、乌克兰等国家养老金隐性负债占GDP的比重都已超过100%。

以日本为例，如表2－7所示，由于人口老龄化速度的加快，公共年金给付数额快速增加，预计到2015年时公共年金的给付额将从1995年的65.5万亿日元增加到415万亿日元，养老金给付与缴费差额将从1995年的30.4万亿日元增加到2015年的86.2万亿日元，其占财政对社会保障转移支付的比重达到50.98%[②]。

表2－7　对日本未来公共年金缴费、给付及财政转移支付数额的估算

单位：万亿日元

年份	年金给付额（E）	年金缴费额（I）	给付与缴费差额（M＝E－I）	财政对社会保障的转移支付T	M/T（%）
1995	65.5	35.1	30.4	23.9	127.20
2000	114.5	76.6	37.9	40.3	94.04
2005	195.7	138.2	58.1	67.3	86.33
2010	271.1	218.8	52.3	108.9	48.03
2015	415.0	328.8	86.2	169.1	50.98

数据来源：边恕："日本公共年金的支付危机与养老保险制度改革"，《日本研究》，2003年第3期。

① 统计数字不包括卢森堡和希腊。

② 我们注意到由于财政对社会保障转移支付的迅速增加，才减缓了公共年金收支差额占财政对社会保障转移支付的比重。

总之，在现收现付制度下，随着人口结构逐渐老龄化，国家为维持社会保障福利而承受的财政压力降不断加大，直至养老制度难以持续。因此，养老金制度的改革成为必然。

第三节 老龄化冲击下的养老金制度改革

为了应对人口老龄化给现收现付制养老金制度带来的危机，世界各国都不同程度地对养老金体系进行了改革。虽然各国的改革各具特点，但还是可以归纳为三个方面：

第一，参数式改革。

在原有的现收现付制养老金制度体系框架下进行改革，主要包括降低养老金替代率、延迟退休年龄、提高缴费率、放松移民政策，以维持原有养老金制度的收支平衡，减轻政府的财政压力。由于这些改革措施，主要表现为对原有养老金制度的参数设置进行调整，因此又被称之为养老金“参数式改革”。

第二，筹资模式改革。

对现收现付制养老金制度本身进行改革，主要是指从现收现付制转向基金积累制、从统一账户制转向个人账户制的改革。现收现付制和基金积累制是养老金的两种筹资模式，因此又被称之为养老金“筹资模式改革”。

第三，结构性改革。

对养老金体系构建的改革，即引进企业补充养老计划、个人养老金计划，构建“多支柱”养老金体系，降低国家公共养老金计划在个人养老保障收入体系中的地位，减轻国家财政负担。从养老金的第一支柱发展到三支柱，是养老金体系和结构方面的改革，因此又被称之为养老金“结构性改革”。

许多的国家养老金制度改革同时包括了这三个方面的改革，有些国家的养老金制度改革只涉及其中一个或两个方面[①]。

一、参数式改革：现收现付制的具体调整

这里再次引用前面的现收现付制养老金制度下养老金制度收支平衡公式：养老金制度的成本 = 工资收入率 × 退休者赡养率 × 退休金替代率 = 养老金制度的收入 = 工资收入率 × 退休金缴费率，来说明世界各国在现收现付制养老金制度框架下进行改革的基本原理。

从上面公式可以看出，要维持养老金制度收支平衡，则要使养老金制度的成本 = 养老金制度的收入，这样只需使工资收入率 × 退休者赡养率 × 退休金替代率 = 工资收入率 × 退休金缴费率，将公式简化得到：退休者赡养率 × 退休金替代率 = 退休金缴费率。在人口老龄化趋势下，退休者赡养率将会提高，为保持等式两边相等，则要么提高退休金缴费率，要么降低退休金替代率，要么同时对两者进行相应的调整；当然，我们还可以通过有关措施来减缓退休者赡养率提高的速度。因此，为了维持养老金收支平衡或降低收支差额，可以采取的措施包括三个方面：提高退休金缴费率、降低退休金替代率或减缓退休者赡养率提高的速度。其中，根据本章第一节人口老龄化程度的计算公式可知，减缓退休者赡养率提高的速度，可以通过提高退休年龄和

---

① *The OECD Observer*1997（《OECD 观察者 1997》）的一份资料总结了应对人口老龄化的措施，基本上包括了所有应对人口老龄化可行的措施，主要有以下几方面：（1）降低社会保障制度的道德风险，具体措施包括严格伤残和失业救济的要求、提高社会保障制度的行政效率、降低社会保障收益、通过改革现收现付制和 DB 年金计划或通过建立多支柱的年金体系以提高 DC 计划的地位来加强缴费与收益之间的联系、降低年金计划的不正当收入再分配、将税收负担转移到劳动力之外（如转移到消费税）、通过减少富裕老人的税收优惠来扩大税基、通过更为中性的资本收入税来降低税收特权；（2）降低有效的退休年龄，具体包括使养老金在精算上更加公平、鼓励终身收入、重新考虑年龄关联支付计划和最后工资年金计划；（3）提高妇女的工作参与率，包括提高儿童照料、降低税收体系导致的工作动力不足；（4）削减财政赤字；（5）鼓励私人储蓄，包括提供税收优惠、逐渐降低现收现付制的相对重要程度、使养老金储蓄强制化、发行指数化政府债券。

放宽移民政策来实现。总之，一国要在原有现收现付制养老金制度框架下维持养老金制度收支平衡或降低收支差额，可以采用提高退休金缴费率、降低退休金替代率、提高退休年龄或放宽移民政策等手段来实现。

（一）提高退休金缴费率

德国社会保障实行现收现付制，巨额的养老保险开支只能依赖于不断提高参保率、遵缴率、缴费率和扩大财政补贴来平衡。如表2－8所示，第二次世界大战后德国养老金缴费率一路上升，从 1950 年的 10%逐年爬升至 1997 年的 20.3%。预计 2030 年将达 25.5%。为使 1998 年的缴费率维持在 20.3%不变，1997 年 4 月 1 日，科尔政府被迫将增值税提高 1 个百分点（从 15%提高至 16%），弥补养老金收支缺口，以解燃眉之急。同时国家对养老保险的财政补贴也一路上扬，1998 年为 9632 万马克，是 1970 年的 9.1 倍。在此期间，养老保险补贴占国家总支出的份额也从 19.4%增长到了 24.1%①。

表 2－8　第二次世界大战后德国养老保险缴费率变化情况　单位：%

年份	1949	1950	1955	1957	1968	1969	1970	1973	1981	1985	1986	1997
缴费率	5.6	10	11	14	15	16	17	18	18.5	18.7	19.2	20.3

资料来源：刘跃斌、高颖："德国的养老保险体制改革"，《武汉大学学报（哲学社会科学版）》，2005 年第 5 期。

为了应对人口老龄化给养老金支付带来的压力，日本主要从开源和节流两个方面着手改革。开源方面的改革措施包括：（1）提高缴费比率。从 2004 年 10 月起，"厚生养老金保险"的费率每年提高 0.354%，直至 2017 年，使保险费的金额提高到职工工资的 18.3%，并固定在这一水平。（2）将按月工资收取养老保险费改为按年收入收取。日本一些企业职工的年中、年末奖金相当于 6 个月的工资，改为按年收入

① 丁纯："德国养老保障体制的改革"，《欧洲》，2000 年第 2 期。

收取保险费将大幅度增加保险费收入。(3) 将加入养老保险的年限由以前的25岁降低到20岁，延长了养老保险金缴纳时间。(4) 对在职养老金制度也做了修改，规定在职养老金的缴纳对象包括65－69岁的公司职工[①]。关于节流的改革措施请参见“降低退休金替代率”部分。

波兰在养老保障制度改革前，实行的是统一的现收现付制养老保障制度，退休年龄在世界范围内也算是很低的——男性为59周岁，女性为55周岁，并且政府保证最低养老金为平均工资的39%。由于人口老龄化的不断加剧，养老保险缴费长期持续增长，1980年以前为工资额的15%，20世纪80年代达到了23%，然后又增加到43%，从1992年开始，缴费额为工资额的45%。如果政府不对养老金进行补贴的话，实际的养老金缴费额将达到工资额的62%[②]。

(二) 降低退休金替代率

2000年3月28日，日本国会通过了《厚生年金保险法》、《国民年金法》等7部有关年金制度改革的法案，大幅修改了缴纳年金保险费和领取养老年金的制度，其中一项重要的内容就是将报酬年金部分削减5%[③]。日本为了应对人口老龄化给养老金支付带来的压力，在提高保险费的同时，逐年降低向被保险者支付的保险金。到2023年，“厚生养老金保险”的支付额将从目前占职工平均实际收入的59.3%逐年降低到约50.2%[④]。

德国则在养老金计算中，引进人口因素，降低养老金标准。主要思路是：用削减每月领取的养老金数额的方式，节省每月养老金支

---

① 资料来源：陈红：“日本养老保险制度的沿革及启示”，《国际经济合作》，2000年第6期。这些措施虽然不是直接提高缴费率，但实际意义上都是提高了雇员的实际缴费率。

② 资料来源：佀宏钢：“俄罗斯养老保障制度”，硕士学位论文，2006年。

③ 资料来源：陈红：“日本养老保险制度的沿革及启示”，《国际经济合作》，2000年第6期。

④ 资料来源：诸延助：“日本年金制度改革对中国养老保险的借鉴”，《集团经济研究》，2005年第2期。

出，延长养老金发放的总年份，以平衡因老年人口预期寿命延长所带来的养老金支出缺口，其实质是通过稀释养老金收益应对人口老龄化。这样，养老金水平将从目前的近70%降至2030年的64%①。

在英国退休雇员的养老金收入中，国家与私人部门（市场）承担的比例为60:40。按照英国政府设定的渐进改革目标，上述比率在2025年要达到50:50，到2050年，该比率要达到40:60。也就是说，私人部门将承担养老金支付的主要责任，提供雇员退休后全部养老金收入的60%，而国家只承担40%②。

（三）提高退休年龄

世界各国为了应对人口老龄化给养老金支付带来的巨大压力，其中一个重要的改革措施就是提高雇员的退休年龄，从而降低退休者的赡养率。如表2-9所示，世界各国都不同程度地提高了退休年龄，其中美国计划将退休年龄从1995年的65岁提高到67岁；澳大利亚、比利时、新西兰、英国等国家都计划将男女的退休年龄都统一规定为65岁③。

---

① 数据来源：丁纯："德国养老保障体制的改革"，《欧洲》，2000年第2期。

② 郑秉文、胡云超："英国养老制度改革'市场化'的经验与教训"，《辽宁大学学报（哲学社会科学版）》，2003年第7期。

③ 但是值得注意的是，由于养老保障制度的建立健全，雇员们可以在退休的情况下仍然获得比较高的退休金收益，因此，养老保障政策实际上鼓励了雇员提前退休。Latulippe（1996）的研究结果表明，在一些OECD国家，可以通过领取病残津贴、失业津贴向退休过渡，或在特殊条件下提前退休，从而导致雇员的实际退休年龄呈递减趋势。从世界平均水平来看，1950年雇员的实际平均退休年龄为66.5岁，到1970年时下降到64.5岁，到1990年时进一步下降到61.8岁；西欧国家（奥地利、比利时、法国、德国、卢森堡、荷兰、瑞士）的实际平均退休年龄从1950年的65.7岁下降到1970年的63.3岁、1990年的59.3岁；北欧（丹麦、芬兰、冰岛、挪威、瑞典）国家的实际平均退休年龄从1950年的67.2岁下降到1970年的64.5岁、1990年的61.9岁；南欧国家（希腊、意大利、葡萄牙、西班牙）实际平均退休年龄从1950年的69.0岁下降到1970年的63.6岁、1990年的60.1岁南美国家（加拿大、美国）的实际平均退休年龄从1950年的65.9岁下降到1970年的64.8岁、1990年的62.6岁；大洋洲国家（澳大利亚、新西兰）的实际平均退休年龄从1950年的65.3岁下降到1970年的63.2岁、1990年的60.0岁；日本的实际平均退休年龄从1950年的66.2岁下降到1970年的66.7岁、1990年的65.5岁。

表 2－9　　　　部分国家退休年龄变化

国家	1995 年		1999 年		未来变化趋势
	男（岁）	女（岁）	男（岁）	女（岁）	
阿根廷	62	57	64	59	2001 年：男 65 岁，女 60 岁
澳大利亚	65	60	65	61.5	至 2013 年：女 65 岁
比利时	60	60	61	61	至 2009 年：男女均 65 岁
玻利维亚	55	50	65	65	
哥伦比亚	60	55	60	55	至 2014 年：男 62 岁，女 57 岁
亚美尼亚	60	55	62	57	
捷克	60	57			至 2007 年：男 62 岁，女 61 岁
爱沙尼亚	60.5	55.5	62.5	57.5	2000 年：男 63 岁；2010 年：女 63 岁
格鲁吉亚	60	55	65	60	
匈牙利			60	57	至 2009 年：男女均 62 岁
新西兰	62	62	64	64	至 2001 年：男女均 65 岁
瑞士			65	62	至 2005 年：女 64 岁
土库曼斯坦	60	55	62	57	
英国			65	60	2010－2020 年间：女增至 65 岁
美国			65	65	2000－2027 年间：男女均增至 67 岁
乌拉圭	60	55	60	56	至 2003 年：女增至 60 岁

资料来源：Social Security Administration of US（1999）：Social Security Programs Throughout the World；转引自：魏加宁主编：《养老保险与金融市场——中国养老保险发展战略研究》，中国金融出版社 2002 年版。

二、筹资模式改革：从现收现付制转向基金积累制

（一）现收现付制

现收现付制的筹资方式主要通过税收，政府向所有当前的劳动者

强制性征收社会保障税，形成社会保障基金，然后将社会保障基金相对公平地分配给当前退休的人员。现收现付制的简单流程图为：当前劳动者→缴纳社会保障税→形成社会保障基金→支付收益→当前的退休人员。现收现付制养老保险的宗旨是全体退休老人都能够得到社会保障，避免因为年老、疾病和残疾等原因遭受贫困。由于现收现付制一般是 DB 计划，因此，它支付的养老金不受通货膨胀和利率波动的影响。

现收现付制度的一个重要特点是通过转移支付和收入再分配来实现社会公平。现收现付制下的转移支付或者收入再分配，一般采取两种方式：一是不同代人之间的收入转移，即代际之间的收入转移。结果是个人向社会保障制度的缴费和个人退休后所领取的养老金收益之间不平等，原因是当前劳动者所缴纳的税款大部分直接支付给当前的退休者了，不是自己为自己的缴费。二是同代人之间的转移，即代内的收入转移。主要是因为个人收入水平、家庭经济状况、其他经济条件的差异，导致一部分经济条件好的劳动者对经济条件差的劳动者进行补贴。由于现收现付制一般都采用税收筹资方式，而且采取强制性缴费的管理办法，并且一般只建立覆盖所有劳动者的统一账户。因此，从总体上看，现收现付制社会保障的管理相对简便。

现收现付制度的一个重要缺点是效率损失。一方面体现为对劳动力市场发展产生不利影响，这些影响主要包括：不利于劳动力的自由流动，从而影响劳动力资源的有效配置；容易引致劳动者提前退休，特别是熟练工人提前退休或离职，进而对劳动生产率会产生不利影响，并且会降低劳动参与率；容易引导劳动力从正规部门向非正规部门转移。另一方面体现在对资本市场发展产生不利影响。这些影响主要包括：在现收现付制下，养老金计划的投资往往由公共部门来统一管理，而且一般只委托给 1 个或几个国有投资公司来操作，在管理者之间缺乏竞争，因此难以保证投资效率的提高；而且，养老金积累的资产规模一般都十分庞大，在资本市场规模狭小的国家里，公共部门设立的养老金投资公司往往处于垄断或寡头垄断的地位，不利于竞争性资本市场的形成。

真正对现收现付制度进行经济学分析的第一人是诺贝尔奖获得者、美国著名经济学家萨缪尔森。他在1958年发表的经典论文中，证明了现收现付制度可以产生一个等于人口增长率的隐性收益率，即“生物报酬率或自然增长率”。1966年美国另一位大经济学家何瑞·艾伦在他的一篇经典文献《社会保险的悖论》中证明，如果萨缪尔森提出的“生物报酬率或自然增长率”（可以分解为人口增长率+实际工资增长率，即二者之和）大于市场利率，则现收现付制度可以在代际之内进行帕累托有效的配置，而基金积累制将会带来一个使得各代的生命周期效应都要减少的迭代配置。一石激起千层浪，由此引发了对现收现付制与基金积累制的福利效应的大争论，该争论旷日持久。由于何瑞·艾伦把实际工资增长率和市场利率作为一个外生变量来处理，因此他研究的经济体系被认为是小型的开放经济，因而现收现付制度赖以达到帕累托有效的前提条件也就被称为“阿伦条件”。

现收现付制度自第二次世界大战后至20世纪70年代会迎来自己发展的“黄金时代”。主要是因为在这段时间里特有的经济条件：

第一，人口持续增长。第二次世界大战后，世界各国出现了“婴儿潮”。人口持续增长导致退休者赡养率降低，从而社会保障制度的成本减小。

第二，经济快速发展。从20世纪50年代中后期开始，发达工业国家进入了经济大发展的时期，一直延续到1973年底爆发石油危机进而演变成世界性经济危机为止，前后近20年。这个时期也被称为发达工业国家经济发展的“黄金时代”。1951－1971年的20年里，发达工业国家的年平均经济增长率高达5.3%。由于经济快速发展，在职职工获得了工资收入的大幅度提高，相对于已经退休者而言，退休金替代率降低，从而社会保障制度的成本减小。

第三，收入水平稳步提高。第二次世界大战后，随着经济的快速发展，劳动生产率的大幅度提高，工人运动的进一步增强，发达工业化国家收入水平、物质生活条件、劳动条件都有了明显改善。以日本为例，1951－1975 年的实际工资扣除物价上涨因素，制造业工人的实际工资年平均增长率在 6% 左右。

（二）基金积累制

基金积累制的主要特征是养老金领取金额的来源是个人账户资金的积累。在基金积累制模式下，给每一位劳动者建立个人账户，要求雇主和雇员分别向该个人账户缴费，这样个人账户资金在劳动者工作期间逐年积累。个人账户积累的资产主要包括两部分：连续缴费形成的本金、投资运作产生的投资收益。当劳动者到达退休年龄时，个人账户的所有资产就是劳动者在退休后的养老金收益总数。劳动者在退休时，可以一次性领取，也可以采取年金方式领取。

由于基金制计划要求建立个人账户，并对个人账户进行严格和透明的账户管理，每一位劳动者退休收入的多少直接取决于缴费的多少、缴费期间的长短、投资收益的高低。与现收现付制计划相比，基金积累制计划的优势表现为：

第一，不对劳动者退休后的养老金领取数额进行承诺，计划参与者自己承担投资风险、长寿风险以及其他风险，因此，基金制计划的收支是平衡的，是一种现金平衡计划。

第二，基金积累制计划的收入转移和再分配效应很小，养老金领取上的差异是由个人账户资产积累的差异所决定的，不允许对个人账户的资产进行“削高补低”式再分配，因此它是效率导向的。

第三，由于个人账户的资产积累完全属于个人，不会出现“鞭打快牛”、“吃大锅饭”的现象，因此，基金制计划的激励性强。有利于鼓励劳动者努力工作、推迟退休时间、尽量增加在职时的缴费，有利于提高劳动力市场的效率。

第四，基金制计划与私营投资机构结合起来，有利于发展机构投资者队伍，有利于形成具有竞争性的金融市场。

（三）从现收现付制到基金积累制

养老金筹资方式的转变，即从现收现付制到基金积累制，一方面是社会经济发展的原因。如20世纪70年代之后主要工业化国家经济发展处于“滞涨”阶段，人口死亡率和出生率降低导致人口老龄化程度加剧，导致现收现付制社会保障制度的成本大幅度提高。另一方面是学术界对基金积累制宏观经济效应的充分挖掘。不少重要经济学家论证了现收现付制对私人储蓄存在“挤出效应”，而基金积累制对私人储蓄产生“刺激效应”；同时，他们还进一步论证了基金积累制比现收现付制更加有利于长期经济增长，可以产生长期增长效应。尽管这些观点并没有成为经济学家的共识，有不少经济学家甚至提出了针锋相对完全相反的观点。但是，由于主要工业化国家的储蓄率已经越来越低，成为阻碍经济发展的重大难题，而且摆脱经济“滞涨”也成为当务之急的事情，所以越来越多的政治家和决策者“宁肯信其有，不肯信其无”，逐渐接受并出台有利于基金积累制发展的配套政策。这样，基金积累制发展所需要的天时、地利、人和，三者齐备。

从现收现付制到基金积累制转变，一个重要的问题是需要面对转轨成本，即养老金的隐性负债显性化问题。一方面，需要从技术角度做好准备，通过精算技术测算出隐形负债的规模。另一方面，需要从政策角度做好准备，通过财政政策为养老金制度转轨筹集资金。如智利模式下的“老人老办法，新人新办法”，政府发行“认可债券”进行资金筹措等等。

虽然现收现付制与基金积累制各具特点，并不存在绝对的优劣①，但是由于基金积累制是国家强制实施的个人养老储蓄制度，通过建立个人账户，企业和个人缴费全部进入个人账户，退休待遇水平完全取决于账户基金的积累额，账户资金可以进行投资。这种模式可以较好地解决人口老龄化问题，并为经济建设提供大量资金②。因此，20 世纪 90 年代以来，很多国家对原有的养老保险制度进行结构性改革，以构建多层次的、部分基金积累制的养老保险模式；或者是进行根本性改革，以构建完全基金积累的养老保险模式，从而弱化政府在养老保险中的直接责任，强化市场的作用（表 2－10）。

表 2－10　　部分或全部进行基金积累制改革的国家与年份

国家	智利	秘鲁	危地马拉	墨西哥	阿根廷	哥伦比亚	澳大利亚
年份	1981	1991	1991	1995	1994	1994	1992
国家	瑞士	英国	玻利维亚	乌拉圭	意大利	波兰	
年份	1985	1986	1997	1995	1996	1999	

三、结构性改革：建立多支柱养老金体系

为了适应经济和社会环境的变化，特别是为解决 20 世纪后期以来各国普遍面临的人口老龄化和基本养老金支付危机等问题，世界各国相继对养老金体系进行了改革。养老金体系改革的主要方向是根据世界银行对各国社会保障体系发展的指引，建立“三支柱养老保障体系”③。

美国于 1974 年出台《雇员退休收入保障法案》（即 ERISA 法

① 具体论述可参考刘渝琳（2006）在“我国养老基金投融资模式与运行机制研究”一文中对现收现付制与基金积累制所做的一个很全面的文献综述。

② 李琼、万里虹：“现收现付制和基金积累制的比较分析”，《保险研究》，2005 年第 8 期。

③ 第一支柱是指由政府管理同时享有税收优惠政策的社会基本养老保险；第二支柱是指由政府推行的强制性的或由政府通过税收优惠政策鼓励倡导的、由非政府机构管理的退休金计划；第三支柱是指个人的自愿性储蓄或保险计划。

案)，诞生了DC型的个人退休金账户即IRAs；美国于1978年通过《国内税收收入法案》，根据该法案第401条第（K）项的规定，诞生了DC型的401（k）计划。个人退休金账户和401（k）计划，成为美国私人退休金制度的代表。英国于1986年颁布了《社会保障法案》，推出了个人养老金计划和DC型职业年金计划，对于三支柱体系的形成具有决定性的影响。日本于2001年通过了《企业养老金改革》的立法，正式引入缴费确定型计划（即DC计划）和基金积累制。这样，以DC计划和基金积累制就成为日本第二支柱养老金制度的重要特点。德国通过1999年和2001年的改革，开始鼓励发展企业补充养老保险和商业养老保险，以缓解基本养老保障面临的巨大支付压力。如表2-11所示，OECD国家都已初步建立起多支柱的养老金体系①。

表2-11　　OECD国家养老金计划的类型

第一支柱的养老金计划	第二支柱的养老金计划		
	强制性养老金计划	允许“合约退出”的养老金计划	自愿性养老金计划
提供均一比率的国家基本养老金计划	丹麦（按均一比率发放） 芬兰	澳大利亚（SGB） 英国（SERPS） 日本（EPI）	加拿大、丹麦、爱尔兰、荷兰、新西兰
与就业期间工资收入挂钩的基本养老金计划	法国 韩国 瑞士 瑞典	希腊（TEAM）	德国、奥地利、法国、比利时、西班牙、美国、意大利、卢森堡、韩国、葡萄牙、瑞士、瑞典

① 资料来源：胡秋明：“养老金制度改革的政策取向与专业性养老保险公司的市场定位”，《金融与经济》，2005年第4期。

说明：（1）除丹麦外，其余国家的第二支柱养老金计划的缴费与收益均与就业期间的工资收入挂钩；（2）澳大利亚的SGB是指Superannuation Guarantee Bill，英国的SERPS是指State Earnings-Related Pension Scheme，日本的EPI是指Employee Pension Insurance。

当然，面对人口老龄化的冲击，国家一方面对养老金制度进行改革，另一方面也采取措施统筹人口与劳务发展政策。

目前，世界上不少国家纷纷制定鼓励生育的政策，建立宽松的移民政策，实施优厚的劳务接受政策，统筹养老发展与社会经济发展的关系，改善人口与劳动力发展状况来推动经济发展，并且通过经济发展来减轻人口老龄化的不利影响。

第三章　养老金制度安排与养老金资本汇聚

长期以来，人们对居民储蓄的研究都集中于对储蓄率的研究，却忽视了对居民储蓄结构的考察。这是因为，在主流经济学的理论模型分析框架中，都是直接将储蓄等价于资本，并且不区分资本的属性。但是，在实际生活中，不同性质的储蓄转为资本的效率不同，不同性质的资本在金融市场中扮演的角色以及不同性质资本的产出效能也可能存在差异。因此，储蓄率固然重要，但是储蓄结构同样也影响着储蓄转化为资本的性质和效率，从而影响经济和金融发展。

本章从人口结构与储蓄结构的关系出发，考察养老金制度安排如何将养老储蓄转化为以养老基金形式存在的长期资本，从而影响经济和金融发展。

第一节　人口结构与储蓄结构

不论储蓄率的高低，居民家庭储蓄的主要目的包括预防意外事故、未来消费储备、养老退休和子女教育等。例如，2008 年由清华大学中国金融研究中心对 15 个城市大约 2100 个家庭开展的“中国消费金融与投资者教育”第一期全国性调研结果显示，在被问及家庭储蓄的主要动机时，大部分家庭是为突发事件及医疗支出（24.06%）、子女及自身教育（23.59%）和养老退休（19.62%）进行储蓄。[①]《2005 年奥尔多投资者行为调查报告》指出，受访者选择的第一重要的储蓄目的中，按照选择的人数和比例由高到低排序，排名前四位的分别为：支付孩子教育费（占 35.26%）、防意外（包括防病、防失业，13.63%）、正常生活零用（占 11.07%）和养老（10.29%）。

一、储蓄的结构

虽然储蓄的目的多种多样，但按照储蓄未来被“消费”的时点来划分，在理论上主要可以划分为两类：消费递延储蓄和养老储蓄。[②] 因为，在理论上，个人将平滑生命周期内的消费，从而所有的储蓄都是未来消费的“准备金计提”。养老储蓄是个人“平滑”工作

① 数据来源：搜狐财经，http：//money. sohu. com。

② 当然，这里主要是为了区分养老储蓄和其他储蓄的差异，而选择的一种比较粗略的分类方法，标准并不十分严格。

期间和退休期间消费进行的储蓄。而消费递延储蓄则是为了调节不同时期理论消费额和实际消费额而进行的储蓄，包括预防意外事故、子女教育、耐用消费品储蓄等。这是因为，意外事故损失、子女教育费用和耐用消费品等消费理论上应当在生命周期内分摊，算作每期的平均消费，但实际上这些消费发生在特定时期。因此，这些目的的储蓄实际上只是未来这些消费计划的“准备金计提”，或者说是理论上已经发生的消费的递延。①

在实际中，消费递延储蓄和养老储蓄的区别主要体现在两个方面：一方面，子女教育、耐用消费品等消费主要发生在退休前，而养老储蓄的“消费”发生在退休后，所以两者的存续时间存在差异，前者更多是“短期储蓄”，后者则体现为“长期储蓄”；另一方面，消费递延储蓄的弹性空间较大，个人（或家庭）可以根据这类储蓄的存量大小而调整未来消费计划，对生活不会产生根本性影响，而养老储蓄则关系后老年生活的基本保障，所以刚性较强。这两个区别导致两类储蓄的基本属性不同：消费递延储蓄主要是短期储蓄，弹性空间较大，所以在资金运用上逐利性更强；而养老储蓄主要是长期储蓄，刚性较强，所以在资金运用上更追求稳定性。这两类储蓄的基本属性差异，将导致储蓄结构对经济和金融发展都产生一定的影响。

二、人口结构与储蓄结构

为了考察人口结构对储蓄结构——消费递延储蓄和养老储蓄的比重的影响，我们作出以下基本的假定：

（1）一个具有代表性的理性经济人，生命周期分为两期：T_1 和 T_2，即年轻时和年老时。个人在年轻时工作，获得劳动收入；年老时

① 当然，如果将退休时期的消费看作一个消费计划，那么，在广义上，养老储蓄也可以算作是一种未来消费计划储蓄。

靠养老储蓄维持生活。

(2) 为将人口结构引入模型，我们设定预期寿命为 T_A，且生命不含不确定性，年轻和年老时的生命长度分别为 T_1 和 T_2，并且 $T_1 = (1-\phi)\ T_A$，$T_2 = \phi T_A$，$0 < \phi < 1$。

(3) 在一个稳定社会中，每个年龄的人各为 1 个，每年出生 1 个新人，而寿命达到 T_A 的个人将死去，从而该社会中共有 T_A 个理性经济人。因此，在这个稳定社会中，人口老龄化比例为 $P_o = \frac{T_2}{T_A} = \phi$。

(4) 年轻时单位时间收入为 I，因此生命周期内的总收入为 $(1-\phi)\ T_A \cdot I$，在假定不存在不确定性、没有社会养老且折现率为 1 的前提下，个人将实现完全平滑消费，即每年消费额为 $C = \frac{(1-\phi)\ T_A \cdot I}{T_A} = (1-\phi) \cdot I$。从而年轻时每年养老储蓄额为 ϕI，总的养老储蓄额为 $(1-\phi) \cdot I\phi T_A$。但是，养老储蓄是在年轻时逐年累积，在年老时逐年消费的，因此个人养老储蓄的平均存续时间为 $\frac{1}{2}T_A$，个人在年轻时平均持有的养老储蓄额额为 $\frac{1}{2}(1-\phi) \cdot I\phi T_A$。

(5) 此外，在年轻时，个人还将按每年消费额的一定比例 ϕ 提取消费递延储蓄，以防止收入波动，大件消费、意外等。因此，年轻时个人每年的消费递延储蓄为 $\phi(1-\phi) \cdot I$。同样，消费递延储蓄是逐年累积和消费的，且只有在年轻时在存在，所以，我们可以假定其存续平均为 $\frac{1}{2}T_1$，从而个人在年轻时平均持有的消费递延储蓄额为 $\frac{1}{2}\phi(1-\phi) \cdot I \cdot T_1$。

在这些假定基础上，我们容易计算得到，具有代表性的个人在年轻时平均持有的储蓄总额为：

$$S = \frac{1}{2}(1-\phi) \cdot I\phi T_A + \frac{1}{2}\phi(1-\phi) \cdot I \cdot (1-\phi)\ T_A = \frac{1}{2}T_A I$$

$(1-\phi)\ [\phi+\phi\ (1-\phi)]$

其中，养老储蓄的比重为：

$$S_{pension}=\frac{\frac{1}{2}\ (1-\phi)\cdot I\phi T_A}{\frac{1}{2}T_A I\ (1-\phi)\ [\phi+\phi\ (1-\phi)]}=\frac{\phi}{\phi+\phi\ (1-\phi)}$$

$$=\frac{1}{1+\phi\ (\frac{1}{\phi}-1)}$$

由上面公式易知，$\frac{\partial S_{pension}}{\partial \phi}>0$。也就是说，居民储蓄中养老储蓄的比重随着人口结构中老龄人口比重的增加而升高。因此，在人口老龄化背景下，居民家庭储蓄结构将随之发生改变，养老储蓄的比重逐渐提高。

第二节　养老金制度安排：养老储蓄的长期资本化

在人口老龄化导致传统现收现付制养老金制度体系难以为继的背景下，各国养老制度进行了一些重要的变革，包括建立多支柱养老金体系、DB 计划向 DC 计划转变等。更重要的是，在这些基本制度变革的背后，各国养老金制度设计者从“以养老为目的”出发，围绕这些基本制度变革构建了一整套完备的养老金制度体系，从而真正实现居民“老有所养”，保障居民养老安全。

虽然世界各国养老金制度的具体安排大不相同，但是在各国纷繁复杂的养老金制度体系背后，制度设计者的基本思路都大同小异，主要包括以下五个方面。

一、通过多支柱构建满足多样化养老需求

在养老金制度改革过程中，一方面，国家基本养老金制度改革导

致基本养老金替代率逐渐下降，需要发展私人养老金体系以“补充”基本养老金不足；另一方面，随着社会发展，不同群体的养老保障需求差异越来越大，在国家基本养老金制度以外，必须发展多样化的私人养老金体系以满足不同群体多样化、个性化的养老保障需求。

在这种客观社会背景下，各国在养老金制度改革的过程中都纷纷选择了构建多支柱多层次的养老金计划体系。并且，各国养老金计划体系的基本框架大体相同，即我们通常所说的“三支柱”养老金体系：国家基本养老用来满足雇员的基本养老保障需求，为雇员提供基本的退休收入，满足雇员的老年基本生活需要；企业年金制度为雇员提供额外的退休收入，用来提高雇员的老年生活水平；自愿的、商业化的私人养老金计划用来满足个人的个性化养老需求。

以美国为例，当前美国形成了以《社会保障法案》为基础的公共退休金计划、以401（K）和IRAs为主体的私人退休金计划、私人储蓄计划为三支柱的养老保障体系，私人养老金计划在三支柱的养老保障体系中发挥的作用越来越大。

从英国来看，其第一支柱本身就包括国家基本养老保险、最低收入保障金计划；第二支柱包括经认可的职业养老金、个人养老金、存托养老金、国家收入关联养老金；第三支柱是自愿的个人寿险或年金。

二、通过税收优惠政策推动私人养老金发展

由于国家的公共养老金计划一般都是强制性的，其替代率水平一般都可以满足雇员老年的基本生活需要。因此私人养老金计划可以遵循自愿原则，根据雇员自身的收入状况、养老保障需求和自身偏好等来决定其缴费水平等。但是国家为了引导企业和个人为员工退休后生活收入进行储蓄，提高老年的退休金收入水平，必须运用政策手段进行干预，而政府干预的有效经济手段就是税收刺激。因为，作为遵循

自愿原则的私人养老金计划，其相对于私人养老储蓄的最大优势无疑在于税收优惠政策。

从而，世界各国在养老金制度改革过程中，都不同程度地运用税收优惠政策来推动私人养老金计划的发展，将其作为公共养老金计划的有力补充。针对缴费、投资收益和养老金领取三个征税环节，EET税制是目前最为广泛运用的税收待遇，它在激励个人养老储蓄、促进私人养老金体系发展方面起着十分重要的推动作用。

三、确保养老金积累的公平性与合理性

养老金资产积累得过少，就不能满足老年生活的需要。但是，也不是养老金资产积累得越多越好。养老金积累过多，不仅会影响居民家庭的当期消费和国民经济增长，而且会造成国家税收流失，使养老金成为“避税手段”。因此，保证养老金积累规模的适度性，是养老金制度安排的一个重要方面。为此，养老金缴费及其税收优惠制度对每期的缴费比例、最高额度等都有比较严格的限制。以新加坡的中央公积金为例，为了保证缴费的合理性，其对不同年龄雇员的缴费上限都作出了规定①。

此外，不同雇员、不同收入群体的养老金缴费能力、养老保障需求都存在很大差异。为此，养老金制度安排一方面要满足不同群体的差异化需求，另一方面也要避免养老金制度成为重要雇员的专属品、税收优惠成为高收入群体的特权，保障养老金制度的公平性。例如，美国私人养老金计划的合格性要求除对雇员参与资格进行规定外，还要求必须通过无歧视测验，以保证计划有利于全体雇员。其中一项重要的规定就是禁止优惠高薪雇员，计划应对所有雇员一视同仁，覆盖

---

①　中国保监会编著：《养老保险国别研究及对中国的启示》，中国财政经济出版社2007年版，第211页。

一定数量和比例的雇员。这些计划只有通过无歧视要求、最低覆盖率要求和最低参加率要求等方面的多项测试后才能获得通过，才能成为享受税收优惠政策的合格计划（qualifed plan）。

四、通过基金投资和监管实现基金保值增值

养老金是人们退休后最重要的收入来源，而且存续时间很长，可见基金的保值增值就成为养老金发展的关键所在。因此，在养老基金管理的过程中，一方面要加强基金运作过程中的监督管理，保障资金安全；另一方面要实行市场化、专业化的运作，在保证资金安全的基础上，实现尽可能高的投资收益水平。

养老金监管规则主要有谨慎人规则和数量限制监管规则两类。但是，越来越多的国家开始实行“混合型”规则，不仅要求基金投资实行充分多元化、进行及时的信息披露，还对投资单项金融产品的比例或额度进行具体的规定。

例如，澳大利亚规定投资抵押债券、政府债券和欧元债券的比例不得低于35%，法国规定投资欧盟政府债券的比例不低于50%。甚至，为了进一步约束养老基金投资者的投资行为，防范养老基金投资风险，有些国家对养老基金的投资收益水平提出了相应的要求。

五、通过年进化领取方式保障养老消费

为保证账户内资金切实用于退休后改善生活，促进账户内养老金资产积累的连续和稳定，各国一般都对养老金的领取方式进行了限制。一方面严格限制养老金的提前支取，只允许一些十分特殊的少数情况，对提前支取养老金的行为将进行一定的惩罚。另一方面，积极鼓励人们对养老金进行分期或年金化领取，避免一次性领取造成养老金投资损失或消费计划安排不当。

例如，美国401（k）计划规定：未达到退休年龄所提取款项视为一般收入所得，按20%的税率预交所得税，同时加收10%的惩罚税，并且规定养老金领取的最迟时间为70.5岁。新加坡公积金制度为了保证其成员有足够的资金积累来应付更长的退休时间，当中央公积金成员超过55岁时，需先在其退休账户中预留一个最小数量的金额，然后才可以提取其积累的剩余部分。[①]澳大利亚的公民在到了法定的领取年龄后，既可以一次性领取全部的养老金，也可以定期以收入流的方式领取，但按收入流的方式领取将会享受到税收的优惠。智利养老金制度规定满足必要条件的雇员可以通过三种方式领取一笔保险金并支配其个人公积金款项：即期年金、临时年金加延期终身年金、计划提款。其中，计划提款是指雇员从其个人公积金款项余额中，每年提取换算为“养老金货币单位”数目的款项，该雇员死亡后，支付给其受益人。[②]

综合以上分析，“以养老为目的”的制度设计思路可以用图3－1

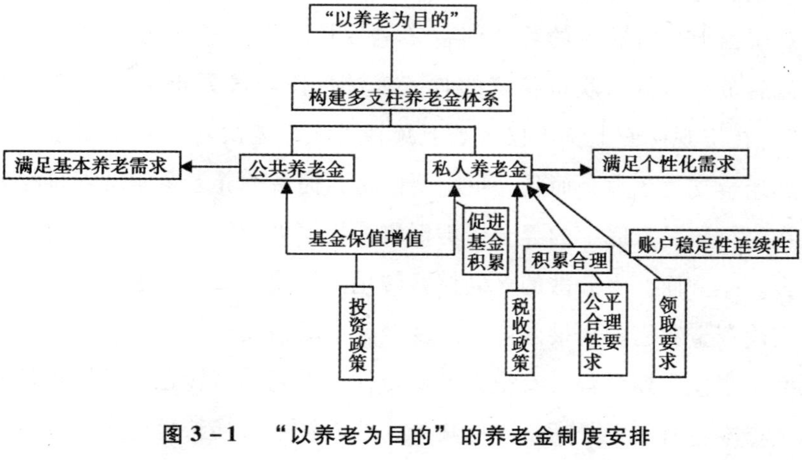

图3－1　“以养老为目的”的养老金制度安排

① 资料来源：中国保监会编著：《养老保险国别研究及对中国的启示》，中国财政经济出版社2007年版，第214页。

② 资料来源同上，第380页。

表示。如图 3－1 所示，为了服从“以养老为目的”这一制度初衷，从养老金体系构建上选择构建多支柱的养老金体系，以国家公共养老金来满足基本养老需求，以私人养老金来满足个性化的养老金需求；以税收政策来推动私人养老金发展，以公平合理性要求来保障私人养老金积累的合理性，以账户领取要求来保证基金积累的连续性与稳定性；以投资政策来保证养老基金的保值增值。

在居民家庭储蓄中，消费递延储蓄和养老储蓄的目的和基本属性都存在根本差异，两者所要求的资产配置和管理方式都存在明显差异。但是，如果缺乏合理的制度将养老储蓄与消费递延储蓄进行剥离，居民家庭由于有限理性的制约，很容易将两者进行混同，无法进行有针对性的资产配置管理，容易导致养老储蓄不足或没有实现消费的生命周期最优化；而且无法实现长期性养老储蓄的长期资本化，导致长期养老储蓄的短期资本化，从而造成社会长期资本的短缺和资本的期限性结构性失衡，不利于经济金融的发展和稳定。

上面这一整套完备的“以养老为目的”的养老金制度体系，在微观层面上，将居民的养老储蓄“制度性地”转化为养老基金，以保障雇员在退休后获得稳定的收入来源，使居民真正实现“老有所养”。在宏观层面上，不仅客观上减轻了人口老龄化背景下国家财政的养老金支付压力，而且，更重要的是，完备的养老金制度安排将分散在每个居民家庭中的养老储蓄汇聚为规模庞大的、期限长期的养老基金。一方面，将分散的养老储蓄转化为规模庞大的养老基金，有利于实现资金利用的规模效应，改变金融市场格局；另一方面，将居民家庭中规模和期限都具有很大不确定性的养老储蓄转化为长期性的养老金资本，有利于长期资本的集聚，改变资本市场长短期资金的供求状况。从而，将逐渐改变一个国家的金融结构和资本结构（期限性结构），对于促进国家经济和金融的稳定和发展都具有十分重要的意义。

第三节 养老储蓄长期资本化的经济效应

虽然在理论上，长期资本和短期资本各有优劣，并不存在绝对的孰优孰劣的问题，资本市场的期限性结构也不存在理论上的最优比例。一个国家资本市场期限性结构的合理性关键在于与资金需求的期限性结构相匹配。

但是，对于新兴市场国家特别是我国金融市场发展而言，最重要的结构性特点是长期资本和机构投资者缺乏，导致企业融资成本高、研发投入不足、资本市场波动剧烈等，不利于经济金融的稳定和发展。因此，养老金制度安排将居民养老储蓄转化为长期养老资本，有利于长期资本的汇聚和机构投资者的培养，从而有利于改善我国金融结构和资本市场的期限性结构，带来巨大的经济效应。

目前，在国际国内经济学界，还没有研究者从资金供给者的角度来区分长期资本和短期资本。这是因为，资本的长短期结构特征主要体现在资金的需求者那里，企业融资结构可以用中长期融资比重与短期融资比重来反映。但是，从资金供给者角度来看，其资本的长短期属性将随着资金供给者的投资目的和策略而不断发生改变，很难准确地进行界定。例如，居民家庭的短期或不定期储蓄经过银行的“转化”可以转变成长期贷款；在少数情况下，机构投资者也有可能进行投机性操作。因此，从资金供给者的角度来看，资本的长短期属性是可以不断转化、不断“改变身份”。

但是，整体来说，资金供给者持有资金的基本属性将决定其投资目的和策略，从而影响金融市场的结构性特征。一般而言，养老基金、保险资金等存续时间较长的资金，更注重资金运用的安全性和资本的长期回报，而短期资金供给者则更注重资金的流动性和资本的短期回报。正是由于长短期资金供给者在投资目的和策略上的本质性差异，导致长期资金更容易向长期资本转化，而短期资金更多转化为短期资本。为此，从资金供给者角度，我们认为追求资本长期回报的资本为长期资本，而追求短期回报的资本为短期资本。

长期资本对于经济金融稳定和企业经营行为的影响，已经有着广泛的讨论，这里我们不再详细地展开具体论述，只对长期资本的宏观经济效应进行简单阐述，并且重点关注其发挥作用的基本机制。

一、长期资本与资本市场稳定

为了证明长期资本在稳定资本市场中的作用机制，我们作出以下假定：

（1）在任一时刻 t，资本市场平均价格指数为 P_t，收益率为 r_t。

（2）资金供给者的资金供应量是经验调整的，即根据过去某一时期内资本市场的平均收益率来决定资金供给数量。因此，在时刻 $t+1$，资金供给者将根据过去一段时间内资本市场的平均收益率而调整资金供应量，从而影响资本市场的价格指数。

（3）对于长期资本而言，其考察资本回报率的时间长度为 T，即过去时间 T 内的平均回报率 $\overline{r_{t-T+1,t}} = \frac{1}{T}\sum_{k=0}^{T-1} r_{t-k}$；而对于短期资本而言，其考察资本回报率的市场长度为1，即其仅关注时刻 t 的回报率 r_t。

在此基础上，我们可以假定，在资本市场全部为长期资本的前提下，其市场价格指数变化路径为 $P_{t+1}^L = P_t^L\left[1+\lambda_L\left(\frac{\overline{r_{t+1-T,t}}}{r_{t-T,t-1}}-1\right)\right]$，而资本市场资金全部为短期资本时的市场价格指数变化路径为 $P_{t+1}^S = P_t^S\left[1+\lambda_S\left(\frac{r_t}{r_{t-1}}-1\right)\right]$。其中 λ_L，λ_S 分别表示长期资本和短期资本的收益率敏感性系数。

从而两种情形下的波动率分别为：

$$\sigma_L = \frac{P^L_{t+1} - P^L_t}{P^L_t} = \lambda_L \cdot \frac{\overline{r_{t+1-T,t}}}{\overline{r_{t-T,t-1}}} - 1 = \lambda_L \frac{r_t - r_{t-T}}{T \cdot \overline{r_{t-T,t-1}}}$$

$$\sigma_s = \frac{P^S_{t+1} - P^S_t}{P^L_t} = \lambda_S \cdot \frac{\overline{r_{t+1-T,t}}}{\overline{r_{t-T,t-1}}} - 1 = \lambda_S \frac{r_t - r_{t-1}}{r_{t-1}}$$

对于上面两种情形下的资本市场价格指数变化路径，我们可以通过设定 λ_L 和 λ_S 的数值，并假定 r_t 的变化规律，从而进行数值模拟以进行比较。这里，我们直接通过假定 $r_{t-T} = r_{r-T+1} = \cdots = r_{t-1} = R$，并且 $r_t - r_{t-1} = \sigma \cdot R$ 的形式，来简单比较 σ_L 和 σ_s 的大小。

在上述假定下，$\sigma_L = \frac{\lambda_L \cdot \sigma}{T}$，$\sigma_s = \lambda_S \cdot \sigma$，从而$\frac{\sigma_L}{\sigma_s} = \frac{\lambda_L}{\lambda_S} \cdot \frac{1}{T}$。因此，只要$\frac{\lambda_L}{\lambda_S} < T$，$\frac{\sigma_L}{\sigma_s} < 1$。这一结论表明，如果在稳定的资本市场中引入 σ 个单位的收益率波动，只要长期资本的收益率敏感性系数不远大于短期资本的收益率敏感性系数，那么长期资本控制下的资本市场价格指数变动率将小于短期资本控制下的资本市场价格指数。此时，资本市场中长期资本的比重越高，资本市场波动幅度越低。

二、长期资本与企业研发投入

在长期资本短缺的情形下，企业的长期资本需求被迫进行短期化融资，不仅将导致融资成本增加，而且面临巨大的后续融资风险，影响企业的长期性投资生产行为。其中，企业研发投入是企业最重要的长期性投资行为，因此，我国资本市场长期资本的短缺被认为是企业研发投入不足的一个重要原因。

为了考察资本的期限性结构与企业研发投入行为之间的影响，我们构建以下的简单模型。

（1）假设经济体中有一个代表性的企业面临研发项目投资决策。

有一项为期 N 的研发性投资项目，每期需要投资额为 K，每期获得的投资收益额为 $K \cdot r_t$。其中，$0 < r_t < 1$，$t = 1, 2, \cdots, N-1$，且当期投资收益额不能作为下期的追加投资。因此 r_t 可以理解为仅显示项目当期运行好坏的信号或指标，我们称之为象征性收益率。①

（2）在第一期期初，企业可以获得融资，但是能否获得后续追加投资取决于项目运行的情况。与前面假设相同，在任意时期期初，对于短期资本而言，其仅关注过去一期的运行情况，从而在每一期期初（除第一期外）企业能够获得融资额 K 的概率为 $P_t = P\ (r_{t-1} \geqslant R)$。也就是说，只有该项目在过去一期的象征性收益率大于或等于一个特定的收益率水平 R 时，该企业才能获得当期所需投资额。

而长期资本则考虑过去 T 期内的平均收益率，并且 $N > T$。因此，我们假定在长期资本供给者控制的资本市场中，该企业在前 T 都能自动获得融资 K；在第 $T+1$ 及以后各期，能够获得融资 K 的概率为 $P_t = P\ (\overline{r_{t-T,t-1}} \geqslant R)$。

（3）为简便起见，我们进一步假定 $N = T + 1$，如果该企业无法在任意一个时期获得融资，那么公司将破产而遭受损失 K_B；如果该企业能够获得后续融资，那么公司将在第 N 期期末收回全部投资并获得净收益 K_A。

从而，我们得到公司的预期净收益为 $\pi = (1-p) \cdot K_A - p \cdot K_B$，其中 p 为公司无法获得后续融资而破产的概率。根据上式易知，$\frac{\partial \pi}{\partial p} = -(K_B + K_A)$，即该研发项目的预期收益为破产概率 p 的减函数。此外，只有当研发项目的预期收入大于等于零时，该公司才会投资该项目。因此，公司投资该研发项目的概率为 $\Pr(\pi \geqslant 0) = \Pr[(1-$

① 在实际中，对于债权型融资而言，我们可以将其理解为该项目（或公司）的现金流是否可以支付当期到期的最低偿还额度，如果足够支付偿还额度，则可以继续获得下期的追加贷款投资。对于股权型融资而言，则是表明该项目（或公司）运行好坏的某一财务指标，如果该指标良好，则可以继续融资以追加投资，否则无法继续在金融市场获得融资。

$p) \cdot K_A - p \cdot K_B \geqslant 0]$。由于$\frac{\partial \pi}{\partial p}<0$，所以$\frac{\partial \Pr(\pi \geqslant 0)}{\partial p}<0$，即公司投资该研发项目的概率是破产概率的减函数。

根据上述假设，我们易知在短期资本控制的资本市场条件下，公司破产概率为$p_S = \prod_{t=1}^{T-1} P(r_t < R)$；而长期资本控制下的破产概率为$p_L = P(\overline{r_{1,T}} < R)$。对$r_t$的一般合理假设下都可以证明$p_S > p_L$（例如假设$r_t \sim N[R, \sigma^2]$）。也就说，在短期资本控制的资本市场条件下，公司破产概率大于长期资本控制下的破产概率，这将使公司研发项目的预期收益减少，并且使公司投资该研发项目的概率降低。因此，资本市场中长期资本比重的提高，将有利于企业增加研发投入，从而促进企业的技术变革，增强国民经济的创新活力。

三、长期资本与经济增长和稳定

资本的期限性结构不仅通过影响资金的有效利用率而影响社会总产出，而且将通过影响资本供给量的调整而影响经济增长的稳定性。为了讨论资本的期限性结构与经济增长和稳定之间的关系，我们作出以下假定：

（1）在任一时刻t，一个国家拥有长期资本和短期资本的量分别为$K_{L,t}$和$K_{S,t}$。

（2）资本具有稀缺性，因此，资本需求总是大于资本供给。但是，并不是所有资本都能转化为"生产性资本"，从而产生社会产出。资本的供给者愿意供给的资金量是资本回报率r_t的增函数，也就是说社会资本的利用率是资本回报率的增长数。对于短期资本而言，资本供给量为$K_{S,t}^S = K_{S,t} \cdot f(r_{t-1})$，长期资本供给量为$K_{L,t}^S = K_{L,t} \cdot f(\overline{r_{t-T,t-1}})$。

（3）为简单起见，我们进一步假设r_t遵循独立同分布，且$r_t \sim$

$N\left[R+r,\ \sigma^2\right]$，而 $f(r_t)=P(r_t\geqslant R)$，$f(\overline{r_{t-T,t-1}})=P(\overline{r_{t-T,t-1}}\geqslant R)$。从而，短期资本的利用率为 $\frac{K_{S,t}^S}{K_{S,t}}=P_S(r_t\geqslant R)$，而长期资本的利用率为 $\frac{K_{L,t}^S}{K_{L,t}}=P_L(\overline{r_{t-T,t-1}}\geqslant R)$。由此可知，$P_S=1-\Phi\left(\frac{R-(R+r)}{\sigma}\right)=\Phi\left(\frac{r}{\sigma}\right)$；而 $P_L=1-\Phi\left(\frac{R-(R+r)}{\sigma/\sqrt{N}}\right)=\Phi\left(\frac{r\sqrt{N}}{\sigma}\right)$①。易知，$P_L>P_S$。也就是说，在资金资本供给符合模型假定的条件下，长期资本的利用率将大于短期资本的利用率。在资本稀缺和社会总资本量既定的前提下，长期资本所占比重越高，资本有效利用的比率将随之提高，导致社会总产出增加。

关于长短期资本对经济增长稳定性的影响，我们可以通过类似于"长期资本与资本市场稳定"的模型来进行讨论。我们可以假设，长期资本有效利用率的变化路径为 $P_{t+1}^L=P_t^L\left[1+\lambda_L\left(\frac{\overline{r_{t+1-T,t}}}{\overline{r_{t-T,t-1}}}-\right)\right]$，而短期资本有效利用率的变化路径为 $P_{t+1}^S=P_t^S\left[1+\lambda_S\left(\frac{r_t}{r_{t-1}}-1\right)\right]$。其中，$r_t$ 为资本产出效率（或由其决定的资本收益率），并且 $r_t\sim N\left[R,\ \sigma^2\right]$，$\lambda_L$ 和 λ_S 分别为长期资本和短期资本供给者的资本收益率敏感性系数（或者说由其决定的资本有效利用率的资本收益率敏感性系数）。在此条件下，两者波动率分别为 $\sigma_L=\frac{P_{t+1}^L-P_t^L}{P_t^L}=\lambda_L\frac{r_t-r_{t-T}}{T\cdot\overline{r_{t-T,t-1}}}$ 和 $\sigma_s=\frac{P_{t+1}^S-P_t^S}{P_t^L}=\lambda_S\frac{r_t-r_{t-1}}{r_{t-1}}$。假定以前各期的资本回报率为常数 $r_{t-T}=r_{r-T+1}=\cdots=r_{t-1}=R$，在 t 期，经济遭受一个单位标准差的冲击，即 $r_t-r_{t-1}=\sigma$。在上述假定下，易知 $\sigma_L=\frac{\lambda_L\cdot\sigma}{T}$，$\sigma_s=\lambda_S\cdot\sigma$，

---

① $\overline{r_{t-T,t-1}}\sim N\left[R+r,\ \frac{\sigma^2}{N}\right]$

从而$\frac{\sigma_L}{\sigma_s}=\frac{\lambda_L}{\lambda_S}\cdot\frac{1}{T}$。因此，只要$\frac{\lambda_L}{\lambda_S}<T$，$\frac{\sigma_L}{\sigma_s}<1$。这一结论表明，如果在稳定的经济体中引入一个单位标准差的资本产出效率（或由其决定的资本收益率）波动，只要长期资本供给的收益率敏感性系数不远大于短期资本供给的收益率敏感性系数，那么由长期资本控制的经济体的资本有效利用率的波动率将小于短期资本控制的经济体的资本有效利用率的波动率。从而，意味着长期资本控制的经济体的波动率要小于短期资本控制的经济体的波动率。换句话说，相对于短期资本而言，长期资本更有利于促进经济增长的稳定性。

第四章　养老基金发展与金融结构变迁：内在机制与实证研究

养老金制度和体系的改革、资本市场的发展、人口老龄化的进一步加剧，汇聚成一股强大的力量，推动了养老基金的大发展。那么，作为金融市场的一个重要新生力量，养老基金规模的不断扩大将如何改变金融市场的格局，将如何推动金融结构变迁呢？

本章从养老基金发展推动金融结构变迁的内在机制入手，实证考察养老基金发展与金融结构之间的内在联系。

第一节　养老基金发展推动金融结构变迁的内在机制

养老基金发展至少可以从以下四个方面对一国的金融结构产生重大影响：一是养老基金发展将部分替代银行的作用，分流银行的养老储蓄，使银行的规模和地位相对下降；二是养老基金发展将促进寿险公司、基金公司等非银行金融机构的发展；三是养老基金的发展将促进资本市场的发展，使资本市场相对于金融中介的作用得到提高；四是养老基金发展将使其自身成为金融市场重要的机构投资者。

一、分流商业银行的养老储蓄

（一）养老基金发展对储蓄率的影响

关于社会保障以及私人养老金对储蓄的影响的理论与实证研究很多，结论之间也存在许多冲突，具体可以从三个层次来进行归纳。

第一，社会保障对于储蓄的影响。莫迪利亚尼和布伦伯格（1954）、安藤和莫迪利亚尼（1963）用生命周期模型证明了资金不足的社会保险会减少社会储蓄，且在封闭经济中会减少资本存量。费尔德斯坦（Feldstein，1974）提出了社会保障的“挤出效应”，即在某些条件下，社会保障制度有可能减少个人储蓄，即社会保障对个人储蓄产生“挤出效应”。社会保障对个人储蓄的影响取决于两个方向相反的力量——“资产替代效应”和“退休效应”的净效应。穆奈尔（Munnell，1976）、帕特里洛（Pecchenino）与科特利科夫（Kotlikoff，1979）的经验研究都证明了挤出效应的存在。但是，随后的一些研究，又得出社会保障对个人储蓄没有正面的激励作用等结论，对挤出效应假说进行了不同程度的否定。戴蒙德（Diamond）也认为，并不是所有的社会保障都会产生挤出效应（李绍光，1998）。雷默尔和理查德森（Leimer & Richardson，1992）认为，社会保障的减少将会导致私人储蓄的增加，但这同时会使消费者蒙受很大的福利损失。总之，在退休和储蓄决策互动作出的生命周期模型分析框架下，公共养老金的作用是不明确的，这取决于财富替代效应和退休引导效应两者之间的相对强度。前者降低储蓄而后者则提高储蓄。因此，只有经验研究才能够决定公共养老金影响个人储蓄的程度（DALY，1982）。

第二，基金积累方式对储蓄的影响。戴蒙德（1965）用世代交叠模型（OLG）分别研究了现收现付制和完全积累制的养老金制度对经济的动态影响，其影响表现为现收现付制减缓资本积累率，同时也减少了稳态资本存量；而完全积累的基金制是一种强制性储蓄计划，在其他条件不变的情况下，基金对资本形成的作用是中性的。世界银行通过对美国、澳大利亚的职业年金方案以及智利、新加坡的例证的研究表明，积累制有增加居民储蓄、促成资本形成的潜力，而现收现付制计划则没有这种潜力（世界银行，1997）。从国际上来看，现收现付制国家的储蓄率相对较低，这种影响随着保障程度的提高而提高（塞姆维克，Samwick，2000）。

第三，年金保险与储蓄。同样，关于年金与储蓄关系的实证文献很多，但得出的结果并不一致。穆奈尔（Munnel，1976）、迪克斯和金（Dicks－Mireaux & King，1984）发现年金和储蓄之间存在着很大的抵消关系，肯尼克尔（Kennickell et al，1997）根据消费者财务调查的数据，认为收益确定型（DB）的职业年金计划对非养老金的储蓄有负效应，而缴费确定型（DC）的职业年金计划，如401（k）计划，对非养老金储蓄的影响效果是微不足道的，同样对非养老金的储蓄也没有多大影响波特巴、梵迪和怀思（Poterba，Venti & Wise，

1996）认为，美国在20世纪80年代初引入的两个储蓄计划——个人储蓄账户（IRAs）和401（k）计划，增加了个人的净储蓄。

（二）养老基金发展对银行养老储蓄的分流

通过梳理相关文献可知，养老金制度对储蓄的影响并不明确，即使从实证研究的角度也难以得出十分明确的结论。但是，由于养老金制度改革导致养老基金规模不断扩大，从而集聚了大量的资金是一个不争的事实。

例如，1980年至2009年期间，美国养老基金总资产从7977亿美元增加到156314亿美元，年平均增长率达10.8%，养老基金资产占GDP的比重从1980年的28.8%提高到2009年的111.2%，在2007年时最高曾达到128.8%。即使在储蓄率并没有发生明显变化的前提下，那么养老基金的规模增长肯定来源于对其他形式储蓄的分流或者替代效应；同时，由于养老基金是用于养老，所以其资金积累肯定大部分来源于养老动机的储蓄。在原来没有私人养老金计划的情况下，养老动机的储蓄至少部分或者大部分将集聚到银行，而在私人养老金计划不断发展完善的情况下，养老储蓄动机将至少是部分或者大部分集聚到养老基金中来。因此，养老基金规模的扩大，很大程度上来自于对银行储蓄的分流。这种结果导致了养老基金规模迅速扩大的同时，必然将导致银行规模扩张速度的减缓，从而导致银行的地位和作用相对下降。

如表4-1所示，美国在1982年至2004年间，虽然银行资产也在不断增加，但是由于其增长速度与养老基金增长速度相比相对较慢，增长速度仅为5.01%，与GDP在此期间的平均增长速度4.69%大致相当，导致银行资产占GDP的比重并没有明显的变化。

表 4－1　美国 1982—2004 年银行资产规模及占 GDP 的比重

年份	银行资产（亿美元）	银行资产增长速度（%）	国内生产总值（亿美元）	GDP 增长速度（%）	银行资产占 GDP 的比重（%）
1982	21891.55		32295.00		67.79
1983	23330.13	6.57	35088.00	8.65	66.49
1984	24987.64	7.10	39026.00	11.22	64.03
1985	27227.12	8.96	41875.00	7.30	65.02
1986	29310.72	7.65	44277.00	5.74	66.20
1987	29897.20	2.00	46989.00	6.13	63.63
1988	31192.76	4.33	50619.00	7.73	61.62
1989	32860.46	5.35	54397.00	7.46	60.41
1990	33726.85	2.64	57508.00	5.72	58.65
1991	34179.93	1.34	59307.00	3.13	57.63
1992	34927.68	2.19	62618.00	5.58	55.78
1993	36902.44	5.65	65829.00	5.13	56.06
1994	39876.67	8.06	69933.00	6.23	57.02
1995	42896.92	7.57	73384.00	4.93	58.46
1996	45514.55	6.10	77511.00	5.62	58.72
1997	49716.87	9.23	82565.00	6.52	60.22
1998	53823.84	8.26	86946.00	5.31	61.90
1999	56753.60	5.44	92162.00	6.00	61.58
2000	61724.91	8.76	97648.00	5.95	63.21
2001	64882.53	5.12	100759.00	3.19	64.39
2002	69547.16	7.19	104176.00	3.39	66.76
2003	74549.25	7.19	109185.00	4.81	68.28
2004	82580.00	10.77	116792.00	6.97	70.71
平均		5.01		4.69	

数据来源：（1）美国国内生产总值数据来源于中宏数据库；（2）银行资产来源于 OECD 数据库《OECD Bank Profitability – Financial Statements of Banks：Data From 1979 Onwards》，其中 2004 年数据来源于“Profits and Balance Sheet Developments at U. S. Commercial Banks in 2004”，Federal Reserve Bulletin，Spring，2005。

二、促进非银行金融机构发展

随着养老基金资产规模的不断扩大，养老基金将向寿险公司、共同基金等金融机构注入大量的长期资金，将极大地促进非银行金融结构的长期发展。例如养老金年金化领取的制度安排，将鼓励养老金受益人通过购买寿险公司年金产品、终身养老保险产品等形式来领取养老金，这将有利于寿险公司的发展。而养老基金如果通过购买基金产品的形式进行投资，将有利于基金公司的发展。

以 IRAs 计划为例，其资产在各金融机构的分布如表 4－2 所示，1990 年时 IRAs 计划的资产还主要是进入商业银行等储蓄机构，但是，随后其进入商业银行等储蓄机构的资产基本保持不变，而进入寿险公司、共同基金的资金量迅速提高，到 2003 年，IRAs 计划资产中进入共同基金的资产总量达到 1252 亿美元，占计划资产总额的 41.64%；金融寿险公司的资产总额达到 370 亿美元，已经超过进入商业银行及储蓄机构的 267.9 亿元，占到计划资产的 12.31%。

表 4－2 1990—2003 年 IRAs 计划资产在各金融机构的分布 单位：亿美元

年度	商业银行及储蓄机构	寿险公司	共同基金	直接持有的证券
1990	266.4	42.0	137.6	191.0
1991	282.8	49.7	182.8	260.7
1992	274.9	55.6	229.8	312.6
1993	262.7	69.5	311.7	349.2
1994	255.4	78.7	337.2	384.8
1995	261.0	94.3	456.5	476.1

续表

年度	商业银行及储蓄机构	寿险公司	共同基金	直接持有的证券
1996	258.7	110.3	572.0	525.9
1997	254.0	160.0	745.0	569.0
1998	248.6	190.1	934.0	777.3
1999	243.0	245.5	1215.0	947.5
2000	250.1	245.5	1186.0	947.4
2001	254.6	251.0	1119.0	994.4
2002	262.8	308.3	991.0	883.0
2003	267.9	370.0	1252.0	1117.0

数据来源：李瑆：《美国 IRAs 体制及其对我国的启示》，硕士学位论文，2005 年。

三、促进资本市场的快速发展

由于养老基金资产规模的不断攀升，养老基金在资本市场中的作用越来越大，同时由于养老基金具有长期性、稳定性等特征，使得养老基金发展对于机构投资者的培育和资本市场稳定都具有重要作用。以美国为例，其私人养老金体系的发展为资本市场提供了大规模的长期资金是一个不争的事实。

以美国 401（K）和 IRAs 计划为例：截至 2009 年底，IRAs 的资产规模已经达到 4.2 万亿美元（在 2007 年资本市场顶峰时期曾达到过 4.78 万亿美元），DC 计划达到 4.1 万亿美元，其中 DC 计划最重要的部分 401（k）计划规模达到了 2.75 万亿美元。这样 IRAs 和 401（k）计划的资产总和达到了 6.95 万亿美元。而 2009 年我国的 GDP 总量为 4.985 万亿美元。这样一看，美国养老金资产规模之大，就非常清楚了。

从表4－3中我们也可以看到，在IRAs和401（k）计划的投资组合中，IRAs投资于国内股票的资产达到8230亿美元，国内股票投资占到其总资产的51%。401（k）计划投资于国内股票的资产达到了6610亿美元，国内股票投资占到其总资产的43.6%。很显然，单单是IRAs和401（k）计划投入到美国国内股票市场市场的资金总额就达到了1.48万亿美元。从资金规模的绝对数来看，它也是了不起的天文数字。

表4－3　2009年IRAs和401（k）的投资组合　单位：10亿美元

类别	国内股票	国外股票	混合基金	债券	货币市场
IRAs	823	263	314	323	230
DC	965	294	395	283	165
401（k）	661	230	319	198	108
403B	200	31	42	32	23
457计划	33	8	11	11	2
其他DC计划	72	25	22	42	31

资料来源：2009年美国养老金市场报告（The U.S. Retirement Market，2009），请参见：www.ici.org。

在世界各国的资本市场中，私人养老金的比例都很高，如荷兰、瑞士养老基金的资产规模占据了资本市场资产的50%以上，而英国、美国也高达33%，日本则在20%左右。截至2001年年底，英国养老基金持有股票的比重占国内股票市场的18%，该比例在美国为22%，而持有国内债券的比重也分别达到11%与9%，荷兰养老基金持有国内股票市场36%的股票，而瑞士养老基金持有国内债券市场59%的债券。在经济、金融全球化的背景下．日趋增大的养老基金不仅会影响一国的国内资本市场，而且会因养老基金向海外投资限制的放松进一步影响国际资本市场，尤其是新兴市场国家的资本市场的规模和总量。因此，养老基金的发展对于国内乃至国际资本市场的发展都具有重要的促进作用。

四、养老基金成为机构投资者

由于养老基金规模不断扩大，并且大量养老基金的资金通过投资进入资本市场，使得养老基金成为资本市场的一个重要机构投资者。以美国为例，如图 4－1 所示，1981 年至 2009 年间美国养老基金的资产始终保持着较高的增长速度，养老基金成为资产规模最为庞大的机构投资者。

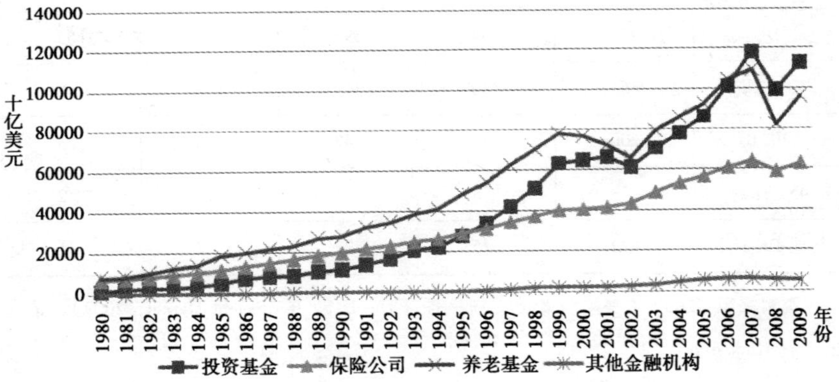

图 4－1　美国机构投资者资产总量增长图

数据来源：OECD 数据库机构投资数据。

上面分析了养老基金发展对金融结构可能产生影响的四个方面，这四个方面对于金融结构的影响可以用图 4－2 表示。

一方面，养老基金发展分流了银行的部分养老储蓄，使银行规模的扩张速度减缓，而与此同时，养老基金发展促进了其他金融机构的发展，这样一个“此消彼长”的过程使银行在金融中介市场中的地

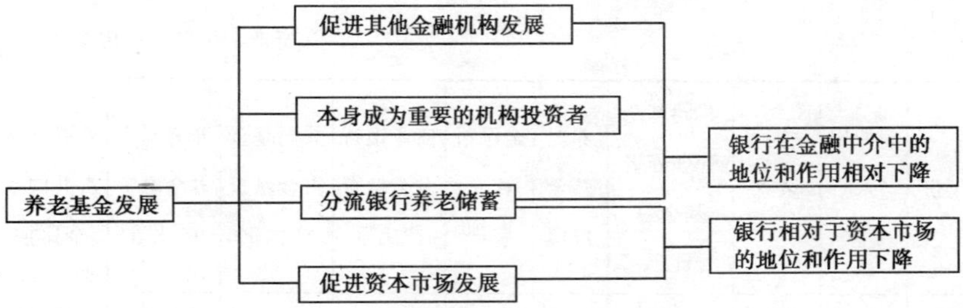

图 4－2 养老基金发展导致金融结构变迁的内在机制

位和作用相对下降；另外一方面，养老基金发展促进了资本市场的发展，而与此同时，银行的作用却相对下降，这样一个“此消彼长”的过程使银行相对于资本市场的地位和作用下降。

以美国为例，大量的养老金基金进入金融市场，在促进机构投资者发展的同时，也促使金融市场结构发生巨大变革，其中最显著的变化就是银行在金融市场中地位的弱化，机构投资者在金融市场中逐步占据重要地位。从表 4－4 可以看出，随着养老金基金规模的迅速增长，其在金融市场中的地位日益重要，其资产总额占金融机构资产总额的比重从 1991 年的 37.18% 提高到 1998 年的 51.79%。养老基金进入金融市场，使金融机构的资产迅速增加，如共同基金管理的养老基金资产从 1991 年的 3350 亿美元提高到 1998 年的 19630 美元，养老金占共同基金资金来源的比重相应地从 1991 年的 24.05% 提高到 1998 年的 35.53%。更为重要的是，养老基金的投资渠道及其变化直接改变了金融机构资产的相对单位，从而改变了金融市场的市场结构，如表 4－4 所示，由于银行利息率相对较低，养老基金储蓄于银行的资产相对有限，导致银行资产在金融市场中的比重从 1991 年的 31.68% 下降到 1998 年的 30.28%，而养老基金大量投资于共同基金，直接导致共同基金规模的急剧增长，共同基金资产在金融市场中的比重从 1991 年的 12.91% 迅速提高 1998 年的 31.08%。

表 4－4　　1991—1998 年美国金融市场结构①

（资产，亿美元；比重，%）

年份	商业银行总资产	共同基金总资产	共同基金管理养老基金总资产	养老基金规模	金融机构总资产	商业银行占金融资产比重	共同基金占金融资产比重	养老基金占金融资产比重	养老基金占共同基金比重
1991	34177	13932	3350	40120	107898	31.68	12.91	37.18	24.05
1992	34929	16426	4370	43540	114366	30.54	14.36	38.07	26.60
1993	36910	20701	6080	48580	122860	30.04	16.85	39.54	29.37
1994	39892	21554	6870	51750	127587	31.27	16.89	40.56	31.87
1995	42924	28115	9400	61200	138152	31.07	20.35	44.30	33.43
1996	45555	35263	11950	68910	147366	30.91	23.93	46.76	33.89
1997	49755	44682	15590	80380	159372	31.22	28.04	50.44	34.89
1998	53825	55252	19630	92050	177748	30.28	31.08	51.79	35.53

第二节　养老基金发展与金融结构变迁的实证研究

一、指标选取及数据来源

金融结构是一个系统性的概念，可以用多个指标从不同角度来进

① 资料来源：1. 1991—1994 年银行资产数据来源于“Profits and Balance Sheet Developments at U. S. Commercial Banks in 1996”，*Federal Reserve Bulletin*，June，1997；

2. 1995—1998 年银行资产数据来源于“Profits and Balance Sheet Developments at U. S. Commercial Banks in 2004”，*Federal Reserve Bulletin*，Spring，2005；

3. 共同基金资产、养老基金资产、共同基金管理养老金资产来源于张松：“养老基金与资本市场互动的理论与实证研究——兼论中国养老基金与资本市场良性互动的政策思路”，博士学位论文，2005 年；

4. 金融机构总资产来源于：陈然方，“美国投资基金化比率的变迁及其启示”，中华财会网（www. e521. com），2002 年 1 月 14 日。

行衡量，实际上不同学者的分析视角不同，选取的衡量指标也不同。戈德史密斯认为“金融结构即金融工具和金融机构的相对规模”，“各种金融工具和金融机构的形式、性质及其相对规模共同构成了一国金融结构的特征”；李健、贾玉革（2005）将金融结构划分为金融产业结构、金融市场结构、融资结构、金融资产结构和金融开放结构五个方面。本书借鉴 Levine（2002）的研究，并根据考察对象和数据的可获得性，选取了两个衡量金融结构的指标：（1）银行资产与股市市值的比重，以衡量银行与股市的相对规模；（2）银行信贷与股市交易总额的比重，以衡量两者在融资活动中的相对地位。

为了考察养老基金发展对金融结构的影响，我们选取养老基金资产占 GDP 的比重来衡量养老基金发展的程度。此外，本部分所考察的影响金融结构的其他因素包括：（1）经济发展水平，用人均 GDP 表示。（2）产业结构，用第三产业占 GDP 的比重表示。（3）金融发展水平，由于对金融相关比率的衡量指标存在一定争议，我们分别选取了经济货币化程度（M2/GDP）、金融资产占 GDP 比重和融资总额占 GDP 比重三个指标进行衡量。其中，金融资产等于银行资产与股市市值之和；融资总额等于银行信贷总额与股市交易额之和。（4）用法律渊源（Legal Origin）和法律权利指数（Strength of Legal Rights Index）来衡量法律环境和投资者保护程度。其中，法律渊源沿用 La Porta et al.（1998）的分法，划分为英国法、法国法、德国法和斯堪的纳维亚法，并以斯堪的纳维亚法为基础，分别设定英国法、法国法和德国法三个虚拟变量；法律权利指数是世界银行根据各国担保法和破产法创立的衡量借贷双方权利保护程度的指标，按照保护程度的高低赋予 0 到 10 的整数，数值越大表明保护程度越高。由于该指标很少出现年度变化，所以用 2004—2008 年的平均数作为衡量该国投资者保护程度的指标。

我们选取了 31 个 OECD 国家 1980—2008 年的时间序列数据。其中银行资产、养老基金资产和 GDP 数据均来源于 OECD 数据库；第三产业占 GDP 的比重、M2 ÷ GDP、人均 GDP、股市市值占 GDP 的比重、股市交易总额占 GDP 的比重、银行信贷占 GDP 的比重、法律权利指数均来源于世界银行数据库；其他指标根据基础数据计算获得。同时，我们对所有指标（除虚拟变量和法律权利指数外）取对数，以平滑数据降低异方差性。

二、模型设定与估计结果

对于面板数据而言，最常用的估计方法有随机效应、固定效应和混合效应三种。根据表 4 - 5 中的 BP 检验结果可知，随机效应模型相对混合效应模型更为有效；而豪斯曼检验结果则表明在大多数情况下固定效应相对随机效应更为适合。但是，由于固定效应模型不能包括法律权利指数、法律渊源等不随时间变化的变量，且固定效应模型和随机效应模型的估计结果整体上基本一致，所以我们主要报告随机效应的估计结果，固定效应的结果只报告主要考察的变量——养老基金占 GDP 比重的系数。

此外，由表 4 - 5 中检验面板数据自相关性的 LBI 统计量（巴尔达奇和吴，Baltagi and Wu，1999）和经巴尔加瓦等（Bhargava et al.，1982）调整的 D - W 统计量的结果可知，回归方程都存在较为严重的自相关性（特别是方程 [1.4]、[1.5] 和 [1.6]）。因此，我们统一对回归方程进行 AR（1）校正。其中估计结果 [1.1] — [1.3] 以银行资产占股市市值的比重为被解释变量，并依次以经济货币化程度（M2 ÷ GDP）、金融资产占 GDP 的比重、总融资额占 GDP 的比重为衡量金融发展水平的指标；回归结果 [1.4] — [1.6] 以银行信贷占股市交易额的比重为被解释变量，且同样依次以三个指标衡量金融发展水平。

通过表 4 - 5 中的估计结果，我们可以看出：与预期一致，无论用相对规模还是用相对交易量指标来衡量金融结构，养老基金发展都对金融结构产生显著的影响。在随机效应的估计结果中，除［1.1］中的系数不显著外，其他五组结果中养老基金占 GDP 比重的系数都显著为负；在固定效应估计结果中，则除［2.2］以外，其他估计结果中养老基金占 GDP 比重的系数同样都显著为负。从而表明养老基金资产占 GDP 的比重越高，即养老基金发展水平越高，无论是从相对规模还是交易活动角度，银行相对于资本市场（股市）的相对重要性都将下降。也就是说，一定程度上，养老基金的发展将推动金融结构的变迁——从“银行主导型”向“市场主导型”转变。

此外，从其他因素对金融结构变迁的影响来看：

第一，由于人均 GDP 的回归系数中三个为正、三个为负，且大部分不显著，表明经济发展水平对金融结构的影响与“经济发展水平的提高将推动金融结构从‘银行主导型’向‘市场主导型’转变”的传统观点并不一致。经济发展水平与金融结构之间并不存在必然的关系，经济发展水平的提高可能带动和伴随金融发展水平的提高，但是对金融结构并不产生显著的影响。因此，我们不能把“银行主导型”作为经济发展起步阶段的标志，也不能认为随着经济的发展，“市场主导型”将必然取代“银行主导型”。

第二，产业结构对金融结构的影响同样并不一致，在用 M2 ÷ GDP 来衡量金融发展水平的两个方程中，回归系数为负，其他方程中都显著为正。从而，关于产业结构对金融结构影响的结论必须相对谨慎。因为传统的观点认为，由于银行只能提供“一元审查”机制，而市场能提供“多元审查”机制，在一国发展相对熟悉的传统工业时，银行的“一元审查”机制所需的交易成本相对较低，银行的发展将优先于金融市场的发展（Allen，1992）。那么，随着第三产业的发展，市场的“多元审查”将显现相对优势，从而银行在金融市场地位和作用下降，这与［1.1］和［1.4］中的结论相吻合，但是却与其他四组估计结果的结论截然相反。因此，产业结构对金融结构的影响需要我们进一步的研究。

表 4－5 养老基金发展对金融结构影响的实证结果：经 AR（1）校正的随机效应与固定效应估计

随机效应模型：AR（1）校正						
变量	银行资产与股市市值比值			银行信贷与股市交易额比值		
	[1.1]	[1.2]	[1.3]	[1.4]	[1.5]	[1.6]
养老基金/GDP	0.00732	－0.154***	－0.100**	－0.390***	－0.215***	－0.328***
	[0.0689]	[0.0568]	[0.0473]	[0.0850]	[0.0790]	[0.0586]
人均 GDP	－0.372***	0.486*	0.138	－0.501	0.366	0.29
	[0.132]	[0.263]	[0.184]	[0.372]	[0.475]	[0.346]
第三产业/GDP	－1.432*	3.041***	3.449***	－0.453	2.403*	3.180***
	[0.816]	[0.958]	[0.891]	[1.611]	[1.354]	[1.192]
M2/GDP	0.629***			0.825**		
	[0.194]			[0.408]		
金融资产/GDP		－0.803***			－1.557***	
		[0.165]			[0.232]	
总融资额/GDP			－0.675***			－1.372***
			[0.121]			[0.144]
法律权利指数	0.073	0.198*	0.0639	0.658***	0.517**	0.272
	[0.0683]	[0.116]	[0.0756]	[0.228]	[0.250]	[0.177]
英国法	－0.894***	－1.064***	－0.612**	－0.454	－1.069	－0.0787
	[0.165]	[0.387]	[0.244]	[0.634]	[0.848]	[0.620]
法国法		0.689*	0.507**		0.511	0.428
		[0.396]	[0.249]		[0.868]	[0.675]
德国法	－0.792***	0.368	0.706***	－1.551**	－0.371	0.172
	[0.239]	[0.322]	[0.217]	[0.719]	[0.707]	[0.571]
样本数	137	257	249	165	249	312
组内	0.0658	0.1291	0.1113	0.39	0.4306	0.4793
拟合优度：组间	0.7841	0.1116	0.6484	0.3205	0.0179	0.3552
整体	0.566	0.2477	0.6133	0.1796	0.0481	0.3112

续表

固定效应模型：AR（1）校正						
变量	银行资产与股市市值比值			银行信贷与股市交易额比值		
	[2.1]	[2.2]	[2.3]	[2.4]	[2.5]	[2.6]
养老基金÷GDP	-0.887***	-0.133	-0.391***	-0.697***	-0.145	-0.176
	[0.218]	[0.126]	[0.141]	[0.223]	[0.140]	[0.127]
样本数	124	236	228	151	228	288
调整拟合优度	0.127	0.198	0.076	0.059	0.207	0.218
BP检验	20.25***	436.85***	87.84***	42.98***	270.21***	270.70***
豪斯曼检验	34.99***	55.76***	3.39	85.72***	17.74***	3.11***
AR系数	0.542	0.723	0.630	0.733	0.788	0.779
经调整D-W值	0.980	0.799	0.856	0.574	0.588	0.558
LBI值	1.468	1.238	1.315	0.814	0.782	0.775

注：(1) 方括号里为标准差，*，**，*** 分别表示在10%，5%和1%的显著水平下显著。(2) 本表中各变量（除法律权利指数和法律渊源的虚拟变量外）都是取对数后的数值。(3) BP检验是指在随机效应模型未经AR（1）校正时进行的Breusch-Pagan随机效应检验统计值。(4) AR系数是指残差项的一阶自回归系数，D-W值是经巴尔加瓦等（Bhargava et al，1982）调整的D-W统计值（Modified Bhargava et al. Durbin-Watson），LBI值是巴尔达奇和吴（Baltagi and Wu，1991）提出LBI统计量。(5) 由于固定效应模型的估计结果并不存在根本性差异，为节省篇幅，本表只报告养老金资产占GDP比重的估计结果；同时固定效应和随机效应的AR系数、D-W值和LBI值都相同，因此只报告一次。

第三，无论用哪一指标来衡量金融发展水平，其都将对金融结构产生显著的影响，但是不同金融发展水平指标却得出截然相反的结论。这说明，“随着金融发展水平的提高，金融结构将从‘银行主导型’向‘市场主导型’演进”的观点同样是片面的。虽然金融资产占GDP比重和总融资额占GDP比重的提高，都将推动金融结构从“银行主导型”向“市场主导型”的转变，但是，在此过程中，经济货币化程度（M2/GDP）的提高却将巩固银行的相对地位。这一结果也进一步表明：随着金融发展水平的提高，金融结构并非遵循从“银行主导型”向“市场主导型”演进的简单路线，而可能是一个复杂的演进过程、受多重力量的综合作用，一个国家的金融发展水平的历史趋势并不是一成不变的，甚至存在着逆转。

第四，法律权利指数和法律渊源的回归系数表明，法律环境和投资者保护不仅对一个国家整体经济和金融发展具有重要意义（La Porta et al.，1997；Levine，2002），而且对金融结构产生重要影响。如表4－6所以，法律权利指数的系数都为正，且在回归结果[1.2]、[1.4] 和 [1.5] 中显著。由于法律权利指数主要衡量对借贷双方权利的保护程度，因此，保护程度越高（指数越高），从而更容易促进金融市场的借贷，推动银行业的发展。这也是法律权利指数的系数统一为正的缘故。就法律渊源而言，与拉波塔等（La Porta et al.，1997）中“就保护股东和债权人利益不受内部人（Insiders）侵害而言，英国法系保护程度最高，法国法系保护程度最低，而德国和斯堪的纳维亚法系处于中等”的结论完全一致：英国法系的系数统一为负（前三个显著），法国法系的系数统一为正（前两个显著）①，表明对股东和债权人利益保护程度的提高，将有利于推动资本市场的发展，从而推动金融结构的转变；而德国法系的系数则不统一，表明德国法系与斯堪的纳维亚法系在投资者保护方面不存在明显优劣。

三、动态效应面板数据模型的差分 GMM 估计

由于金融结构演变过程中的可能存在路径依赖现象，因此，有必要将金融结构指标的滞后项纳入前面的面板数据模型，从而建立动态效应面板数据模型。此外，金融结构指标滞后项、养老基金占 GDP 比重、产业结构、金融发展水平指标等可能存在内生性问题，为解决这一问题，阿雷拉诺和邦德（Arellano & Bond，1991）和阿雷拉诺和

---

① 回归方程 [1.1] 和 [1.4] 中，由于斯堪的纳维亚法系国家的数据确实，导致存在完全共线性，所以法国法系虚拟变量被剔除。

鲍维（Arellano & Bover，1995）相继提出了差分 GMM 和系统 GMM 模型。因此，我们对动态效应面板数据模型进行差分 GMM 估计，其结果如表 4－6 所示。①

从估计结果可以看出，整体而言，模型估计结果较为稳健，主要结论与前面随机效应的估计结果基本一致：（1）养老基金占 GDP 比重的系数统一为负（前三个回归方程中显著），表明养老基金发展将推动金融结构向市场主导型演变。（2）与前面结果不一致，人均 GDP 水平变量的系数统一为负，但是由于人均 GDP 滞后一期的系数却统一为正（表 4－6 中未报告），且大小相当，所以两者的作用将大体相互抵消，导致经济发展水平对金融结构的影响并不显著。（3）法律权利指数，即对借贷双方权利的明晰和保护，将强化银行在金融体系中的地位（除方程［3.2］外）。（4）以不同指标衡量的金融发展水平将对金融结构产生截然不同的影响，经济货币化程度的提高将巩固银行业的地位，而金融资产占 GDP 比重和总融资额占 GDP 比重的提高，则将显著提高资本市场的相对地位，推动金融结构向市场主导型转变。

表 4－6　养老基金发展对金融结构影响的实证结果：动态效应面板模型的差分 GMM 估计

变量	银行资产与股市市值比值			银行信贷与股市交易额比值		
	［3.1］	［3.2］	［3.3］	［3.4］	［3.5］	［3.6］
养老基金/GDP	－0.682**	－0.176**	－0.329**	－0.744	－0.28	－0.249
	［0.310］	［0.0832］	［0.167］	［0.598］	［0.184］	［0.244］

① 说明：（1）由于本文数据时间跨度为 29 年，而观测样本只有 31 个，且存在较为严重的数据缺失，从而并不严格符合差分 GMM 和系统 GMM 模型中“大观测样本、短时间跨度”的要求。（2）由于股市数据从 1988 年开始，OECD 数据库中银行资产和养老基金资产数据许多国家存在严重的数据缺失情况，所以虽然时间跨度较长，但是实际有效样本并不大。（3）在前定变量和内生解释变量存在单位根特征的情形下，系统 GMM 估计比差分 GMM 估计更为有效，但是由于上述数据缘故，系统 GMM 无法进行有效的估计，故采用差分 GMM 估计，且只报告主要变量水平量的回归结果，以便与前面表 1 的结果进行比较。

续表

变量	银行资产与股市市值比值			银行信贷与股市交易额比值		
	[3.1]	[3.2]	[3.3]	[3.4]	[3.5]	[3.6]
人均 GDP	-7.530***	-6.606*	-7.526***	-4.780**	-1.287	-0.634
	[2.758]	[3.473]	[1.757]	[2.023]	[3.289]	[3.057]
第三产业/GDP	-0.386	0.332	-0.122	2.282	2.518	3.410*
	[1.179]	[1.205]	[1.231]	[1.640]	[2.237]	[1.894]
法律权利指数	1.323**	-0.0459	0.526	1.271	1.925***	0.123
	[0.528]	[0.782]	[0.796]	[1.096]	[0.710]	[1.065]
M2/GDP	0.52			0.18		
	[0.333]			[0.634]		
金融资产/GDP		-1.767***			-1.618***	
		[0.529]			[0.414]	
总融资额/GDP			-0.556***			-1.365***
			[0.191]			[0.450]
样本数	107	209	195	133	193	248
Wald 统计量	12976***	26104***	2321***	415137***	5431***	14348***

说明：(1) Wald 统计量是动态面板模型差分 GMM 估计衡量模型整体显著程度的统计量；(2) 法律渊源虚拟变量由于共线性被剔除；(3) 估计方程中，包含因变量滞后 1-2 期的滞后项，其他自变量的 1 期滞后项（除法律权利指数外），并采用一步（One-Step）估计方法，同时利用稳健估计（Robust）以进行异方差修正。

第五章　养老金制度差异与金融结构差异：以美、英、德、日四国为例

美、英和德、日在养老金制度上存在巨大的差异，基本可以概括为美英模式和德日模式两种类型。

美英模式中的基本养老保险替代率比较低，主要通过税收优惠手段鼓励私人养老金体系的发展，对养老基金进行市场化管理和专业化运作，而且养老基金进入资本市场的比例较高，有利于促进养老基金的发展，从而推动金融结构的变迁，逐渐改变了金融市场以银行为主导的结构特征。

日德模式中的基本养老保险“一枝

独秀”，严重挤压和侵占了其他两个支柱的发展空间，导致养老基金发展较为缓慢，从而推动银行主导型金融结构变迁的动力不足。

美英模式与日德模式在金融结构方面的差异，与其在养老基金发展方面的差异直接相关，两种金融结构差异的背后，蕴藏着养老金制度及养老基金发展水平的重大差异。

第一节　美、英、德、日四国养老金制度比较

一、四国养老金制度的“小同”

从四国养老金制度发展的历史来看（如表 5－1 所示），德国早在 1776 年便建立了世界上第一个养老保险计划，为独立战争中伤残军人提供生活费用；英国也早在 1834 年建立了公务员养老制度。但是，养老金制度的真正发展始于 19 世纪末 20 世纪初期。美国于 1875 年开始出现雇主养老金计划，并于 1935 年颁布《养老保障法》建立基本养老保险制度；德国于 1889 年颁布了《老年与残疾保险法》，建立了工人的基本养老保险制度，并于 1911 年将覆盖范围扩大到所有的职员和家属；日本建立养老金制度的时间稍晚，直到 1939 年才开始建立船员的养老金制度，但是在随后的 20 年里各种养老金制度不断建立，到 1962 年便建立了“国民皆有年金”的完善养老金体系。

表 5－1　　美、英、德、日四国养老金制度的演变历程

美国	英国	德国	日本
1875 年，第一个私人养老金计划开始实施	1834 年，建立公务员养老保险制度	1776 年，建立世界上第一个补充养老保险计划，为战争中伤残军人提供生活费用	1875 年，建立以军人及官吏为对象的“恩给制度”
1935 年，《社会保障法》颁布实施	1908 年，颁布最早的养老金法；1911 年通过《国民保险法》建立国家基本养老保险计划	1889 年，颁布《老年与残疾保险法》，建立工人的法定养老保险制度；1911 年，法定养老保险制度的适用范围扩展到职员和遗属	1923 年，制定了《恩赐年金法》；1939 年建立了船员保险制度；1942 年，出台了《劳动者年金保险法》；1944 年，《厚生年金保险法》将养老保障的范围扩大到职员和女性劳动者
1974 年，ERISA 颁布；IRA 计划出现	1942 年，建立国家福利基金体系，每一国民相同支付，相同缴纳，保障最低生活水平	1957 年，将养老保障水平从在职职工工资收入的 40% 提高到 70%，从基金积累制改为现收现付制	1953 年，建立私立学校教职员工年金；1954 年建立私营企业雇员年金；1956 年建立公营企业雇员年金；1958 年建立农林渔业团体雇员年金
1978 年，401(K) 计划获准	1975 年，《社保法》颁布，推出了国家收入关联养老金计划	1992 年，全德国开始实行统一的法定养老保险制度	1959 年，日本国会批准了《国民年金法案》，决定先后实施非积累制的福利年金（从 1959 年 11 月开始）和积累制的国民年金制度（从 1961 年 4 月开始）；建立国家公务员年金

续表

美国	英国	德国	日本
相继建立 403(b)、457、SIMPLE 计划等；1997 年创立 Roth IRA 计划	1986 年，《社保法（1986）》颁布，推出个人养老金账户，允许 DC 型职业年金计划	1999，通过《1999 年养老金改革法》，鼓励发展企业养老保险。	1961 年，建立农民、个体私营者等国民年金；1962 年，建立地方公务员年金；1985 年，国民养老金基金改为向全体国民支付基本养老金制度
2001 年《经济增长和税收救济协调法》颁布，调整缴费额度	1995 年，出台新的《养老金法案》，对养老基金管理进行规范	2001 年，通过《养老保险改革法令》，大力发展职业养老保险和养老保险等商业性养老保险	2001 年，通过《确定缴费年金法案》，导入缴费确定型企业年金

资料来源：笔者根据相关参考文献及资料整理获得。

各国养老金制度在一百多年的发展历程中，经过了不断的改革和演变，养老金制度体系不断完善，以适应经济和社会发展的需要。以美国为例①，1875 年，由雇主发起的第一个退休金计划开始实施，拉开了建设第二支柱养老金制度的序幕。此后，养老金制度的发展大致经历了产生时期（1875 年至 19 世纪 20 年代）、增长时期（20 世纪 20 年代至第二次世界大战结束）、发展时期（第二次世界大战结束至 20 世纪 70 年代）和成熟时期（1974 年 ERISA 法案颁布至今）等四个阶段（黄勤，2003）。在这期间，1974 年《雇员退休收入保障法案》的颁布对美国养老金发展的影响最大，为养老金制度的发展提供了基本的法律规范，并且直接导致了美国私人退休金体系下的一个

① 由于各国养老金制度的演变与制度特征都比较复杂，本文不可能详尽的描述各国养老制度的演变过程以及特征，笔者只能着重介绍美国的养老金制度，并与英国、德国、日本三国的养老金制度进行比较。

重要组成部分——IRAs 的产生。1978 年，401（k）计划诞生，缴费确定型（DC）计划得到迅速发展，标志着美国养老金制度进入了一个新的发展时期。后来又逐步建立了 403（b）、457、SIMPLE 等计划。1997 年，美国创立了 Roth IRAs 计划，逐步形成了美国私人养老金体系的合格养老金计划体系（如图 5－1 所示）。2001 年，《经济增长和税收救济协调法》颁布，对 401（k）、403（b）、457、SIMPLE 计划和 IRAs 缴费的额度进行了调整，提供了"退休前追加缴费"（catch－up contribution）享受税收优惠政策的新举措。使得养老金收入水平与消费水平的变化相适应，从而符合了适应经济环境变化的需要。

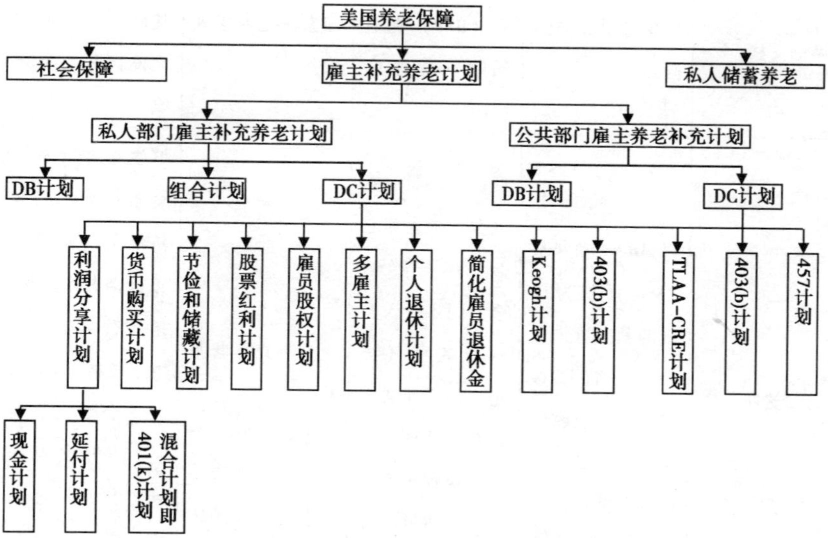

图 5－1 美国养老保障体系构成图①

为适应经济和社会环境变化，特别是为解决 20 世纪后期以来各国普遍面临的人口老龄化和基本养老金支付危机等问题，英国、德国和日本先后进行了养老金体系的改革。英国 1986 年颁布的《社保

① 笔者根据中国保监会编著的《养老保险国别研究及对中国的启示》（中国财政经济出版社 2007 年版）一书进行绘制。

法》推出了个人养老金计划和 DC 型职业年金计划，对该国三支柱体系的形成具有决定性的影响；德国 1999 年和 2001 年的改革，开始鼓励企业补充养老保险和商业养老保险的发展，以缓解基本养老金的支付压力；日本于2001 年开始学习美国养老金改革经验，引入 DC 型养老金计划。通过不断的改革和演变，各国都已经基本形成了比较完善的三支柱养老金体系（如表 5－2 所示）。

表 5－2　目前美、英、德、日四国养老金体系构成比较

	美国	英国	德国	日本[①]
第一支柱	国家基本养老保险	国家基本养老保险（BSP）和最低收入保障金（MIG）	国家法定养老保险	国民年金（又称基础年金，覆盖全体国民，不与收入挂钩）
第二支柱	以 IRAs 和 401（K）计划为代表的私人退休金制度（自愿参加，享受税收优惠，包括私人部门和公共部门的雇主养老保险）	经认可的职业养老金、个人养老金、存托养老金、国家收入关联养老金（法定，四个计划任选其中几种，但享受税收优惠的总额不超过国家规定的最高免税比例）	企业补充养老保险（税收优惠）	厚生年金（私人企业雇员）和共济年金（国家公务员，农林渔业，地方公务员，私立学校教职员工，一些公营企业雇员），与收入挂钩；农业年金基金，国民年金基金，厚生年金基金（税收优惠）
第三支柱	个人养老保险	个人养老保险	个人养老保险（税收优惠）	个人养老保险

资料来源：笔者根据相关参考文献及资料整理获得。

① 说明：对于日本第一、第二支柱的划分比较模糊，主要是厚生年金和共济年金应当划分为第一支柱还是第二支柱仍有待探讨。

二、四国养老金制度的“大异”

虽然四国目前都已基本形成三支柱的养老金体系，但是在这种基本制度体系“小同”的背后，却存在着具体养老金制度的“大异”。三支柱养老模式本身就是一种明确养老责任、确定相关责任主体、分配养老责任负担的一种机制。美、英、德、日四国养老制度上的差异，主要源于养老保障责任观的差异。美国和英国模式一直坚守和秉持其特有的“市场逻辑与国家观念”，国家、雇主、个人三方共同为养老负责，市场决定收入分配和管理养老基金的机制得到尊重；而德国和日本则更加强调国家责任，使国家在养老金制度中扮演着主导地位。

美、英、德、日四国在养老保障责任观上的差异体现在养老金制度体系的具体安排上。其首先体现为对于三支柱关系的处理。因为三支柱的养老保障模式客观上形成了三个支柱之间的制度竞争，三个支柱的制度比较优势将决定养老保障体系结构问题——公共养老金、私人退休金、商业养老保险的相对比重。美国、英国与日本、德国对三支柱间关系处理的差异，直接导致了养老保障体系结构的差异。如美国基本养老金的总体水平约为退休者原来工资的38%—40%，其中低收入者的养老金相当原来工资的70%左右，中等收入者40%左右，高收入者24%左右①；英国的基本养老金替代率则仅为20%左右。但是，德国和日本基本养老金的替代率则达到70%②。费尔德斯坦和赛伯特（Feldstein，Seibert，2002）的研究表明，德国老年人税收收入中来自于政府转移的比重超过55%，而美国仅为39.57%。

美国和英国将基本养老保险的替代率控制在比较低的水平，显然

① 王爱珠著：《老年经济学》，复旦大学出版社1996年版。

② 英国、德国数据来源于*Sigma*，1998年第8期；日本数据来源于田近荣治：“日本的公共养老金制变：绘付迅速扩大的后果”，《经济社会体制比较》，2001年第1期。而且，日本在1986年改革之前替代率曾高达80%。

不能满足老年人的养老保障需求，为此，美国在1974年、1978年分别建立了IRAs计划和401（K）计划，英国也于1986年建立了个人养老金账户并推出DC型职业年金计划。而德国和日本由于基本养老保险的替代率比较高，显然缺乏推动企业补充养老保险和个人养老保险发展的动力，直到20世纪末期由于人口老龄化压力的加大，才开始出台政策推动雇主养老保险和个人商业养老保险发展。

不仅如此，美国和英国还采取了有力的税收优惠手段来刺激企业补充养老保险和个人养老保险的发展，如表5－3所示，德国和日本针对企业补充养老计划的税收优惠力度显然相对较小。

表5－3　美、英、德、日四国企业养老计划税制类型比较

国　家	税制类型	附　注
美国	EET	
英国	EET	对一次性领取免税
德国	EET	雇主以空账（book reserve）缴费的现收现付计划
	TE（T）	基金积累计划（Support Fund），对一次性领取免税
日本	（E）T（T）	对待遇确定计划只部分免税，对一次性领取免税

资料来源：E. Philip Davis（1995）。

在计划形态上，美国和英国较早地推动了企业年金计划从DB型向DC型转变。美国自20世纪80年代以来，随着以401（K）为代表的DC型计划得到了迅速发展，DC计划与DB计划资产的相对比重迅速上升，从1990年的96.53%提高到2004年的174.86%①。在英国职业养老金计划中，DC计划数量的占比为73%，DB计划为12%，混合型计划为3%②。而日本和德国从2001年才开始通过制定法律法

① U. S. total retirement market, Fundamentals, investment company institute in brief, 2004。

② “英国养老保险制度介绍”，《中国劳动保障报》，2004年4月21日。数据考察时点为2001年3月31日，其中另外12%的计划类型未知。

规来推动DC计划的发展。2001年5月，德国议会通过了“里斯特改革方案”，希望通过补助和税收优惠的形式，鼓励个人在参加法定养老保险的同时也参加其他养老保险。此外，政府计划每年拿出700亿欧元补贴养老保险基金，并用部分生态税补充养老基金①。

由企业和个人自愿建立的基金积累型DC计划的发展，使养老基金面临保值增值的压力，从而促使美英两国对养老基金采取了市场化的运营模式，将养老基金大规模地投资于资本市场，分享经济增长的成果，提高养老基金的收益率。而如表5-4所示，德国企业的养老计划主要采用内部管理的方式，而日本则采用了信托银行管理的方式。

表5-4　美、英、德、日四国企业养老金计划的运营模式比较

国家或地区	性质	运营模式
英国	自愿性	以信托为主，保险为辅
美国	自愿性	以信托为主，保险为辅
德国	自愿性	内部管理型为主，向信托模式转变
日本	自愿性	以信托银行管理为主，保险为辅

资料来源：华宝信托投资公司企业年金服务中心，“信托型企业年金将‘诱发’年金市场迅速发展”，《上海证券报》，2005年8月10日；其中日本企业养老金计划运营模式的概括，为笔者根据有关资料整理所得。

管理模式上的差异导致了养老基金投资结构上的差异，美国和英国养老基金的70%以上都进入权益类投资市场，其中股票投资的比重在40%以上。德国和日本养老基金的投资相对保守，包括股票投资在内的权益类投资比重很低，很大比重用于固定收益类投资，或者发放贷款、投资不动产。例如，在2004年，德国养老基金资产的28.14%投资于贷款②。

① 资料来源：“养老保险，国外如何改?”，《环球时报》，2005年12月22日。
② 数据来源：OECD数据库养老基金资产配置数据（2004年）。

表 5-5　美、英、德、日四国 2009 年养老基金资产分布比较（%）

国家	现金和储蓄	票据和债券	股票	其他
德国	3.3	40.8	6.1	49.9
日本	6.4	47.7	13.7	32.2
英国	3.6	30.6	39.7	26.1
美国	2.2	31.4	45.4	20.9

说明：（1）数据来源于 OECD 数据库《Pension funds' asset allocation》；（2）其他资产包括贷款、土地和建筑物、未分配保险合同（unallocated insurance contracts），私募基金、其他共同基金（不投资于现金、票据、债券或股票）和其他投资。

第二节　养老金制度差异与养老基金发展差异

一、养老金制度差异

根据前一节的分析，我们可以将美、英、德、日四国养老金制度的主要差异，从 5 个方面进行归纳，如表 5-6 所示。

表 5-6　美、英、德、日四国养老金制度的主要差异比较

	基本养老金替代率	税收优惠力度	养老金计划形态	养老基金管理的市场化程度	养老基金投资资本市场比重
美国、英国	低	大	DC 占主导	高	高
德国、日本	高	小	DB 占主导	低	低

资料来源：笔者根据本章第二节的分析整理获得。

那么，这种制度上的差异又是如何导致养老基金发展的差异，从而导致金融结构上的差异的呢？

如前所述，由于基本养老金替代率的差异，使得各国对企业补充养老保险和个人养老保险的需求存在巨大差异，美国和英国的动力较大，而德国、日本的动力较小。这种动力上的差异，使得各国所采取的税收优惠政策的力度出现很大的差异。正是由于这种私人养老金发展的主观动力和税收优惠力度上的差异，从而导致各国养老基金规模出现巨大差异①。

二、养老基金发展差异

由于美国和英国基本养老保险的替代率水平比较低，因此通过税收优惠手段来刺激企业补充养老保险和个人养老保险的发展，使得养老基金规模迅速扩大。此外，两国都鼓励基金积累型 DC 计划的发展。如表 5－7 所示，美国养老基金总资产从 1980 年的 7977 亿美元增加到 2009 年的 156314 亿美元，年平均增长率为 10.8%，养老基金资产占 GDP 的比重从 1980 年的 28.8% 提高到 2009 年的 111.2%，在 2007 年时最高曾达到 128.8%；从英国情况来看，养老基金总资产从 1980 年的 1006 亿美元增加到 2009 年的 16992 亿美元，年平均增长率为 10.9%，养老基金资产占 GDP 的比重从 1981 年的 24.3% 提高到 2009 年的 80.5%，在 1999 年时最高曾达到 88.4%。

表 5－7　　1980—2009 年美国和英国养老基金发展情况

年份	英国			美国		
	养老基金资产（亿美元）	增长速度（%）	养老基金资产占 GDP 比重（%）	养老基金资产（亿美元）	增长速度（%）	养老基金资产占 GDP 比重（%）
1980	856		24.3	7977		28.8
1981	1006	17.5	25.9	10976	37.6	35.4
1982	1329	32.1	31.2	13505	23.0	41.8

① 由于国家基本养老保险一般采用现收现付制，而私人养老金采用基金积累制，所以一国养老基金的规模主要私人养老基金的规模决定。

续表

年份	英国			美国		
	养老基金资产（亿美元）	增长速度（%）	养老基金资产占GDP比重（%）	养老基金资产（亿美元）	增长速度（%）	养老基金资产占GDP比重（%）
1983	1705	28.3	36.7	16329	20.9	46.6
1984	2143	25.7	42.9	18528	13.5	47.5
1985	2585	20.6	47.2	23111	24.7	55.2
1986	3244	25.5	55.1	26315	13.9	59.5
1987	3496	7.7	53.9	28768	9.3	61.2
1988	4090	17.0	56.5	31662	10.1	62.6
1989	5180	26.7	65.2	36758	6.1	67.6
1990	4638	-10.5	53.7	39011	6.1	67.8
1991	5247	13.1	57.9	45445	16.5	76.6
1992	5852	11.5	62.2	49371	8.6	78.8
1993	7335	25.3	74.1	55231	11.9	83.9
1994	6783	-7.5	64.7	58553	6.0	83.7
1995	7762	14.4	70.0	69152	18.1	94.2
1996	8310	7.1	70.3	77322	11.8	99.8
1997	10061	21.1	80.1	89338	15.5	108.2
1998	10691	6.3	80.4	102799	15.1	117.6
1999	12421	16.2	88.4	117770	14.6	126.6
2000	11745	-5.4	79.5	117133	-0.5	118.3
2001	10930	-6.9	70.7	113069	-3.5	110.5
2002	9387	-14.1	57.7	105868	-6.4	100.0
2003	10888	16.0	63.1	125790	18.8	113.4
2004	12115	11.3	66.6	137983	9.7	116.8
2005	14680	21.2	77.4	149734	8.5	119.0
2006	16460	12.1	81.9	168077	12.3	126.0
2007	16532	0.4	77.8	180303	7.3	128.8

续表

年份	英国			美国		
	养老基金资产（亿美元）	增长速度（%）	养老基金资产占GDP比重（%）	养老基金资产（亿美元）	增长速度（%）	养老基金资产占GDP比重（%）
2008	14063	-14.9	64.3	137069	-24.0	95.9
2009	16992	20.8	80.5	156134	13.9	111.2
平均		10.9	62.0		10.8	86.1

说明：(1) 数据来源，根据OECD数据库中相关指标计算获得。(2) 养老基金资产占GDP比重的数据来源于OECD数据库中Pension Fund Assets as share of GDP，但是由于该指标数据不完整，所以当该数据缺失时，利用OECD机构投资者数据中养老基金资产除以GDP计算获得该比例，所以两者可能存在一定的差异，但是整体影响不大。(3) 养老基金资产根据公式——养老资金资产 = 养老基金资产占GDP比重 × GDP计算获得，增长速度为名义增长率，平均增速为几何平均值，养老基金占GDP比重的平均值为简单平均值。

与美国和英国不同，德国和日本基本养老保险的替代率水平比较高，挤占了其他两个支柱的发展空间，因此通过税收优惠手段来刺激企业补充养老保险和个人养老保险发展的动力较小，养老基金规模增长相对缓慢。如表5-8所示，德国和日本养老基金资产分别从1980年的129亿美元、923亿美元增加到2009年的1148亿美元和11012亿美元，平均增长速度为7.8%和8.9%。养老基金资产占GDP比重分别从1.6%和4.1%提高到2009年的5.2%和25.2%，远远低于美国和英国。

表5-8　　1980—2009年德国和日本养老基金发展情况

年份	德国			日本		
	养老基金资产（亿美元）	增长速度（%）	养老基金资产占GDP比重（%）	养老基金资产（亿美元）	增长速度（%）	养老基金资产占GDP比重（%）
1980	129	—	1.6	923	—	4.1
1981	153	18.7	1.9	1140	23.5	4.7

续表

年份	德国			日本		
	养老基金资产（亿美元）	增长速度（%）	养老基金资产占GDP比重（%）	养老基金资产（亿美元）	增长速度（%）	养老基金资产占GDP比重（%）
1982	196	28.4	2.3	1391	22.1	5.5
1983	200	1.6	2.2	1774	27.5	6.7
1984	213	6.9	2.3	2103	18.6	7.5
1985	311	45.6	3.2	2618	24.5	8.7
1986	321	3.4	3.1	3449	31.8	10.9
1987	332	3.3	3.1	3936	14.1	12.0
1988	319	-3.9	2.8	4517	14.8	12.8
1989	378	18.4	3.2	4742	5.0	12.5
1990	392	3.8	3.0	4847	2.2	11.8
1991	438	11.7	3.1	4918	1.5	11.3
1992	417	-4.8	2.7	5409	10.0	12.1
1993	371	-11.0	2.4	6011	11.1	13.4
1994	424	14.3	2.6	6173	2.7	13.6
1995	476	12.2	2.8	6932	12.3	15.1
1996	518	8.8	3.0	6628	-4.4	14.1
1997	551	6.3	3.1	7003	5.6	14.6
1998	587	6.5	3.2	7237	3.3	15.4
1999	620	5.7	3.3	8161	12.8	17.7
2000	654	5.5	3.4	8030	-1.6	17.2
2001	670	2.4	3.4	8006	-0.3	17.3
2002	689	2.8	3.5	7233	-9.7	15.9
2003	725	5.2	3.6	8317	15.0	18.3
2004	772	6.5	3.8	8535	2.6	18.5
2005	834	8.0	4.0	10405	21.9	22.3
2006	903	8.3	4.2	10726	3.1	22.8
2007	1043	15.4	4.7	9287	-13.4	19.4
2008	1082	3.8	4.7	7669	-17.4	16.4
2009	1148	6.1	5.2	11012	43.6	25.2
平均		7.8	3.2		8.9	13.9

说明：数据来源及说明同表5-7。

第三节　养老基金发展差异与金融结构差异

一、四国金融结构差异

随着养老基金规模的不断扩大，养老基金在金融市场中的地位不断提高，银行资产在金融总资产中的比重不断下降，从而逐渐改变了以银行为主导地位的金融结构。从美国的情况来看，如表5-9所示，银行资产占金融总资产的比重从1980年的62.7%下降到2009年的33.9%；养老基金资产占比曾一度从1980年的18.4%提高到1997年的30.5%，但由于金融危机的影响到2009年时下降到23%；与此同时，投资基金占比从1980年的3.4%迅速提高到2009年的26.9%，逐渐在金融市场中占据重要地位。从而，银行业已经逐渐丧失其在金融市场中的绝对主导地位，形成了各大金融机构共同发展的局面。

表5-9　1980—2009年美国各金融机构资产占金融总资产比重情况　单位：%

年份	银行	养老基金	投资基金	保险公司	其他机构投资者
1980	62.7	18.4	3.4	15.4	0.1
1981	61.3	18.1	5.3	15.2	0.1
1982	59.1	19.8	5.8	15.3	0.1
1983	58.3	21.3	5.1	15.2	0.1
1984	57.9	21.2	5.7	15.1	0.1
1985	54.5	24.0	6.5	14.9	0.1

续表

年份	银行	养老基金	投资基金	保险公司	其他机构投资者
1986	52.7	23.4	8.6	15.2	0.2
1987	51.3	23.6	8.9	15.9	0.2
1988	50.6	23.5	9.0	16.6	0.3
1989	47.5	25.2	10.1	17.0	0.3
1990	45.9	25.3	10.7	17.9	0.3
1991	42.0	27.7	11.9	18.2	0.3
1992	39.9	28.2	13.3	18.4	0.3
1993	37.6	28.6	15.3	18.3	0.3
1994	37.4	28.6	15.3	18.2	0.4
1995	35.2	29.9	16.9	17.7	0.4
1996	33.5	30.1	18.8	17.2	0.4
1997	31.6	30.5	20.4	16.7	0.7
1998	30.4	30.4	22.2	16.1	0.9
1999	28.7	30.3	24.6	15.6	0.8
2000	30.2	29.0	24.5	15.4	0.8
2001	31.7	27.1	24.8	15.5	0.9
2002	34.3	25.0	23.2	16.4	1.0
2003	32.3	26.6	23.6	16.4	1.1
2004	32.5	26.2	23.7	16.2	1.4
2005	32.3	26.1	24.3	15.9	1.5
2006	31.7	26.2	25.4	15.3	1.4
2007	31.8	25.1	27.1	14.7	1.3
2008	37.5	20.9	25.3	15.0	1.3
2009	33.9	23.0	26.9	15.0	1.1

注：（1）银行业资产数据来源于 OECE 数据库中《OECD Bank Profitability - Financial Statements of Banks：Data From 1979 Onwards》数据，其他机构资产数据来源于 OECD 数据库中机构投资数据；（2）由于目前很难查到各国金融业总资产的系统数据，所以本书用金融总资产 = 银行资产 + 养老基金资产 + 保险公司资产 + 其他机构投资者资产作为衡量一个金融业资产总量的代替指标；（3）金融机构资产占金融总资产比重根据相关数据计算获得；（4）表 5 - 10、表 5 - 11 和表 5 - 12 中相关数据说明同上，不再具体说明。

英国的情况稍有不同，由于英国银行业资产在1984年至2005年间同样保持了12.1%的高速增长，使得银行资产在金融总资产中的比重没有出现像美国一样的迅速下降。虽然该比值曾一度从1984年时的52.08%降低到1993年时的38.44%，在20世纪90年代一直维持在40%上下，但是2000年以后又开始不断上升，到2005年时又回到55.3%。但整体来看，英国银行业的绝对主导地位一直在受到很大的挑战，养老基金和保险公司在金融市场中扮演着十分重要角色。

表5-10 1984—2005年英国各金融机构资产占金融总资产比重情况

单位：%

年份	银行	养老基金	投资基金	保险公司
1984	52.08	24.37	0.24	23.31
1985	48.06	27.21	0.16	24.57
1986	45.30	29.03	0.14	25.54
1987	42.73	26.68	6.88	23.72
1988	42.62	27.35	6.21	23.82
1989	39.57	28.94	6.92	24.58
1990	44.31	26.35	5.71	23.62
1991	41.62	27.11	6.13	25.14
1992	43.05	25.74	6.24	24.98
1993	38.44	27.00	7.33	27.24
1994	40.91	25.41	7.52	26.16
1995	39.49	25.13	7.66	27.72
1996	42.43	22.96	7.81	26.80
1997	41.04	23.83	7.39	27.74
1998	39.84	23.48	7.42	29.26
1999	38.21	23.72	8.13	29.93
2000	43.52	20.82	7.99	27.67
2001	46.84	19.10	7.19	26.87
2002	51.34	16.43	6.41	25.81
2003	50.43	17.37	7.51	24.69
2004	55.96	15.87	6.58	21.60
2005	55.30	16.54	7.20	20.96

由于德国和日本养老基金的规模比较小，导致养老基金发展对金融结构变迁的冲击比较小，如表5－11、表5－12所示，银行资产占金融总资产的比重变化较小，银行在金融市场中仍然占据绝对主导的地位。从德国来看，银行资产占金融总资产的比重虽然从1980年的89.68%下降到2001年的77.59%，但是仍然占据金融市场的绝对主导地位，而且，银行资产比重下降的原因不是来自于养老基金资产的扩张（养老基金所占比重仅为1%左右），而是源于保险公司和投资公司资产的扩张，其中保险公司和投资公司资产比重分别上升了3.6%和8.6%。[①]

表5－11　　1980—2001年德国各金融机构资产占金融总资产比重

单位：%

年份	银行	养老基金	保险公司	投资公司
1980	89.68	1.03	7.82	1.47
1981	88.69	1.12	8.73	1.45
1982	87.09	1.42	9.73	1.76
1983	87.04	1.41	9.67	1.88
1984	86.84	1.42	9.72	2.03
1985	82.27	1.83	12.71	3.20
1986	82.10	1.81	12.56	3.54
1987	81.03	1.78	13.37	3.82
1988	82.31	1.62	11.95	4.12
1989	79.89	1.73	13.31	5.07
1990	80.71	1.66	12.89	4.74
1991	80.17	1.69	12.92	5.22
1992	81.98	1.53	11.81	4.68

① 说明：由于OECD数据库中2001年以后的机构投资者数据不完整，所以该数据没有更新到最新的数据。

续表

年份	银行	养老基金	保险公司	投资公司
1993	81.73	1.19	11.36	5.72
1994	79.57	1.25	12.55	6.63
1995	79.30	1.21	12.62	6.86
1996	79.74	1.12	11.99	7.14
1997	79.24	1.05	11.50	8.21
1998	76.95	1.07	12.03	9.95
1999	77.47	0.93	10.80	10.80
2000	76.84	0.96	11.20	11.00
2001	77.59	0.92	11.42	10.07

数据来源：基础数据来源于 OECD 数据库，具体说明见表 5－9 数据说明；笔者根据相关基础数据计算获得。

与德国情况相似，日本银行资产所占比重从 1989 年的 63.66%下降到了 2009 年的 51.77%，但是，其变化的主要原因来自于保险公司资产的迅速增加（银行资产比重下降了 11.89%，而保险公司资产比重上升了 11.22%），而非养老基金规模的扩大（资产比重仅上升了 1.51%）。

表 5－12　　1989—2001 年日本金融结构变化表　　单位：%

年份	银行	投资基金	保险公司	养老基金	其他机构投资者
1989	63.66	17.01	11.54	3.33	4.46
1990	63.04	17.83	12.01	3.42	3.70
1991	64.69	16.85	11.74	3.57	3.14
1992	62.66	17.22	12.84	4.01	3.27
1993	61.94	16.51	13.73	4.47	3.35
1994	62.76	15.47	13.91	4.65	3.22
1995	61.72	15.09	14.93	5.12	3.14
1996	62.28	14.20	15.26	5.20	3.07
1997	60.19	16.77	15.02	5.36	2.67
1998	57.93	16.98	16.38	5.95	2.76

续表

年份	银行	投资基金	保险公司	养老基金	其他机构投资者
1999	55.41	18.19	16.64	6.61	3.15
2000	58.41	16.75	15.72	6.28	2.83
2001	57.77	16.82	16.22	6.59	2.60
2002	57.13	18.06	16.38	5.97	2.46
2003	50.88	17.68	23.70	6.11	1.63
2004	49.46	18.93	23.80	6.10	1.71
2005	46.79	21.54	23.25	6.84	1.57
2006	46.26	21.84	23.54	6.79	1.57
2007	47.39	22.33	22.64	6.07	1.56
2008	51.77	18.52	22.76	5.30	1.65

笔者写到这里，已经解释了养老金制度在金融结构变迁中所扮演的角色，由于美国和英国的养老金制度有利于私人养老金的发展，导致养老基金规模迅速扩大，分流了银行的养老储蓄资产，从而导致银行在金融市场中的地位下降，逐渐丧失了其主导地位①；德国和日本，私人养老金制度发展时间短，税收优惠力度缺失，导致养老基金规模增长缓慢，不能对金融结构产生重大影响，从而银行在金融市场中的主导地位并未动摇。

二、模拟测算

由于美英两国公共养老金替代率较低、重视私人养老金的发展，税收优惠力度较大且侧重发展DC计划，种种这些措施使美英两国养老基金发展速度较快，而德日两国则相对较慢。而进一步，如前面分

① 金融结构的变迁是一个长期的过程，而本书中数据指标最早仅能追溯到1980年，由于数据搜集的限制，笔者无法得到时间跨度更长的历史数据，从而无法反映金融结构变迁的长期历史进程。因此，本书关于金融结构变迁的数据性解释具有一定的局限性，尤其是对于英国而言。

析研究表明，养老基金的发展将推动金融结构的变迁。从而，美英两国由于养老基金发展速度快、规模较大，将更容易导致金融结构向市场主导型转变或进一步巩固资本市场在金融体系中的地位；而德日两国由于养老基金发展速度相对较慢、规模较小，对金融结构变迁的推动力量较小。因此，美英和德日在养老金制度的差异将在一定程度上影响和决定其金融结构的差异。

为了进一步分析和测算金融结构的差异在多大程度上可以由养老基金发展的差异所解释，我们选取美国和德国进行一个初步的测算。测算的基本思路为：如果假设两国养老金制度相同，即养老基金发展水平相同，那么两国金融结构的差异会缩小多少，从而考察养老金制度差异可以在多大程度上解释金融结构的差异。

为此，我们需要进行几个简单假定①：

（1）德国和美国采取了完全相同的养老金制度，导致养老基金资产占 GDP 的比重相同，即假定美国和德国养老金资产占 GDP 的比重取两者的平均值②；

（2）养老金制度的改变对金融发展水平（金融总资产）不产生影响；

（3）养老金计划不改变养老储蓄率和个人的其他资产配置习惯；

（4）由于养老基金一般比国家或个人养老储蓄投资于资本市场的比例要高，从而须将德国养老基金假定资产与实际资产之间差额的一定比例从银行划分给股市，而美国则需将养老基金实际资产与假定资产之间差额的一定比例从股市划分给银行；

（5）分别考察将实际资产与假定资产差额的 10%、20%、30%、

① 说明：这里只是一个粗略的测算，许多假定都不十分严格，但是却又并不影响这种测算的直观可靠性。因为从资金流动来看，养老基金的发展一定程度上就是将银行养老储蓄分流向资本市场的过程。

② 由于美国和德国养老基金发展和金融结构差异都很大，如果单纯假设一个国家的养老基金占 GDP 的比重变化到另一个国家的水平，一方面不太现实，另一方面预测结论也存在很大差异，因此，假设两国养老基金占 GDP 的水平调整到两国的平均水平。

40%和50%从银行划分给股市（或从股市划分给银行）的情形下，两国金融结构差异的变化情况。①

模拟测算结果如表5－13所示，1995年至2008年间德国和美国银行资产与股市市值比值的实际差距为495.3%。在假设德国和美国养老金制度相同，并将德国养老基金假定资产与实际资产差额的20%从银行划拨给股市，而美国则将差额的20%从股市划拨给银行的情形下，两国银行资产与股市市值比值的差距将缩小为398.6%，从而养老金制度变迁导致的金融结构差异的比重为19.53%；在第三、第四种情形下，两国银行资产与股市市值比值的差距将分别缩小为358.6%和322.6%，养老金制度导致的金融结构差异的比重分别为27.60%和34.86%。

表5－13　养老金制度差异导致金融结构差异的比重测算表

年份	银行资产与股市市值比值（%）		两国银行资产与股市市值比值的差距（%）					
	美国	德国	实际差距	情形一：划拨10%	情形二：划拨20%	情形三：划拨30%	情形四：划拨40%	情形五：划拨50%
1995	80.4	719.1	638.7	538.4	457.2	389.6	331.8	281.5
1996	68.8	662.7	593.9	510.9	442.0	383.6	333.1	288.7
1997	55.0	524.7	469.6	414.5	366.9	325.2	288.1	254.8
1998	49.8	435.7	386.0	346.5	311.3	279.7	251.0	224.6

① 说明：（1）将养老资产差额的从银行划分给股市的比例越低，表明国家或个人养老储蓄投资股市的比例越高（主要采取权益类投资的方式来管理养老资产），从而与养老基金投资资本市场的比例相差越小；比例越高则表明国家或个人养老储蓄投资股市的比例越低（主要采取存款等固定收益类投资方式来管理资产）；（2）2004年养老基金直接投资于股票的资产比例为35.54%（OECD数据库《Pension Fund Asset Portfolio Allocation，2004》），投资于共同基金的比例为30.68%，共同基金中股票基金比重约为50%左右（2000年、2003年共同基金中股票基金资产比重的分别为56.9%，49.7%，李素梅：《美国共同基金的新发展》，《银行家》，2005年第5期），所以养老基金投资于股票市场的比重至少（不包括其他间接途径）约为50.88%（＝35.54%＋30.68%×0.5）；（3）因此，10%的划拨比例是较为容易实现的情形，而50%则是较为极端的情形。

续表

年份	银行资产与股市市值比值（%）		两国银行资产与股市市值比值的差距（%）					
	美国	德国	实际差距	情形一：划拨 10%	情形二：划拨 20%	情形三：划拨 30%	情形四：划拨 40%	情形五：划拨 50%
1999	42.8	354.7	311.9	284.7	259.8	236.9	215.6	195.7
2000	50.1	388.5	338.5	311.3	286.1	262.7	240.8	220.2
2001	58.3	471.6	413.3	379.9	349.4	321.2	294.9	270.3
2002	77.5	770.5	692.9	624.8	565.1	512.1	464.5	421.4
2003	64.4	586.2	521.9	472.7	429.0	389.6	353.8	321.0
2004	61.2	582.6	521.4	471.7	427.7	388.2	352.5	319.9
2005	64.2	602.8	538.6	488.2	443.4	403.2	366.7	333.4
2006	61.0	464.2	403.2	368.1	336.1	306.8	279.6	254.4
2007	65.0	419.6	354.6	324.9	297.6	272.1	248.3	225.8
2008	119.4	869.1	749.7	674.9	608.8	549.6	496.1	447.2
平均	65.6	560.9	495.3	443.7	398.6	358.6	322.6	289.9
养老基金制度导致的金融结构差异比重				10.42	19.53	27.60	34.86	41.47

说明：（1）基础数据来源与第四章实证研究数据说明相同，测算结果由笔者根据基础数据以及假设条件计算获得以上数据；（2）平均值为各年数值的简单平均；（3）养老基金制度差异导致金融结构差异的比重 =（两国银行资产占金融总资产比重的实际差距 - 假设条件下两国银行资产占金融总资产比重的差距）÷两国银行资产占金融总资产比重的实际差距 ×100%。

同样，我们还可以根据第三部分的实证结果做一个粗略的测算。以第四章中回归结果［1.3］为例，养老基金占 GDP 比重的系数为 -0.100，表明养老基金占 GDP 的比重每提高（或降低）一个百分点，银行资产占股市市值的比重将降低（或提高）0.1 个百分点。由于 1995 年至 2008 年间美国和德国养老基金占 GDP 的比重平均为 72.48% 和 9.03%，银行资产与股市市值比值的平均值分别为 65.6%

和 560.9%，假设两国养老基金占 GDP 的比重都取平均值 40.76%，意味着美国养老基金占 GDP 的比重降低 43.77%，而德国将提高 351.33%。从而，美国银行资产与股市市值的比重将提高到 68.42%（=65.6+65.6×0.1×43.77%），而德国将降低到 363.8%（=560.9% - 560.9%×0.1×351.33%）。从而两国银行资产与股市市值的比值差距将缩小为 295.4%，缩小幅度为 37.79%。也就表明，在利用回归系数进行粗略估算前提下，养老基金发展差异导致的金融结构差异将达到 37.79%。同理，在利用方程［1.2］中的系数 -0.154 进行测算时，养老基金发展差异可导致的金融结构差异可达到 60.53%。①

综合上述测算分析可以看出，美国和德国的养老金制度差异在一定程度上可以解释两国在金融结构上的差异。虽然，从不同假设情形的测算来看，养老金制度差异对金融结构差异的解释力度相差很大，但笔者认为，养老金制度差异对金融结构差异解释力的合理区间应当在 20%—40% 之间。因此，养老金制度的差异是影响和决定金融结构差异的重要因素之一。

三、结论分析

根据上面对英、美、德、日四国养老金制度的比较分析，以及养老金制度差异对养老基金发展差异的理论分析和实际测算，我们可以得出以下的初步结论：

第一，美英和德日在养老金制度上存在巨大的差异，基本上可以概括为美英模式和德日模式两种类型。美英模式中基本养老保险的替代率比较低，主要通过税收优惠手段鼓励私人养老金体系的发展，对养老基金进行市场化的管理和运作，养老基金进入资本市场的比例

① 说明：由于美德两国养老基金占 GDP 的比重相差很大，因此简单用回归结果中系数的大小乘以养老基金占 GDP 比重的差距来得养老基金占 GDP 比重的差距将导致的银行资产占金融资产比重的差距并不十分科学，这里只是一个粗略的推算。

高；而日德模式中基本养老保险的替代率水平很高，私人养老金税收优惠力度较小，养老基金的市场化管理程度较低，养老基金进入资本市场的比例低。

第二，美国和英国由于养老基金的迅速发展，导致了金融市场结构的变迁，逐渐改变了金融市场以银行为主导的结构特征，养老基金、保险公司等非银行金融机构得到迅速发展。

第三，金融结构方面的日德模式与美英模式的差异，与其养老基金的发展差异直接相关，两种金融结构差异的背后，蕴藏着养老金制度及其导致的养老基金发展水平的重大差异。

第六章　中国养老基金发展与金融结构变迁展望

如果我们用更广阔的视角、更长远的眼光来理解养老金制度与金融结构的这种关系，将更清晰地认识到：由于目前各国正在借鉴美、英两国的养老金发展经验，并对本国养老金制度进行重大改革，这种改革发展趋势将推动该国金融结构的变迁。而且从全球范围来看，伴随着养老金制度发展的相似性取向和同质化程度提高，我们将不难理解转型国家中正在发生和即将发生的金融结构趋同现象。

这对于理解和判断我国目前正在进行着的这场养老金制度改革同样具有重大的

意义，由于我国养老金制度改革的取向是英美模式，从长远来看，它势必导致我国金融结构发生重大变迁。

第一节　未富先老与财政压力

一、我国人口老龄化趋势及特点

改革开放以来，我国经济快速发展，生产和生活方式迅速转变，子女抚养成本大幅提高，“养儿防老”观念逐渐淡薄，加上计划生育政策的实施，使得我国的人口年龄结构出现快速老化趋势。如表6－1所示，我国人口出生率在20世纪80年代末期出现高峰后便迅速下降，从1987的23.37‰下降到2009年的12.13‰。与此同时，随着生活水平的不断提高，医疗卫生知识的普及和医疗技术水平的提高，人们预期寿命开始逐渐延长。据全国人口普查数据表明，1981年时我国居民预期寿命为67.77岁，到2000年时提高到71.4岁。由于老龄人口基数的迅速增加，人口死亡率呈现出稳中有降的趋势[①]。因此，人口自然增长率在1987年时人口自然增长率曾达到顶峰16.61‰，1990年时下降到14.39‰，到2009时时人口增长率仅为5.5‰。

表6－1　1980—2009年人口出生率、死亡率和自然增长率　单位：‰

年　份	出生率	死亡率	自然增长率
1980	18.21	6.34	11.87
1985	21.04	6.78	14.26
1987	23.33	6.72	16.61

① 2004年以后，随着我国老年人口基数较大，高龄人口的死亡率提高，从而导致整体的人口死亡率水平出现上升的趋势。

续表

年　　份	出生率	死亡率	自然增长率
1990	21.06	6.67	14.39
2000	14.03	6.45	7.58
2005	12.40	6.51	5.89
2009	12.13	7.08	5.05

数据来源：《中国统计年鉴2010年》，中国统计出版社2010年版。

随着人均预期寿命的延长以及人口出生率的下降，我国人口老龄化现象日趋严重。从65岁以上人口占总人口比重来看，1982年时我国仅为4.91%，到2000年时已经提高到6.96%，2009年时已经达到8.5%，表明我国已经快速迈入了老龄化时代。从老年人口抚养比来看，1982年时我国老年人口抚养比仅为8.0%，到2000年时提高到9.9%，并且进一步提高到2009年的11.6%[①]。可见我国人口老龄化程度在迅速加剧（图6－1）。

整体来说，我国人口老龄化趋势呈现出"速度快、老龄人口基数大、未富先老"三个显著特点。受计划生育政策的影响，我国妇女的平均生育率发生急剧变化，导致人口年龄结构"突变"。从1987年经历人口增长率的高峰，到2001年迈入老龄化社会，我国仅用14年的时间，人口老龄化速度之快可以说"史无前例"。另外，由于我国人口基数大，导致老龄人口的基数也是十分庞大。1982年时我国老龄人口为4991万人，到2009年时老龄人口规模已经翻番，达到11309万人，仅老龄人口的规模也可以排在世界各国的前列。

此外，国际经验表明，人口老龄化、经济发展、人口生育率下降三者基本上同步。发达国家的人口老龄化都是在经济发达时期，经济承受力强，而且及时建立了养老保险制度，表现为"先富后老"。发

① 与第二章中的指标不同，《中国统计年鉴》计算的老龄人口抚养比为65岁以上人口数占15—64岁人口数的比重。

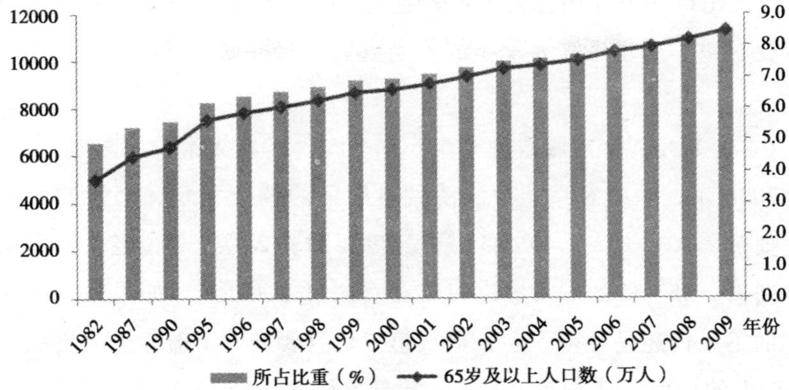

图 6－1　1982—2009 年我国 65 岁以上人口数占总人口数的比重

数据来源：《中国统计年鉴 2010 年》，中国统计出版社 2010 年版。

达国家在进入老龄化阶段时，人均 GDP 一般在 5000—10000 美元，而 2001 年我国进入老龄化阶段时（65 岁以上老龄人口占总人口比重超过 7%）的人均 GDP 时人均 GDP 不到 1300 美元（8622 元人民币），到 2008 年时才首次超过 3000 美元（达到 3266 美元）。虽然我国人均 GDP 数值近年来增长速度很快，但是总体而言还是具有“未富先老”的特点。

二、老龄化背景下的财政压力

相比西方发达国家的“先富后老”，我国目前“未富先老”、“未发达先老”，可以看出我国老年经济安全的脆弱性，老年经济风险的严重性。

（一）在职职工与退休职工之比已经达到 3:1，赡养比和社会抚养比过重

1980 年，我国在职职工和退休职工还是 13:1，即 13 个在职工作人员赡养一位退休人员。到了 1990 年，这个比例缓慢下降到 10:1。但是，到了 2003 年，这个比例突然骤降到 3:1。根据预测，退休职工和在

职职工之比到2020年还会继续下降到2.5∶1[①]。赡养比过高，社会人口抚养比过重，劳动者需要承担的养老重负由此可见一斑。

（二）1对夫妻可能需要赡养6位老人，家庭抚养比过高

2006年，一项对京、沪、穗城市居民的调查显示，35%的城市家庭要赡养4位老人，49%的城市家庭要赡养2位至3位老人。而从赡养费看，35.6%的城市家庭每年花费超过1万元[②]。如果独生子女夫妇的下一代还是独生子女，那么第三代就要面对1对年轻夫妻赡养6位老人的局面，即4∶2∶1的家庭抚养比模式。

（三）庞大的养老金隐性负债

现收现付制隐含了养老保障体系由在职职工和向退休职工提供养老保险金的承诺。在养老金制度从现收现付制向基金积累制转轨时，养老保险体系需要同时为当代人积累资金并支付对上一代人的债务，也就是说原来的隐性负债需要显性化。1993年，中共十四届三中全会提出个人养老实行“统账结合制度”的目标，就是要从现收现付制度走向部分积累制[③]，于是养老金隐性负债问题浮出水面。

隐性债务规模估算以一定的精算假设为基础，在不同的精算假设下，估计结果会有较大的差异。相关机构和部门对我国养老保险隐性负债规模进行了测算，世界银行1997年的测算结果为1.9万亿元，中国人民大学2000年的测算结果为2.6万亿—4.5万亿元，人力资源和社会保障部社会保障研究所2001年的测算结果为2.9万亿元，国务院体制改革办公室2001年的测算结果为1.8万亿—10.8万亿

---

① 李本公：“我国到2020年在职和退休职工比将达2.5∶1”，《新华网》，2006年12月12日。

② 万一、刘元旭、杨金志：“明天，一对夫妻如何供养四位老人?”，《新华每日电讯》，2006年11月12日。

③ 中国经济改革研究基金会及研究会联合专家组：《中国社会养老保险体制改革》，上海远东出版社2006年版，第105页。

元。规模巨大的隐性负债形成了沉重的转轨成本，成为我国养老保障制度改革无法回避的问题。

(四) 庞大的公共开支不足

美国哈佛大学博士、世界银行经济学家邹恒甫教授指出：中国政府在教育医疗卫生和社会保障方面花的钱太少。要建立一个起码的和谐社会，政府在这三项上的开支应占国民收入的18%。我国现在是多少？不到6%。美国现在是多少？28%。法国是多少？38%。北欧是多少？48%①。

2008年11月1日，著名社会保障专家、中国人民大学郑功成教授领衔完成的《中国社会保障改革与发展战略》的课题报告指出：根据国际对比研究和我国的发展趋势，我国社会保障支出占GDP的比重在三步走战略的目标年份即2012年、2020年、2049年，应分别不低于7%、15%、25%；其中财政性社会保障支出占财政支出的比重到2012年、2020年、2049年，应分别不低于15%、20%、30%②。随着财政性社会保障支出占财政支出比重的不断提高，财政压力不可小觑。

第二节 未富高储与我国“类日德模式”金融结构现状

一、储蓄率居高不下

长期以来，由于社会保障体系不完善等原因，我国居民和家庭通

---

① 邹恒甫：“经济学决不可回避价值判断和公正问题”，中国经济学教育科研网，http：//www.cenet.org.cn。或参见：http：//www.douban.com/group/topic/4379801/。

② 申剑丽：“2040年或为拐点，建议设社保战略储备基金”，《21世纪经济报道》，2008年11月4日。

过储蓄养老的作法相当普遍，使得居民储蓄率居高不下。如表 6－2 所示，我国居民储蓄存款余额占国民总收入的比重从 1985 年的 17.95%一直稳步提升，在 2003 年、2005 年分别达到了 76.65%、76.35%；而我国每年储蓄存款增加额占国民总收入的比重也长期保持在 10%左右。

表 6－2　　我国居民储蓄存款占国民总收入的比重

年份	国民总收入（亿元）	居民储蓄存款余额（亿元）	居民储蓄存款增加额（亿元）	居民储蓄存款余额占国民总收入比重（%）	居民储蓄存款增加额占国民总收入比重（%）
1985	9041	1623	408	17.95	4.51
1990	18718	7120	1935	38.04	10.28
2000	98000	64332	4711	65.65	5.08
2001	108068	73762	9430	68.26	8.75
2002	119096	86911	13148	72.98	11.11
2003	135174	103617	16707	76.65	12.30
2004	159587	119555	15938	74.92	9.98
2005	185809	141051	21496	76.35	11.64
2006	217523	161587	20544	76.29	9.70
2007	267764	172534	10947	64.44	4.09
2008	316229	217885	45351	68.9	14.34
2009	343465	260772	42886	75.92	12.49

数据来源：根据《中国统计年鉴 2010 年》（中国统计出版社 2010 年版）整理获得。

当然，理论上的居民储蓄并不仅仅指银行储蓄，也不仅仅是指金融资产的积累，而是需要根据社会保障收益等进行比较复杂的调整。由于各国统计口径不一致，导致各国储蓄率不具有直接的可比性，而且随着比较指标的不同，各国储蓄率差异也将不同。但总的来说，与英、美等国家相比，我国居民储蓄率长期偏高。如表 6－3 所示，在 1992 年至 2001 年期间我国居民储蓄率长期稳定在 30%左右，而美国居民储蓄率则只有5%左右，在此期间中、美两国储蓄率平均相差25.6%[①]。总的来说，相对于英、美等国家而言，我国居民储蓄呈现出“未富高储”的显著特点。

表6－3　　　　1992—2001年中、美储蓄率差异　　　　单位：%

年份	中国居民储蓄率	美国居民储蓄率	两国储蓄率差异
1992	31.12	7.46	23.66
1993	29.91	5.55	24.36
1994	32.57	4.66	27.91
1995	30.00	4.38	25.62
1996	30.77	3.66	27.11
1997	30.46	2.96	27.50
1998	29.93	3.77	26.16
1999	27.63	1.71	25.92
2000	25.45	1.63	23.82
2001	25.37	1.44	23.93
平均	29.32	3.72	25.6

数据来源：任若恩、覃筱：“中美两国可比居民储蓄率的计量：1992—2001”，《经济研究》，2006年第3期。

二、银行主导的金融体系

我国居民家庭不仅储蓄率高，而且家庭储蓄主要以银行储蓄存在，导致银行存款在家庭资产中所占的比重十分高。例如，2002年由国家统计局城市调查大队对3997户居民家庭的入户调查结果显示，城市居民家庭财产户均总值为22.83万元。其中，房产为10.94万元，占家庭财产的47.9%；家庭金融资产为7.98万元，占家庭财产

① 说明：该差异是未经调整的数据，经过任若恩、覃筱（2006）年的调整，中、美两国储蓄率的差异减小，但即使经调整后中美两国居民储蓄率差异仍高达15.9%。

的34.9%。而金融资产中，储蓄存款51156万元，占金融资产的69.41%。股票资产、国债和储蓄性保险分别占10%、4.36%和4.2%[①]。

同样，据《2005年奥尔多投资者行为调查报告》显示，在2005年对北京、天津、南宁等12个城市1526户家庭的调查结果显示，受访者家庭平均总资产为388154元。其中，房产占家庭资产的比重达到了56.93%；其次为银行存款，占家庭资产的为21.60%。此外，理财产品（包括股票、债券、基金和期货等）占家庭资产比重为7.1%，保险金占比为1.58%。居民家庭资产的分布情况从一个侧面很好地反映了我国金融体系的现状——银行居绝对主导地位。

具体从金融市场中各类金融机构的相对地位来看，我国银行业处于"一行独大"的地位，无论是资产总额，还是筹融资总量，在金融体系中都处于绝对主导地位，是中国金融市场的中流砥柱。例如，从各类金融机构的总资产情况来看，截至2009年年底，金融业总资产约为89.03万亿元。其中，银行业占绝对主导地位，其总资产为78.77万亿元，占金融业总资产的比重达到88.47%；其次为保险业，总资产为4.06万亿元，占比为4.56%；基金、信托和证券业总资产分别为2.69万亿元、2.06万亿元和1.63万亿元，占比分别为3.02%、2.31%和1.63%[②]。

另外，从融资角度来看，银行信贷仍然是我国企业融资的最主要渠道，以股票为主的直接融资方式占比较小。如表6-4所示，除个别年份以外，我国股市筹资额占信贷增加额的比重一般都低于10%，间接融资仍然是我国企业的主要融资方式。

---

① 数据来源：中国上市公司资讯网 http://news.cnlist.com，国家统计局：《城市居民家庭财产出现质的变化——"首次中国城市居民家庭财产调查总报告（摘要）"》。

② 说明：（1）金融业总资产为银行、保险、基金、证券和信托业总资产之和；（2）银行、证券业总资产数据来源于《中国金融年鉴（2010）》，保险业总资产数据来源于《中国统计年鉴（2010）》，基金业总资产数据来源于Wind数据库，信托业总资产数据来源于《2010年中国信托业研究报告》。

表 6-4 1992—2009 年我国股市筹资与信贷增加额对比情况

年度	股市筹资额（亿元）	信贷增加额（亿元）	股市筹资额占信贷增加额比重（%）
1992	94	4985	1.9
1993	375	6620	5.7
1994	327	7033	4.6
1995	150	10568	1.4
1996	425	10613	4.0
1997	1294	13758	9.4
1998	842	11610	7.2
1999	945	7210	13.1
2000	2103	5637	37.3
2001	1252	12944	9.7
2002	962	18979	5.1
2003	1358	27702	4.9
2004	1511	18367	8.2
2005	1883	17327	10.9
2006	5594	30595	18.3
2007	8680	36406	23.8
2008	3852	41704	9.2
2009	4968	96290	5.2
平均	2034	21019	10

数据来源：股市筹资额来源于《中国统计年鉴 2010 年》，中国统计出版社 2010 年版；信贷增加额数据来源于 Wind 数据库。

三、低证券化率

近年来，我国证券市场获得了较快的发展，在资金融通和经济发展中的作用越来越重要。但是，由于我国证券市场发展起步较晚，使其在经济发展中的作用仍然相对有限。从表 6-5 可知，我国经济的证券化率虽然在不断提高，但整体来说还相对较低。从1994年至2009年期间的平均值来看，证券化率仅为41.7%。在此期间，典型“市场主导型”国家美国和英国的证券化率平均值为125.9%和137.9%，而“银行主导型”国家德国和日本的证券化率平均值分别为44.1%和75.6%。由此可见，我国证券化率与金融市场“银行主导型”的最典型代表——德国的情况比较类似，进一步反映出我国金融体系的结构性特征与德国和日本比较类似。

表6-5　　1994—2009年我国证券化率变化表

年度	GDP（亿元）	总市值（亿元）	证券化率（%）
1994	48198	4605	9.6
1995	60794	4394	7.2
1996	71177	11894	16.7
1997	78973	19754	25.0
1998	84402	21245	25.2
1999	89677	28736	32.0
2000	99215	52103	52.5
2001	109655	48919	44.6
2002	120333	42819	35.6
2003	135823	47885	35.3
2004	159878	41317	25.8
2005	184937	36468	19.7
2006	216314	107435	49.7
2007	265810	408491	153.7
2008	314045	150545	47.9
2009	340507	296091	87.0
平均			41.7

说明：数据来源于Wind数据库。

表 6－6　　1994—2009 年期间部分国家证券化率

国家	证券化率（%）
阿根廷	33.6
澳大利亚	101.2
巴西	42.5
加拿大	101.2
智利	100.1
法国	72.3
德国	44.1
印度	51.5
日本	75.6
美国	125.9
英国	137.9

数据来源：世界银行数据库 http：//databank. worldbank. org。

第三节　养老基金发展与我国“类美英”模式金融结构变迁趋势

一、我国养老金制度改革及其取向

（一）基本养老保险改革历程及现状

在我国人口年龄结构迅速老化的背景下，在世界各国养老金制度改革的浪潮中，我国养老金制度也在进行积极的改革探索，并取得显著的改革成效。从我国社会保障制度改革的历程来看，改革开放以来，我国社会保障制度改革主要可以划分为改革探索（1978—1992年）、制度框架初步形成（1993—2004 年）与统筹城乡发展（2005

年至今）三个阶段①。从我国社会保障制度未来发展方向来看，主要体现为“全、统、实”三个方面。

“全”就是实现城乡全覆盖，重点是建立农村养老保险制度和养老补贴制度，农村养老保险制度实行“基础性养老金加个人账户”的模式，覆盖从业人员。养老补贴制度覆盖城乡60岁以上无保障低收入老人。

“统”就是提高统筹层次，实现基础性养老金全国统筹，理顺中央与地方责任。中央按工资总额的一定比例向单位征收养老保险费，负责基础性养老金发放，缺口由中央负责。过渡性养老金、个人账户养老金由省级经办机构管理与负责。

“实”就是做实个人账户，统筹基金和个人账户基金的分别管理和建账，互不挤占，真正变现收现付为部分积累。坚持个人账户基金市场化投资运营方向，加强基金监管体制、法规体系、组织队伍和能力建设，实现基金保值增值。

目前，由社会保障制度提供的基本养老保险作为第一支柱的基础性作用得到强化。我国基本养老保险可以分为城镇职工养老保险和农村养老保险。根据人力资源和社会保障部发布的《统计公报》，1992年，我国参加城镇基本养老保险人数为10200万人，城镇基本养老保险基金总收入为316.8亿元；到2008年，全国参加城镇基本养老保险人数达到21890万人，初步测算城镇基本养老保险基金总收入在9000亿元以上。参保人数和基金总收入整体呈持续增长趋势，表明

① 2008年前后，我国经济学家和社会保障学家们针对“我国社会保障制度改革30年”，展开热烈的讨论，产生了丰富的研究文献。例如，郑功成：“中国社保30年变迁”，《新京报评论周刊》，2008年11月22日。郑秉文：“改革开放30年社会保障制度发展历程”，《上海证券报》，2008年12月13日第8版。董克用、郭开军：“中国社会保障制度改革30年”，《中国国情国力》，2008年第12期。汪泽英、何平：“我国社会保障制度改革30年成就与发展”，《工人日报》，2008年11月11日。邹东涛主编、欧阳日辉副主编：“我国社会保障制度改革30年”，《改革和发展蓝皮书》第二十二章，社会科学文献出版社2008年版。本书关于改革历程的划分和未来发展方向的总结均引用自汪泽英、何平(2008)。

第一支柱承担着我国城镇居民养老的主要职能（图6－2）。

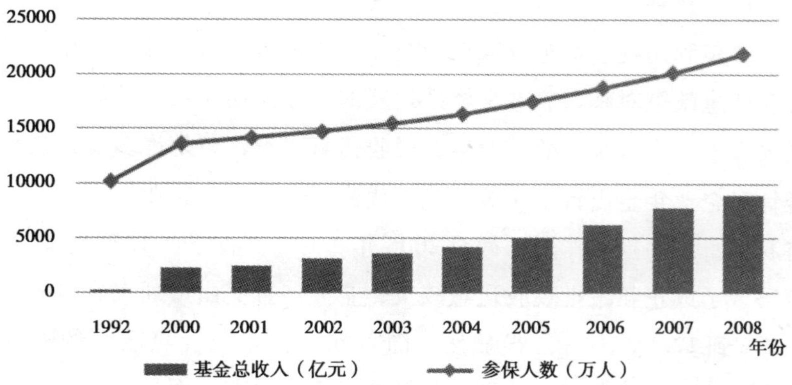

图6－2 我国基本养老保险参保人数和基金规模

（二）企业年金改革取向及发展现状

作为我国“三支柱”养老保障体系的第二支柱，我国企业年金产生于20世纪80年代末、90年代初，至今也大致经历了三个发展阶段：企业补充养老保险阶段（20世纪80年代末至2000年）、企业年金初步试点阶段（2000—2004年5月1日之前）以及企业年金正规发展阶段（2004年5月1日至今）。根据目前我国出台的各项企业年金的相关政策，我国企业年金制度安排的基本取向主要包括以下三个方面：

一是借鉴美国私人养老金制度安排，采取信托基金管理模式。根据上面对劳动和社会保障部关于企业年金基本政策的分析，特别是2004年以来先后颁布的《企业年金试行办法》、《企业年金基金管理试行办法》，我国企业年金的基本制度安排可以概括为以下几方面：（1）企业自愿建立；（2）DC计划形态为主；（3）建立个人账户；（4）完全基金积累；（5）信托基金管理模式，由受托人、账户管理人、托管人、投资管理人分别承担不同的职责；（6）明确了企业年金基金投资范围与投资比例。从制度安排上看，我国企业年金的制度特点与美国私人养老金体系的制度安排很相似，集中表现为对养老基金采取信托基金管理模式。

二是利用税收优惠政策推动企业年金发展。前面分析已经指出了税收优惠政策对私人养老金体系发展的重要推动作用，虽然目前我国还没有出台全国统一的企业年金税收优惠政策，但是许多地方政府已经针对企业年金出台了相关的税收优惠政策，这对企业年金的发展也将起到重要的推动作用。截至2006年5月，我国已经有23个地方政府出台了或正在报批税收优惠政策，企业年金支出可列入成本的比例从4%到12.5%不等。很显然，随着地方性税收优惠政策的陆续出台，企业建立企业年金计划的积极性将逐步提高。而且一个可以预见的情况是：随着人口老龄化和基本养老保障支付压力的加剧，随着中央财政税收收入的逐步增长和财政收支情况的逐步改善，随着金融改革的逐步深化和金融体系的逐步完善，国家出台税惠政策的可能性越来越大，这将为企业年金提供广阔的发展空间。

三是建立多元化的合格养老金计划体系。目前，我国企业年金制度仅仅覆盖城镇的企业职工，并不是真正意义上的补充养老保险制度，并不能代表三支柱模式下第二支柱。因此，借鉴美国经验，在我国建立多元化的“合格养老金计划”体系，将是我国现行企业年金制度发展的大趋势（表6-7）。

表6-7　　我国第二支柱养老保障体系的主要结构

基金管理名称	参考体系	覆盖区域/人群	状态
个人退休储蓄计划	IRAs	全体劳动者	待建
企业年金	401（K）计划	城镇职工	在建
职业年金	403B计划	政府公务员	待建
NPO年金（非营利机构年金）	457计划	城镇或农村的非营利机构工作人员（教师、医生、军人为主）	待建
失地农民养老基金	—	征地或工程建设移民	在建
农民养老基金	—	广大农村居民	待建

续表

基金管理名称	参考体系	覆盖区域/人群	状态
第一支柱中的个人账户资金	公共养老基金的市场化运营模式	城镇职工	逐步充实
第一支柱中的个人账户资金	公共养老基金的市场化运营模式	农村居民	待建

从总体发展规模来看，1991—2003 年长达 13 年的时间，我国只有 1.75 万家企业建立企业年金计划，参加职工仅 655.8 万人，累计基金规模仅 380 亿元；到 2008 年年底，有 2.98 万家企业建立了企业年金计划，参加职工达到 1034.3 万人，基金规模达到 1276.87 亿元（见图 6－3）。

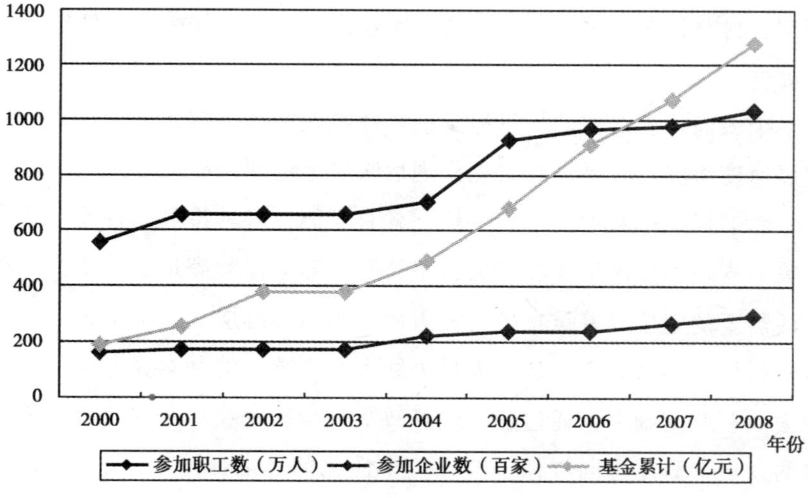

图 6－3　我国企业年金发展现状

总体上看，企业年金市场发展速度较快，基金积累规模较大，企业和职工参与的积极性较高。当然，从目前来看，行业分布较窄，建立企业年金计划的企业主要集中于电力、石化、交通、烟草、钢铁、金融等部分行业。不同所有制企业差别较大，非国有经济（民营、外资、合资）、中小型企业参与的程度低，国有大中型企业依然是主角。

（三）商业养老保险发展现状及发展前景

个人商业养老保险作为养老保障体系的第三支柱，其基本目的是满足劳动者的个性化需求。目前，我国个人商业养老保险得到稳步发展，累计余额在300亿元左右。

2008年12月13日，国务院办公厅发布了《国务院办公厅关于当前金融促进经济发展的若干意见》（国办发〔2008〕126号）文件，并且在“第十六条”中明确：“积极发展个人、团体养老等保险业务，鼓励和支持有条件企业通过商业保险建立多层次养老保障计划，研究对养老保险投保人给予延迟纳税等税收优惠。推动健康保险发展，支持相关保险机构投资医疗机构和养老实体。提高保险业参与新型农村合作医疗水平，发展适合农民需求的健康保险和意外伤害保险。”

个人商业养老保险一旦得到税收优惠政策的支持，可以预测，其发展速度将突飞猛进，有可能出现后来居上的新局面。

养老保障体系中的三大支柱，各有职能，各具特色。目前，我国将第一支柱的发展重点界定为：坚持基本养老保险满足退休职工基本生活需要的定位，着重在扩大覆盖面、提高统筹层次上下工夫，逐步将农村居民、城镇个体从业人员等纳入全国统一的基本养老保险制度中去。在此基础上，通过各种优惠政策，推动企业年金和商业养老保险的发展，满足不同群体多样化、个性化的养老保障需求。可以说，我国养老金制度改革取向与当前世界各国养老金制度改革浪潮的方向基本一致——鼓励私人养老金发展，建立多支柱养老保障体系。

二、我国养老基金发展规模预测

目前，国内学者关于我国养老金发展进行预测的文献较少。学界和业界引用频率较高的文献来源是世界银行的预测数。大家引用该文献的经典表述是：

“根据世界银行的预测，到2030年，中国的养老基金规模将达到1.8万亿美元，届时中国将成为全球第三大养老金市场。”

如果我们按照2000年人民币对美元的平均汇率即1美元兑换8.28元人民币的汇率水平[①]来计算，1.8万亿美元即为14.9万亿元人民币，大数就是15万亿美元。

应该讲，在2000年前后，预测30年后的中国养老金资产规模会达到15亿元人民币，当然鼓舞人心，所以不少行业内的人士纷纷认为：养老金融是中国未来的金融蓝海，是中国未来最大的金融金矿。

我们认为，世界银行对中国养老金未来发展的预测，做了一个很好的尝试。

本书在对我国养老金计划的发展速度、发展规模进行合理估计预测的基础上，对我国养老金未来发展的整体规模，也进行一次预测。

（一）模型的预测假设

我们将中国未来养老金体系进行这样的划分：

一是公共养老金，主要由两部分构成：城镇基本养老保险基金、农村养老保险基金。其中农村养老保险基金还包括覆盖农民和自由职业者的私人养老金。

二是私人养老金。主要由三大部分构成：企业年金基金、职业年金基金、个人退休储蓄计划。

1. 企业年金基金

企业年金在2010年末的资产总额约为2809亿元，考虑到我国企业年金还有很大政策空间，一旦全国性的统一税收优惠政策出台，企业年金将出现爆发式增长，而这一政策有望在5年内取得突破。因

① 资料来源：《1994—2011年人民币对美元的中间价、汇率》，百度文库。

此，我们假设2011—2015年期间企业年金按35%的年增长率增长[①]。以后，增长率每5年下降一个台阶，即2016—2020年期间平均增长率为30%，2021—2025年期间增长率为20%，2026—2030年期间增长率为15%。从而，到2031—2035年期间增长率下降为10%，即企业年金覆盖人数已经趋于稳定，企业年金规模的增长主要来自于基金的投资收益率和收入增长导致的人均缴费额增长[②]。

2. 职业年金基金

假设参加职业年金的人数保持在3000万人左右[③]；国家自2014年起出台相关政策开始建立职业年金，每人每年缴费基数2000元[④]；工资在2014—2020年期间每年增长10%（考虑到国家可能推出居民收入倍增政策），2020年以后工资按5%的速度增长；基金积累的投资收益率平均每年为5%。

考虑到职业年金计划可能设定一定的年龄界限对“老人”和

---

① 据人力资源和社会保障部每年发布的《人力资源和社会保障事业发展统计公报》数据显示，2006—2010年期间，我国企业年金规模的年均增长率为32.5%。考虑到企业年金的税收优惠政策和相关制度都还有很大的政策释放空间，所以我们假定2011—2015年期间，企业年金规模增长率保持在35%。

② 考虑到企业年金投资比较稳健，我们假定基金的年均投资收益率为5%；随着GDP增长率的下降和国民收入倍增计划的实现，职工收入的年均增长率一般稳定在5%左右。

③ 职业年金覆盖范围包括卫生体育和社会福利业、教育、文化艺术和广播电影电视业、科学研究和综合技术服务业、国家机关、政党机关和社会团体，即我们一般所说的公务员和事业单位工作人员。我国有关公务员和事业单位职工人数的统计截至2002年，《中国统计年鉴》对国家机关、政党机关和社会团体职工人数的统计截至2002年。据《中国统计年鉴2009》数据显示，2002年我国国家机关、政党机关和社会团体职工人数为1075万人，卫生体育和社会福利业、教育、文化艺术和广播电影电视业、科学研究和综合技术服务业的职工人数为2221万人。而且自1990年以来这些部门的职工人数一直都基本稳定，人数波动在100万人左右。考虑到国家将推行国家机构改革和事业单位改革，公务员和事业单位职工人数可能有一定的缩减，所以假设职业年金的参加人数稳定在3000万人。

④ 由于没有国家公务员平均工资的统计数据，所以我们假设公务员和事业单位平均工资等于国有企业职工的平均工资。据《中国统计年鉴2010》数据显示，国有单位职工的平均工资为34130元，考虑到工资增长，我们估计到2014年时平均工资大约为40000元。假设职业年金的缴费率与目前许多国有企业的企业年金缴费率5%相同，那么每人每年的缴费基数大约为2000元。

“新人”实行区别对待，仅将“新人”纳入职业年金计划范畴，从而，在计划初期年金计划领取人数较少。因此，我们假定在2011—2030年期间，职业年金计划的存量资产保持不变，即每年年金的领取额等于存量年金的投资收益额；而年金计划资产的增量来自于3000万人每年的缴费额，缴费比例保持不变，平均工资在2011—2015年期间每年增长10%，以后每年增长5%。到2031—2035年期间，由于人口老龄化高峰和年金领取高峰的到来，职业年金计划趋于稳定①，基金规模仅仅由于投资投资收益率而每年增长5%。

3. 农村养老保险基金

农村养老保险的覆盖对象为农民和个体工商户，包括目前通常所说的传统养老保险基金和新型农村社会养老保险基金。据我们估计，2010年年末农村养老保险基金规模大约为885亿元，由于2006—2010年间农村养老保险基金的平均增长率为23.4%，并考虑到农村将全面推广新型农村社会养老保险以逐步农村养老保险的全覆盖，我们认为，2011—2015年期间农村养老保险基金规模将迎来爆发式增长，假设每年增长率为35%，以后，增长率每5年下降一个档次，即2016—2020年期间增长率为25%，2021—2025年期间增长率为12.5%，2026—2030年期间增长率为10%②，2031—2035年期间由于农村老龄化高峰和年金领取高峰的到来，农村养老保险基金将入不敷

① 在职业年金计划建立初期，仅“新人”或一定年龄界限一下的员工才被纳入职业年金计划，所以领取人数很少，缴费队伍很稳定。我们估计这一年龄线可能为45岁左右，考虑到公务员和事业单位工作人员年龄结构相对老化，因此在22岁（大学毕业）到45岁（纳入职业年金计划的年龄上限）之间的职工队伍的年龄中位数大约在35—38岁左右。因此，到2030年时，该中位数年龄的人口进入退休期，迎来职业年金计划领取的高峰。

② 考虑到农村养老保险制度将主要以国家统筹账户为主，在制度初期由于覆盖人口的迅速增加而导致基金积累快速扩张后，一旦制度开始稳定，基金积累速度将迅速下降，但之后增速的下降趋势相对放缓。

出，基金资产积累将每年缩水5%[①]。

4. 城镇基本养老保险基金

2010年年末城镇基本养老保险基金累计结存15365亿元，2006—2010年期间的平均增长率为30.6%，并考虑到国家将逐步做实个人账户、实现城镇养老保险的全覆盖等因素，我们认为，2011—2015年期间平均增长率应当保持在35%左右。之后，增长率将迅速下降，假设2016—2020年期间增长率下降为20%，2021—2025年期间增长率下降为10%，2026—2030年期间下降为5%；2031—2035年期间由于老龄化高峰和年金领取高峰的到来，基金资产积累将每年缩水5%。

5. 个人退休储蓄计划

考虑到国家将全面贯彻落实养老金体系"三支柱"的发展模式，我们假设在推出国家在2014年推出职业年金计划的同时，将仿照美国的个人退休金计划（即IRAs）推出个人退休储蓄计划，对每年一定额度内的养老储蓄实行免税。我们假设：一是在2014年计划推出时将有2000万人参与该计划，此后，一直到2030年时每年将有1500万人加入该计划。二是在开始阶段，每人每年缴费额2000元（与职业年金计划年交费额相同），国家将逐步提高缴费额上限，到2021年时上限提高，每人每年缴费额提高到2500元；到2030年时缴费上限进一步提高，每人每年缴费额提高到3000元。三是在计划开始初期，没有人领取养老金，因此存量资产以每年5%的收益率增长；在2021—2030年期间，由于领取人数的增加，存量资产保持不变，也

---

① 人力资源和社会保障部最新发布的《2010年度人力资源和社会保障事业发展统计公报》并没有统一的农村养老保险基金数据。《2010年度人力资源和社会保障事业发展统计公报》数据显示，2010年新型农村社会养老保险基金结存423亿元，而《2009年度人力资源和社会保障事业发展统计公报》数据显示，2009年末农村养老保险基金累计结存681亿元。我们估计两者统计存在重复统计，因此我们根据往年农村养老保险基金的增长率和2010年新型农村社会养老保险基金收支情况，以往年基金的增长率估算得到2010年农村养老保险基金的规模大约为885亿元。

就是说私人退休储蓄计划中养老金的领取额刚好等于存量资产的投资收益额；到2031—2035年期间，由于老龄化高峰和退休金领取高峰的到来，存量资产将每年缩水5%，即养老金的领取额大于存量资产的投资收益额。

6. GDP总量

根据形势分析，我们预测2011年GDP增长率大约为9.2%，2012—2015年平均增长率为大约8.5%。以后，增长率每5年下降一个档次，即2016—2020年期间平均增长率为7%，2021—2025年期间为5.5%，2026—2030年期间为4.5%，2031—2035年期间进一步下降到4%。

（二）模型的预测结果

根据以上假设条件，对我国养老基金发展规模的预测结果如表6－8所示。预测结果表明：

第一，企业年金基金资产在2035年时达到37.7万亿元，在此期间年平均增长速度为21.6%。职业年金基金资产在2035年时达到2.5万亿元，平均增长率为19.5%。私人退休储蓄计划资产在2035年时将达到9万亿元，年均增长率大约为29.4%。城镇基本养老保险基金在2035年时达到27万亿元，平均增长率同样为12.2%。农村养老保险基金在2035年时达到2.7万亿元，平均增长率为14.7%。

第二，到2035年时，第二支柱养老基金的资产总额将达到49万亿元，大大超过基本养老保险基金的资产规模，占养老基金总资产的比重达到62.1%，第一支柱养老基金资产与第二支柱养老基金资产的相对比为1∶1.64。

第三，到2035年时，养老基金总资产达到79万亿元，年均增长率16.1%。养老基金占GDP的比重从2010年的4.8%提高到2030年时的51.2%，随后将逐渐小幅下降，到2035年时养老金总资产占GDP的比重达到47.3%。

这意味着到2035年时，养老基金资产将具备相当的规模，成为推动经济发展的一个重要资金来源，在金融市场中扮演着越来越重要的角色。

表6-8　　2011—2035年我国养老基金规模发展预测　　单位：亿元

年度	城镇基本养老保险基金	农村基本养老保险基金	企业年金资产	职业年金资产	私人退休储蓄计划资产	养老基金总资产	GDP	养老基金资产占GDP比重（%）
2010	15365	885	2809			19059	397983	4.8
2011	20743	1195	3792			25730	434598	5.9
2012	28003	1613	5119			34736	471538	7.4
2013	37804	2178	6911			46893	511619	9.2
2014	51035	2941	9330	600	400	64306	555107	11.6
2015	68897	3970	12596	1260	1120	87843	602291	14.6
2016	82677	4962	16374	1986	2176	108175	644451	16.8
2017	99212	6203	21287	2785	3585	133071	689563	19.3
2018	119054	7753	27673	3663	5364	163507	737832	22.2
2019	142865	9692	35974	4629	7532	200693	789480	25.4
2020	171438	12115	46767	5692	10109	246121	844744	29.1
2021	188582	13629	56120	6808	13739	278879	891205	31.3
2022	207440	15333	67344	7980	17926	316023	940221	33.6
2023	228184	17249	80813	9211	22698	358155	991933	36.1
2024	251003	19405	96976	10503	28082	405969	1046490	38.8
2025	276103	21831	116371	11859	34112	460276	1104047	41.7
2026	289908	24014	133826	13284	39112	500144	1153729	43.4
2027	304404	26415	153900	14779	44487	543985	1205647	45.1
2028	319624	29057	176985	16350	50237	592252	1259901	47.0
2029	335605	31963	203533	17999	56362	645461	1316596	49.0
2030	352385	35159	234063	19730	62862	704199	1375843	51.2
2031	334766	33401	257469	20717	67968	714321	1430877	49.9
2032	318028	31731	283216	21753	73270	727997	1488112	48.9
2033	302126	30144	311538	22840	78757	745405	1547636	48.2
2034	287020	28637	342692	23982	84419	766750	1609542	47.6
2035	272669	27205	376961	25181	90248	792264	1673924	47.3

（三）对模型预测结果的解释

关于本书对我国养老基金总资产规模预测的合理性，我们可以从人口总量及人口结构两个方面来进行基本判断。

据联合国人口数据库[①]的预测，到2035年时，我国人口总数大约为13.8亿人，出生时预期寿命为78岁。24周岁及以下的人数为3.4亿元，25周岁及以上人口数为10.4亿元，其中65岁及以上人口数为2.8亿元。考虑到教育程度的提高和毕业后寻找稳定工作时间增加，我们将居民开始拥有养老金的平均年龄设定为25岁。

假设养老金在积累期是平均积累，在领取期是按照预期寿命平均领取消费，并且国家将实现养老保险的全覆盖。那么到2035年时，拥有养老金的人数大约为10亿人，每人平均拥有的养老金数量为其退休时养老基金账户资产的一半。

假设城镇基本养老保险中单位缴费为工资的20%，纳入统筹账户；个人缴费为工资的8%，纳入个人账户。农村基本养老保险中个人缴费为农民平均纯收入的8%，纳入个人账户；政府补助为农民平均纯收入的20%，纳入统筹账户。个人账户全部做实，而统筹账户的基金积累为统筹账户总额的10%（可满足领取要求3年左右）。那么，到2035年我国居民养老金账户名义资产总额为：企业年金+职业年金+个人退休储蓄计划+（农村养老保险基金+城镇基本养老保险基金）×3.5÷1.25=376961+25181+90248+（272669+27205）×3.5÷1.25≈133万亿元。

它意味着到2035年，每个居民退休时养老基金账户的名义资产平均大约为26.6万元（=133万亿元÷10亿元×2）。居民平均预期寿命为78岁，那么退休后平均生存年数为13年（假设退休年龄到2035年时提高到65岁），那么每年可以领取的养老金金额大约为2.7

① 联合国人口数据库：http：//esa.un.org/unpd/wpp/unpp/panel_ indicators.htm。

万元（假设折现率为5%）。

如果考虑到通货膨胀因素（即使年平均通胀率为潜在通胀率2%，那么25年累计通胀率为64%），那么每年2.7万元的养老金领取额仍然很低。

如果考虑城镇和农村的差异，城镇居民每年可领取的养老金数额将提高，假设到2035年时城镇化率达到65%，那么城镇居民每年可领取的养老金大约为3.9万元，而农村居民每年可领取的养老金仅为4500元。

因此，到2035年我国养老基金总资产将达到79万亿元人民币，它看似是一个比较庞大的数字，但是对于要实现养老保险全覆盖的14亿人口大国而言，它仍然是一个很小的数字。可以说，我们的预测仍然是根据不同养老保险类型的往年增长率，进行的比较保守的线性预测，并没有充分考虑可能出现的制度性突变和发展路径的转变。

三、金融结构变迁趋势：类美英模式

在研究养老基金发展的同时，我们还可以对其他影响金融结构的因素的变化趋势作出一个基本的判断。

第一，养老基金发展实现银行储蓄的分流，导致银行资产规模增速减缓。如第四章所述，养老基金发展对于银行储蓄具有重要的分流作用，在我国养老金制度改革进程中也不例外。随着养老基金的发展，我国居民的养老保障程度将不断提高，必然导致我国居民的养老储蓄意愿逐渐降低，从而实现银行储蓄向养老基金的分流。同时，由于保险公司、基金公司等投资渠道的拓宽等因素的综合作用，将使银行资产规模的增速大大减缓，甚至可能出现负增长。

第二，养老基金发展推动金融机构的迅速发展。一方面，如第四章所述，养老基金的发展将带动投资公司、保险公司等机构投资者的迅速发展；另一方面，随着居民收入水平提高和理财观念的增强，居民对金融产品的需求将大大增加，这将导致保险公司等金融机构规模的迅速扩张。

第三，养老基金发展推动资本市场的迅速发展。从2006年以来我国股票市场的投资热就可以看出，我国居民目前拥有大量的闲余资金，随着理财观念的增强和储蓄收益的相对偏低，进入资本市场进行投资的动力很大。随着资本市场制度的逐渐完善和逐步稳定，大量的居民储蓄将进入资本市场，从而促进资本市场发展的同时，对银行储蓄起到很大的分流作用。

但是，我们注意到的一个基本事实是目前我国银行资产规模巨大，而且是“一家独大”，根据中国银行业监督管理委员会相关统计公告的数据，2010年年末银行业总资产为95.3万亿元，而其他金融机构的总资产仅约11万亿左右①。因此，在可以预见的未来二三十年内，如果没有大的制度性变革，很难有其他金融机构在资产总量上超过银行业。

因此，基于以上简单的分析判断，我们认为，由于养老基金和其他金融机构的迅速发展和银行规模扩张速度的大大减缓，将会改变我国金融市场中银行“一家独大”的现象。虽然银行在金融中介中仍将占据相对优势，但其在金融中介中的绝对主导地位将逐渐丧失。与此同时，银行相对于资本市场的绝对优势也将逐渐丧失，银行间接融资方式的重要性将逐渐降低。

总之，随着我国养老基金的不断发展，一方面将实现银行储蓄的分流，另一方面将推动资本市场的发展，从而推动我国银行占绝对主导地位的金融结构逐渐向银行、养老基金、保险公司以及其他金融机构共同发展的“类美英模式”转变。

---

① 2010年年末，保险业总资产为5万亿元，信托业资产为3万亿元，基金业资产为1.9万亿元，证券业资产为1.2万亿元。

第四节　大力发展养老基金与推动金融结构优化

目前，我国金融结构存在的主要问题是银行间接融资占据主导地位（王军生，2005；岳国强，2010）。虽然我国金融机构迅速扩张，由单一的国有专业银行，发展到由股份制银行和民营银行、金融信托投资公司、证券公司、财务公司、保险公司、城市与农村信用合作社等多种类金融机构组成的金融体系。但是在银行体系中，国有银行占据垄断地位。当然，近十多年来随着股份制商业银行的发展，情况有所改善，但国有商业银行的领先地位没有动摇。同时，非银行金融机构相对于银行机构来说，发展严重滞后。

2000 年美国商业银行、信用社和其他金融机构资产占全部金融机构资产的百分比分别是 24.6%、1.7% 和 73.7%，而我国则分别是 78.2%、13.8% 和 8.0%[①]。这种金融结构的失衡容易导致银行业资产与负债的期限结构不匹配，加剧资本市场与宏观经济波动，不利于我国经济的长期健康发展（王军生，2005）。

因此，借鉴各国养老金制度改革及其具体制度安排的经验，既有利于成功推动我国养老保障体系改革，应对人口老龄化带来的压力，又可以促进养老基金的发展，从而改变银行在金融市场中所占的主导地位，推动金融结构优化。

一、全球养老金制度改革与制度安排的启示

（一）制度选择必须充分考虑我国的基本国情

根据对美国私人退休金制度演进的分析，我们看到，当今美国私

① 数据来源：姜新："中国金融结构研究"，博士学位论文，2005 年。

人养老金比较完善的制度体系并不是一蹴而就的，制度变迁并不是一劳永逸的，而是根据各种制度环境的变化进行制度变迁与制度设计的结果，一定的制度均衡是与一定的政治、经济、社会文化等环境相联系的。美国私人养老金完善的制度体系有它长期演进完善的一面，更有其与各种制度环境完美结合的一面。因此，在我国养老金制度改革进行制度借鉴的过程中，不能不顾我国的基本国情照搬其他国家的制度体系，而是要借鉴其制度设计的基本思路，在充分考虑与我国养老金制度安排相关的各种环境因素的前提下，进行制度选择。具体而言，对于计划模式的选择、计划运作模式的选择都要考虑我国的国情特点，不能只讲制度本身的优劣、只谈制度的国际化趋势，而更要研究各种制度的适应性，根据制度适应的环境，结合我国的环境特点，进行制度选择。

（二）制度安排必须考虑制度的互补性

根据对各国养老金具体制度安排的分析，我们看到养老金制度体系中的任何一项制度安排都不是独立的，而是相互联系、相互配合构成一个完整的制度体系，缺乏其中任何一项制度的配合，都可能导致制度运行的失败或制度效率的低下。因此，在我国养老金制度改革与发展过程中，在进行制度设计的过程中，要充分考虑制度之间的互补性，注意各项制度之间的相互配合，形成完整的养老金制度体系，不能顾此失彼。具体而言，在推动我国企业年金市场发展的过程中，不能只靠政府文件的指导性意见，不能只讲企业年金制度的优越性以及企业年金对于我国社会保障体系的完善、企业员工福利计划体系的构建、金融市场的发展等方面的重要意义，而忽视税收优惠这一基本的推动手段，使企业年金市场的需求潜力不能释放。同时，也不能只追求企业年金市场的规模增长，而忽视计划的公平性要求、法律法规体系与监管体系的完善以及金融机构治理结构的完善，给企业年金市场的发展造成巨大的风险隐患，使受益人的利益得不到保障。这些对于我国企业年金市场的长远发展都是不利的。

（三）国家要在更高层面支持企业年金等合格养老金计划的发展

国家在支持和推动企业年金等合格养老金计划发展决策中，一定要算大账，要看到企业年金政策供给以及税收优惠等政策实行中的成本，更要计算合格养老金计划在促进劳动力市场发展、促进企业福利制度完善、提高企业市场竞争力和经营效率方面的作用，以及养老基金在推动我国金融市场发展、降低由第一支柱承担的财政压力、对抗长寿风险、化解老龄化危机等一系列的收益，从而在更高层面甚至通过立法方式来支持企业年金等合格养老金计划的发展，加大税收优惠力度，尽快出台和完善企业年金的相关政策法规。

二、大力推动我国养老基金发展政策建议

根据上述的三点主要理论启示，结合我国企业年金市场的环境，对我国企业年金市场的发展拟提出以下几方面的政策建议[①]。

（一）建立多元化的“合格养老金计划”体系

从我国企业年金发展情况以及业界、学者对企业年金的理解来看，目前我国通常意义上的企业年金专指企业补充养老计划，而不是我们一直所呼吁发展的三支柱体系中的第二支柱，或者更广泛意义上的私人养老金体系。从美国养老金体系的框架来看，其企业年金既包括私人部门的补充养老，也包括公共部门的补充养老，同时两者又都包括多种形式的合格养老计划，以满足各个部门、各个行业、不同群体的养老保障需求。这对于我国企业年金市场的发展是具有重要的借

① 同前面的说明一致，企业年金是一种笼统的说法，目前我们通常所说的企业年金其实泛指除国家基本养老之外的企业补充养老保险等养老金计划，这里为了与国内通行的说法保持一致以及表述的方便沿用了这一概念，而没有顾及其确切的内涵。

鉴意义的。我国应当结合我国企业年金市场需求的特点，针对不同社会阶层（企业高级管理层、普通雇员等），不同职业（企业职工、公务员、教师、农民等）的不同需求，设计相应的养老金计划种类，建立多元化的“合格养老计划”体系，满足不同的养老保障需求。具体来说，我国养老金计划体系应当包括：个人退休储蓄计划（不与雇佣关系挂钩）、公务员养老金计划、教师、军人、医生等特殊职业的养老金计划、农民工的养老金计划、失地农民的养老金计划、个体工商业主的养老金计划等。

在此基础上，可以借鉴美国的经验，按照保障对象的不同，建立公共部门与私人部门补充养老计划。把非营利机构的工作人员（公务员、教师、医生等）与企业雇员等盈利机构的工作人员都纳入到合格养老金计划中。放宽企业补充养老计划实施主体的资格限制，无论是国企还是私企，无论在城市还是在乡镇，无论规模大小，各类雇主均可以建立补充养老保险计划。针对不同地区、不同行业的不同发展水平和盈利能力，国家有必要采取一定的政策倾斜，尽可能地扩大企业补充养老计划的覆盖范围。对于农民，特别是失地农民，国家应在政策上给予更多的照顾，把他们现有的闲散资金吸引到养老金计划中来，帮助他们理性地调节消费，使老年生活有所保障。

（二）建立明确、统一的税收制度安排

理论与实践都证明，税收优惠是一国企业年金发展的重要推动力。目前，业界和学界都在呼吁制定和实施企业年金税收优惠政策，认为税收优惠的缺失是企业年金发展潜力未能释放的主要原因。然而，问题恰恰不在于我国企业年金税收优惠政策的缺失，而在于企业年金税收政策的不明确、不统一。目前，从我国企业年金税收政策来看，从理论上企业年金是符合企业福利费用的税前列支的范围的，投资收益由于其征缴成本过高，实际上也是免税的，而养老金的领取以及团体年金或红利的领取都是免税的。因此，从理论上来说，我国企

业年金实行的是一种 EEE 的税收政策。同时，许多省市都相继出台了明确的税收优惠政策，税优比例从 4% 到 8.33% 不等。但是，这种税收政策存在两个明显的缺陷：其一，不明确。前面关于 EEE 的税收形式的分析只是一种理论上的，缺乏政府部门统一明确的解释，各企业对此也不清楚。其二，不统一。上述各省市税收优惠比例的巨大差异是不统一的一方面，有税优与无税优的省市并存是一方面，对于契约模式的团体养老金与信托模式的企业年金计划的税收政策不统一是制度的不统一的另一个方面，同时对于例如失地农民的养老、个体户的养老的税收优惠政策缺失也是制度不统一的一个重要方面。

税收政策的不明确与不统一恰恰违反了制度的普适性要求，是造成税收优惠政策效率低下，作用发挥不明显的重要原因。因此，要发挥税收优惠政策对企业年金市场的推动作用，必须建立明确、统一的税收优惠政策。具体而言，一方面，要从税法、会计核算上明确企业和个人对于企业年金缴费税前列支的最高限额与比例的要求。另一方面，要统一对不同地区、不同计划与运作形态的税收优惠政策。这是因为，从目前的税优政策情况来看，越是发达的地区税优政策出台越早、税优比例越高，这样将加剧地区间经济发展的不平衡；对于不同计划与运作形态的税收优惠政策的不同，可能导致同样是“以养老为目的”的养老金计划，仅仅由于其发起主体或计划形态、运作模式的不同而不能享受同等的税收优惠，这样将导致不同层次、不同类型的企业年金计划需求不能得到有效的释放。

（三）贯彻“以养老为目的”之基本原则

为保障企业年金的税收优惠政策的作用落到实处，对于享受企业年金税收优惠的企业年金计划以及资金必须严格贯彻“以养老为目的”的原则，即只有真正用于员工养老的计划以及企业年金基金缴费才能享受延迟纳税的税收优惠政策，而且只要是“以养老为目的”的计划与缴费都必须享受同等的税收优惠政策。

以美国的401（K）计划为例：401（K）计划是一整套非常精细、非常系统的制度组合，它是在美国金融市场非常发达、雇主和雇员非常理性、市场环境非常规范的条件下，通过20年来的不断修正逐步完善起来的。其关于提前取款、允许借款、困难取款、参与年龄限制等严格的细则规定，保证了享受税优的养老资产真正用于养老，众多完备的法律法规保障更使它成为一道牢不可破的铜墙铁壁。

然而，这种养老金"延迟纳税"的税优政策，在我国发展养老金计划的过程中，曾经出现过很大的偏差。从企业方面来看，养老金资产在很短的时间里被直接分配给职工，养老金计划实际上成了"延期工资支付"手段，甚至还出现过利用养老金账户进行洗钱的现象。作为企业养老金计划的外部管理金融机构，实际上扮演的角色就成为企业的"账外存款管理机构"。很显然，这种偏差直接导致了国有资产的流失和国家工资政策的失效。

因此，借鉴美国401（K）计划"铜墙铁壁"式的管理制度，从计划建立、员工参与、企业和员工缴费、投资运用、领取等各个环节进行制度保障，严格实行以"养老保障为目的"，对于我国企业年金市场的健康发展具有重要的意义。

（四）积极探索DB计划、契约模式的发展

从目前国际趋势以及美国企业年金发展情况来看，DC计划与信托运作模式已经成为国际企业年金发展的趋势。但是，如前所述，我国企业年金制度的选择应当考虑我国的国情特点，考虑制度本身的适应性。从目前我国企业年金发展环境以及DC计划的特点来看，单一的DC计划模式不能适应我国企业年金发展的需要。其主要原因有：第一，DC模式下，雇员退休时养老金的多少，取决于其个人账户中积累的数额，参加养老金计划的年龄不同，退休后得到的养老金也就不一样，因而养老金水平相差较大。第二，由于个人账户资金不与物价指数和工资指数挂钩，养老金运营受投资环境和通货膨胀的影响较

大。特别是在我国资本市场尚不完善、居民投资意识又很缺乏的现实情况下，养老金难以实现保值增值。第三，缴费确定型计划下，雇员是投资风险的承担方，其个人养老金资产面临的风险无限大，不符合我国居民的风险偏好。第四，我国企业制度的多样化、经济成分的多样化要求 DB 与 DC 并存。对于大型的国有企业而言，财务能力较强，市场竞争压力较小，员工年龄结构老化现象严重，人口流动率较低，可以要求也有能力提供 DB 计划。而对于民营企业而言，要减轻其负担，提高市场竞争力，DC 计划就应该成为其首选。第五，大量老龄员工的存在要求 DB 与 DC 并存。由于我国在过去社会保障体制下，不存在企业年金制度，许多老龄员工不存在养老金账户的个人积累，继续发展 DB 模式有利于在转型期实现对年龄大、工龄长的职工的公平待遇。

因此，很难讲信托模式就是我国企业年金制度唯一适合的运作模式，这是因为：第一，契约模式更适合 DB 计划发展的要求；第二，对于中小企业的年金计划而言，信托模式的运作成本太高；第三，目前企业年金的信托模式过于复杂，交易成本过高。

因此，从我国国情来看，在目前甚至将来很长一段时间内，DB 计划都不会被 DC 计划完全取代，DB + DC 的混合模式在未来的养老金制度中将成为我国企业年金计划发展的主流；同时契约型运作模式在我国企业年金市场发展过程中具有巨大发展空间。我国企业年金计划应该鼓励发展 DC 计划、鼓励信托型运作模式，同时要加强对 DB 计划以及契约模式的具体运作模式的研究，以适应我国企业年金市场发展要求。

（五）加快配套制度的完善

制度的关联性表明，只有各项制度的相互配套，一项整体性制度安排才能具有效率，企业年金的健康发展同样离不开相关配套制度的完善。就我国现实情况来看，应着重从以下两方面入手：

1. 完善企业年金的立法

建立健全法律法规体系是加快建立和发展企业年金的制度保障。实行企业年金制度较早的国家，如美国、英国和德国均制定了比较健全的企业年金方面的法律法规，在规范企业年金制度运行、确保其健康发展方面发挥了重要作用。尽管目前我国出台了《企业年金试行办法》、《企业年金基金管理试行办法》，但这些试行办法只是对我国企业年金制度发展的实践与摸索。我国政府也应当尽快颁布相关的法律、法规，对企业年金的性质、实施主体、筹资模式、资金来源、管理投资主体、运营方式、发放方式等问题做出明确规定，使制度有法可依，为规范企业年金发展提供良好的法律环境。

2. 建立严格的监管体制

从很大程度上讲，严格的监管体制是企业年金制度能够成功运行的关键。在这一点上，我国可效法智利设立专门的养老基金监管局。该机构专项负责制定有关法律法规和实施细则、批准管理公司的建立和注册、对基金管理公司的日常活动进行监督、对违规行为进行处罚等等。同时要求有关部门必须严格执法，对挤占、挪用企业年金基金的现象予以严惩。

（六）强化对养老金资产管理机构的公司治理要求

养老金资产管理的国际经验表明，公司治理是确保养老金资产管理长治久安的核心要求。提供养老金资产管理服务的金融机构，不管是养老保险公司，还是基金公司、证券公司、信托公司，对其注册资本金的要求往往很低，但是其管理的养老金资产往往十分庞大，用自己很少的钱来管理别人委托的很大的资产。这就必须要求法人受托机构具有完善的法人治理结构，具有完善的内部稽核监控制度以及风险控制制度，以保证资金运营的安全与效率。

企业年金计划的法人受托机构、账户管理人、基金托管人和投资管理人必须建立相互制衡的、完善的内控机制，健全的信息披露和报告制度，这是有效管理和控制养老基金投资风险，防范关联交易和内部人控制的重要环节。养老金计划的法人受托机构、账户管理人、基金托管人和投资管理人必须是按产权明晰、权责分明、政企分开、管理科学等现代企业制度要求建立起来的规范化的股份制公司；必须是真正意义上的自主经营、自担风险、自负盈亏、自我约束的法人实体；必须真正建立起股东会、监事会、董事会、经营者和职工之间关系的制衡和约束机制；必须将自有资产与企业年金基金资产分账管理，自有资产的使用不得与养老金基金利益发生冲突，不得用于抵押、担保。

（七）坚持年金化领取方式

企业年金的年金化领取是指将个人在企业年金计划中获得的养老金，定期支付一定金额给年金受益人的一种养老金领取方式。年金计划的年金化领取对于企业年金计划的成功运作起着十分重要的作用。

由于存在进行高风险投资或不合理地安排消费支出等多种可能，退休者在退休时一次性领取的养老金往往难以充分起到养老保障的作用，他们很有可能落入贫困的境地，最后不得不由政府出面对这些陷入贫困的退休者提供困难救助。在这种情况下，虽然从制度上安排了丰裕的退休金，但是退休金没有充分起到养老保障的功能，政府不得不承担额外的公共开支。另外，由于个人账户的供款率是按照社会平均预期寿命厘定，当以个人账户养老基金积累支付退休金时，有些个人可能面临因其实际寿命超过社会平均预期寿命而导致的个人账户基金积累不足的风险，即长寿风险，而另外一些人则出现个人账户积累过剩。以年金方式发放个人账户养老金有助于消除个人长寿风险。

近年来，不少国家纷纷通过立法来强制实施养老金领取的年金化发放。他们认为，年金化领取方式能够有效规避退休者一次性领取养老金带来的各种弊端和社会问题，能够为退休者提供有效的养老保障，并且能够减轻政府在养老事务上的压力，提高养老保险体系的效率。

同时，实现企业年金的年金化领取必须依托于保险公司的精算技术和养老保险产品的开发。企业年金的年金化领取管理服务是一项专业技术要求很高的工作，最重要的是要处理养老金领取者的长寿风险和平均寿命问题。其最核心的内容是要利用人口统计知识，综合考虑利率、通货膨胀等因素，运用精算技术，对养老金资产实行年金化领取进行合理定价。在这个过程中，精算技术是最重要、最关键的一环。养老保险产品是企业年金实现年金化领取的一种重要方式。通过购买保险公司的企业年金产品，将企业年金账户的收益转化为一份养老保险产品，定期得到保险金收益，同时享受保险公司资金运用的收益，避免通货膨胀风险，能够提高企业年金计划收益的资金利用效率，保障计划收益安全，同时合理安排消费支出，确保老年时期获得稳定的收入来源。

（八）大力开展针对员工和老百姓的金融教育

目前，世界各国政府和社会组织都十分重视发展面向雇员和普通老百姓理财的金融教育，这种金融教育不但包括长寿风险和《生命表》信息的教育，鼓励人们为自己的退休生活积累足够的金融资产，也包括基于生命周期的资产组合教育，说服老年人持有年金保险、风险程度较低的资产组合，还包括对当前和未来的金融市场发展的分析，以方便老年人在究竟是推迟退休、寻找工作机会、调整投资计划、削减旅游和休闲项目，还是应该适当增加消费、扩大开支等之间做出选择。

我国国民有着东亚民族的共同特征，在传统文化中有未雨绸缪的思想，这种思想反映在经济行为中表现为储蓄率比较高，经济生活中的互助性比较强。但是先进的投资理财观念并不普及，尤其是已进入老龄阶段的人群，他们的养老保障的方法还非常传统。因此，在培育我国企业年金市场时，应该大力开展养老保障、投资方面的教育，针对普通老百姓进行理财、合理安排退休资产和消费的教育，使我国国民增强对长寿风险以及合理安排个人账户投资重要性的认识。

由于对于整个国民具有普遍意义的养老保障、投资教育具有典型的效益外溢性，从经济学的角度来看属于一种准公共产品，所以由公共部门提供或者推动是一个比较可行的思路。国家或各金融业监管部门、各金融业行业协会要充分利用各种媒体，选择合适的宣传内容，采取合适的宣传方式与手段，加大知识宣传的广度与深度，重在理念的培养，提高人们的养老风险保障与投资管理意识。

附录一 英、美、日、德四国养老金制度变迁

20世纪的100年，是现代化与老龄化对决的百年，也是世界主要工业化国家应对人口结构变迁而进行养老金制度变迁的百年。美、英、日、德四国在这100年间先后采取了一系列发展和改革养老金制度的重大举措。

笔者在这里主要展示美、英、日、德养老金制度变迁的百年历史，重点描述养老金制度发展和改革的重要历史时刻和历史事件，从历史发展和制度变迁的角度来揭示四个国家养老金制度变迁方面的巨大差异。

比较这四个国家养老金制度的百年变迁，可以看出：第一，19世纪末20世纪初，英国、德国、日本三国建立了大同小异的公共养老金制度，只有美国建立公共养老金制度的时间较晚，也就是到了1935年罗斯福新政时才正式拉开序幕，而且覆盖面较窄。

第二，从第二次世界大战后到20世纪60年代末，英国、德国、日本实施“福利国家模式”，美国实施国家干预主义经济政策，为现收现付制公共养老金制度发展注入了巨大的动力，收益确定型（DB）计划获得了高速发展的“黄金十年”。美国原来灵巧的、细小的社保基金在此期间也得到大幅度发展。

第三，20世纪70年代开始，由于人口结构转变、两次石油危机冲击、国际分工体系调整，英国率先启动“养老金私有化改革”，从而拉开了全球养老金制度改革的序幕。美国私人退休金制度问世，个人退休金账户（IRAs）和401（K）计划也陆续出台。但是德国和日本则对此反应迟钝，行动迟缓。

第四，20世纪80年代开始，美、英两国在发展私人养老金制度方面呈现出许多共同特点，日、德两国在改革公共养老金制度方面呈现许多共同特点。英国的养老金制度体系与德、日两国相比则相去甚远，与美国相比则日趋接近。

第五，20世纪80年代开始，美、英、德、日四国的金融结构出现明显差异，于是就有了“美英模式”与“日德模式”的比较和称呼。

很显然，通过英、美、日、德四国养老金制度变迁历史的简单回顾，我们可以直观地感觉到：养老金制度变迁引发了美、英、德、日四国金融结构的变迁。

第一节 英国养老保障体系的制度变迁

与德国和日本一样，英国拥有100多年的公共养老金发展历史。与德国一样，英国在第二次世界大战后同样朝着建设“福利国家”的方向发展。但是与德国和日本不一样的地方在于：英国率先启动了对公共养老金制度大刀阔斧、刮骨疗毒式的改革，并且在发展私人养老金制度上取得了与美国并驾齐驱的丰功伟绩，推动了“金融英国”发展战略的实现。

一、第一支柱发展的50年（1908—1958年）

关于英国养老金制度的最早起源[①]，学者们的看法不尽相同。有学者认为是始于1908年自由党政府养老金法案的颁布。也有学者认为，正式的养老保障制度应起源于1601年伊丽莎白女王颁布的济贫法（Poor Law）及友谊社（Friendly Societies）。英国资深养老金问题专家克里斯·莱文（Chris Lewin）认为，英国退休雇员的养老金给付有更悠久的历史，早在1269年国王亨利三世因仆人威廉年老体弱，便授予他每天4便士的养老金。还有学者认为[②]，大致在17世纪60年代（1660年前后），英国政府为皇家海军军官们建立了第一个正式的养老金计划[③]。

在这里，笔者选择从1908年《老年人养老金法案》开始讨论。

1908年《老年人养老金法案》。受自由市场思想的影响，自由党

① 陈星：“英国养老金制度发展演变及其启示”，《中国地质大学学报》（社会科学版），2007年第4期。

② A brief guide to the history of pensions in the United Kingdom.

③ 建立海上霸权是英国自英法百年战争（1337—1543年）结束后就确立的国家发展战略，建立强大的海军自然是该战略的基础，于是从那时起的很长一段时间里，海军军官就成为英国的“宝贝一族”，通过正式的养老金制度让他们退休无忧，既是特权，也是福利。

劳埃德·乔治政府正式推出“非缴费型”养老金计划，为70岁以上老年公民提供一定的养老保障。该法案从1909年1月1日起开始实施，因此1909年1月1日被称之为“养老金日”。2009年1月1日，英国人迎来了“养老金日”的百年诞辰。值得指出的是，该法案倡议者和推动者就是有“福利国家之父”美誉的贝弗里奇。

1921年《金融法案》，对满足一定条件的养老金计划给予税收优惠。

1925年《缴费型养老金制度》。它是由张伯伦内阁颁布，结束了非缴费的做法，首次确立了缴费型养老金制度。

1942年，贝弗里奇发表了《社会保险和同类服务》的报告，建议实施福利国家。1944年9月，英国政府颁布“贝弗里奇计划”，全体英国公民在养老保险等各方面，无论贫富，均享有“从摇篮到坟墓”式的全面保障。

1946年《国民保险法案》。1946年英国政府筹建社会保险部，并且根据“贝弗里奇报告”颁布《国民保险法》，将国家养老金制度纳入整个国民保险制度，它是英国养老金制度管理体制的一次重要变革。

1947年《金融法案》。对养老金所享受的税收优惠设立上限，并且限制一次性领取养老金的比例。

可以说，这50年是做大做强第一支柱的50年，是属于英国“福利国家”之父贝弗里奇的50年，是一个伟大的福利国家由梦想变成现实的50年。

二、第二支柱发展的50年（1959—2010年）

英国养老金改革的基本脉络是公共养老基金的收缩与私人养老基金的引入和扩张[①]。实际上，私人养老基金的引入和扩张就是养老金

① 陈星：“英国养老金制度发展演变及其启示”，《中国地质大学学报》（社会科学版），2007年第4期。

第二支柱的发展，其最大的特点在于英国政府选择了“协议退出”机制，即鼓励职工从公共养老金中“协议退出”，然后加入到私人养老金计划中去。

1959 年《国民保险法案》。引入国家分级养老金计划，目的是在定额养老金之外，提供额外的收入关联养老金，引导原先的缴费者选择“协议退出”（contract out）的做法。它标志着英国定额养老金制度、收入关联分级养老金制度、职业养老金制度开始同时并行。

1975 年《社会保障养老金法案》。推出了国家收入关联养老金计划（简称 SERPS），要求全部工薪雇员参加强制性的 SERPS，但是允许已经是职业养老金计划的成员继续留在原计划之内。后来该法案得到修正：如果雇主提供了职业养老金计划，而且能够满足一定的条件，那么雇员就可以“协议退出”国家的 SERPS 计划。看得出来，此时的职业养老金计划已经很重要了。果然，推出 SERPS 计划以后，英国政府开始建立和完善对职业养老金计划的监管。通过该法案，英国组建了养老金制度的第二支柱。

1980 年《社会保障法案》。撒切尔夫人打响对社会保障制度改革的第一枪。

1986 年《金融服务法案》。它开启了第一次金融“大爆炸”。

1986 年《社会保障法案》。该法案吹响了撒切尔政府力图降低公共养老支出、向私人部门转移养老责任的号角。它体现在两个方向上：一是降低国家公共养老金待遇；二是发展私人部门养老金计划。该法案的主要创新举措包括：第一，推出了一个全新的个人养老金计划[①]。该计划一出，工薪雇员不但可以“协议退出”SERPS，而且可以不参加雇主提供的职业养老金计划而选择建立一个完全属于自己的个人养老金账户，为此政府还设立专门的奖励机制（5.8% 的国民保

① 至此，英国政府为雇员提供了可供选择的三种“收入相关联”的养老金计划：SERPS、职业养老金计划、个人养老金计划。

险缴费返还以及2%的特别奖励金[1])。第二，允许缴费确定型（DC型）的职业养老金计划“协议退出”SERPS。此前的英国职业养老金计划大多比照SERPS设立，大多采用待遇确定型（DB型）计划。1986年《社会保障法案》开始允许DC型计划退出SERPS，但要求雇主保证最低缴费水平。1986年《社会保障法案》推出的个人养老金计划，让更多的职业养老金计划“协议退出”SERPS，标志着英国把为老年人提供养老保障的主要责任从社会的公共部门转移给了私人部门。这项改革减轻了政府未来的财政负担，改善了政府的财政状况。因此，相比较而言，1986年《社会保障法案》具有转折性意义[2]。

1991—1992年“麦克斯韦尔丑闻”。麦克斯韦尔是英国著名的镜报集团（MIRROR GROUP）的董事长，为了解决公司运营资金不足的问题，他从自己经营的上市公司设立的职业养老金计划的养老基金中，先后抽取了10亿英镑现金，结果这笔挪用资金打了水漂，其中4.6亿英镑付之东流。这一事件严重损害了职业养老金计划成员的福利。

1993年《古德报告》。“麦克斯韦尔丑闻”发生后，英国政府立即组织以古德教授为首的养老金法律审查委员会进行调查，委员会于1993年9月发表了著名的《古德报告》。

1995年《养老金法案》。在信托法的基础上限制和规范雇主、受托人的权力，并建立了全面监管养老金计划的机构。

1996年职业养老金监管局（Opra）成立。它取代此前已经存在的职业养老金管理委员会（OPB），专门负责职业养老金计划的监管工作。

1998年绿皮书《新福利的契约：养老金中的合作》。英国就业和

---

① 2%的特别奖励金，只提供给原属于SERPS计划、现选择加入到个人养老金计划从而退出SERPS的成员，退出职业养老金计划加入个人养老金计划的雇员不能享受。

② 郑秉文、胡云超：“英国养老制度改革‘市场化’取向的经验与教训”，《辽宁大学学报》，2003年第4期。

养老金事务部推出该绿皮书，旨在继续原撒切尔政府力图减少国家公共养老金给付成本的改革思路，并通过存托养老金计划的引入向私营部门转移给付负担。

1999 年“最低收入保证”制度。主要针对老人、妇女和儿童等弱势群体，实行“收入支持”政策。

2001 年“存托养老金计划”。它是低管理成本的个人养老金计划，被认为是其他各种个人养老金计划的范本。

2002 年将 Serps 转换到 S2p。把国家收益关联计划（Serps）转换成国家第二养老金计划（S2p）。这是英国养老金制度改革过程中出现的第四次“协议退出”机制设计。

2002 年的三大报告。2002 年 7 月，独立评估人士皮克林（Alan Pickering）公布了他的独立报告《更简洁的方式，更好的养老金》。2002 年 11 月，国家审计署发布了对职业养老金监管局的评估报告《Opra：应对养老金计划成员面临的风险》。2002 年 12 月，职业养老金监管局也发表了独立专业人士撰写的《Opra 五年评估报告》。2002 年 12 月，英国就业和养老金事务部发布了绿皮书《简化、安全和选择：工作和养老储蓄》，该书认为职业养老金监管局没有发挥应有的监管职能，同时绿皮书建议英国成立一个新的监管机构。这些不同的报告得出了和绿皮书大致相同的结论。在这种的背景下，英国出台了 2004 年《养老金法案》。

2003 年“救生船”基金建立。此前数年英国养老金投资收益大幅度降低，导致不少养老金计划破产，于是英国政府向所有实行“最终薪金计划”的公司强制征收特种税，建立一笔“救生船”基金，又称为养老金保护基金（PPF），用于补偿公司破产后养老金落空的雇员。

2003 年推迟退休时间的运动。2003 年 10 月，英国政府宣布，凡愿意工作到 70 岁再退休的人，可获得数额最高达 3 万英镑的奖金，启动了延缓退休时间的运动。

2004 年《养老金法案》。组建了新的养老金监管机构养老金监管局（TPR），并允许养老金监管局采取积极主动的监管方式[①]。

2005 年《特纳报告》。2005 年 11 月 30 日，养老金委员会发布了一份关于改革养老金制度的报告。养老金委员会主席特纳（Adair Turner）在这份报告中提出了一系列改革现行养老金制度的建议。《特纳报告》一石激起千层浪，引发了全社会的大讨论。

2006 年白皮书《退休保障：朝向一个新的养老金制度》。白皮书提出了一些建议，并直接推动了 2007 年《养老金法案》的出炉[②]。

2007 年《养老金法案》。对延迟退休年龄进行了再次调整，进一步明确高老龄化退休的政策。

在经历了 20 世纪 80—90 年代 20 余年的"养老金私有化"改革之后，英国的三支柱养老保险制度终于完美收官（图附录 1－1）。

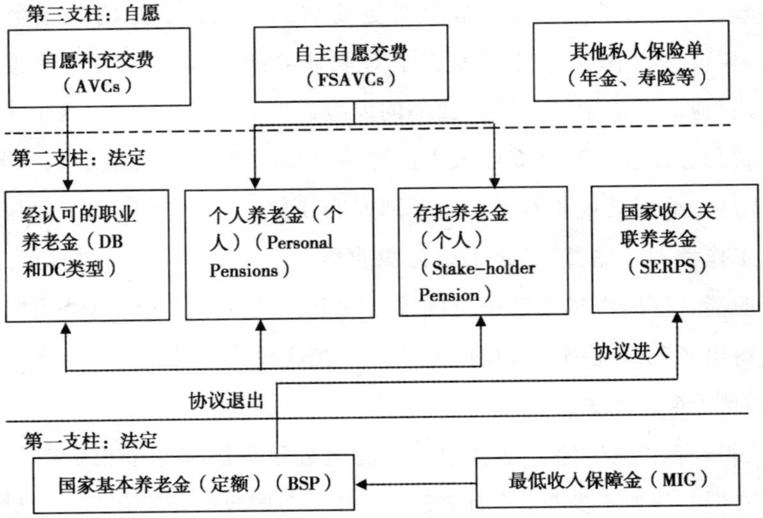

图附录 1－1　英国养老金体系图[③]

① 郑秉文、孙守纪："英国职业养老金监管体制的发展历程"，《欧洲研究》，2008 年第 2 期（双月刊，总第 150 期，4 月 5 日出版），第 121—135 页。

② 吴慧琼："最新英国养老保险制度改革简述"，《时代经济论坛》，2007 年第 10 期。

③ 资料来源：郑秉文、胡云超："英国养老制度改革'市场化'取向的经验与教训"，《辽宁大学学报》，2003 年第 4 期。

三、英国养老金资产管理

相对于职业养老金（即第二、第三支柱）而言，英国的公共养老金（即第一支柱）资产规模相对较小。这是英国政府持续不断地为第一支柱“甩包袱”的结果，使得第一支柱在三支柱养老金体系中的相对地位降低。

英国的职业养老金发展取得了长足的进步，职业养老金资产占全球养老金总资产的比重目前基本保持在10%左右。可以说，英国依靠第二支柱养老金资产的增长，已经成为长期资本实力雄厚的“养老金帝国”。

英国由于持续的养老金改革，作为第一支柱的社保基金资产规模相对较小，在全球公共养老金的排名上反而“名落孙山”。但是英国职业养老金规模却异军突起、如日中天，牢牢占据世界第二的位次。

1980年以来，英国养老金在GDP中的比重一直稳步上升，1999年英国养老金占GDP的比重达到历史性高点87%，2001—2008年养老金占GDP的比重也一直保持在60%—80%之间。从英、美、德、日四国养老基金占GDP的比重来看，美国和英国远远高于德、日两国，这应当归功于英、美两国第二、第三支柱养老金的发展（图附录1-2、图附录1-3）。

英国的公共养老金即社保基金的投资，与美国、西班牙等国一样，全部投资于政府债券市场。可以说，英国公共养老金为英国政府的债券市场“打了底”!

世界各国社保基金投资方向的差别很大，可以说出现了两个极端的现象。处在第一个极端的国家，投资于股票市场的比例较高，从股票或债券两项投资占全部社保基金资产的比重来看，法国为64.5%/33.5%，爱尔兰为72.1%/16.9%，瑞典为57.1%/38.5%，新西兰为59.9%/17.3%。与2001年相比，有些国家社保基金持有股票的

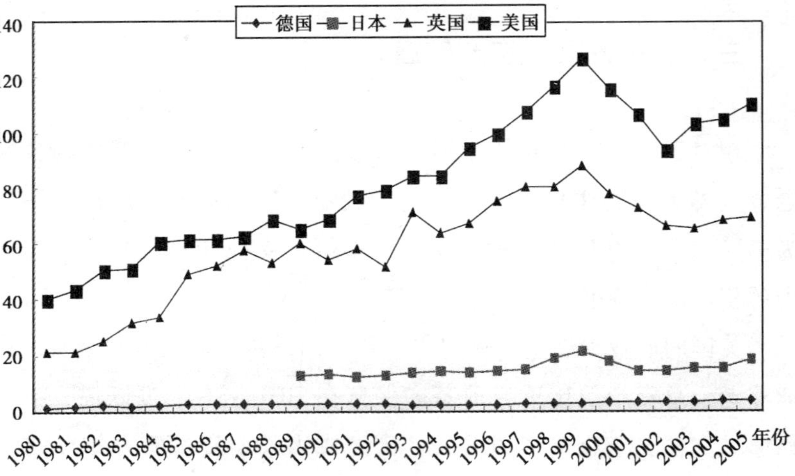

图附录1－2　英、美、德、日四国养老基金占GDP比重（%）

资料来源：笔者根据OECD数据库指标计算获得。

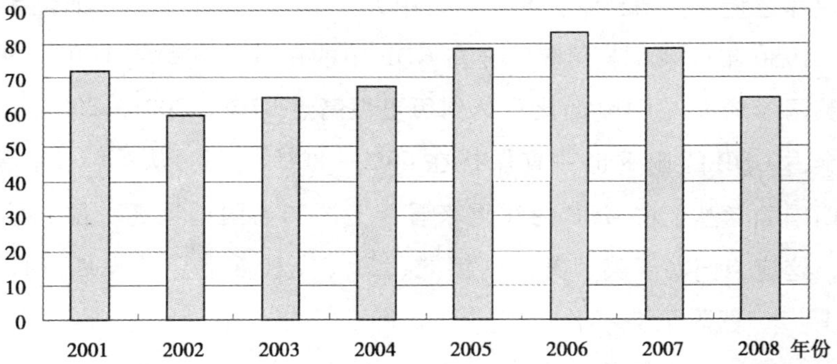

图附录1－3　英国养老基金资产占GDP的比重（%）

资料来源：笔者根据OECD数据库计算获得。

比重大幅提高，例如加拿大从2001年的15.6%提高到2007年的57.9%，挪威从14.7%提高到59.6%。但是在另一个极端，美国、英国和西班牙等国家，则始终以立法的形式规定其社保基金只能持有政府债券，对股票市场绝不能“越雷池半步”。在绝大多数中低收入国家，对社保基金投资于股票市场的比重限制得非常严格，对投资上限卡得非常紧，例如巴基斯坦2007年规定投资股票的比例不得超过17.7%①。

非常有意思的是，美国和英国一样，在社保基金和企业养老金的投资管理和投资理念上，可以说有着“天壤之别”的差异。在社保基金投资上，他们如履薄冰、如临深渊，慎之又慎，至今坚持100%投资于国债，从不“越雷池半步”。但是，在企业养老金投资上，他们却放开手脚、大展拳脚，保持70%—80%的权益类投资比例（包括股票和基金投资）。

以股票、金融衍生品为代表的权益类资产是英国职业养老金投资最重要的金融资产，在1986年金融“大爆炸”之后，随着英国股票指数的一路上扬，权益类投资比例水涨船高，到1993年股票资产占比曾经达到历史的高点的81%（图附录1－4）。

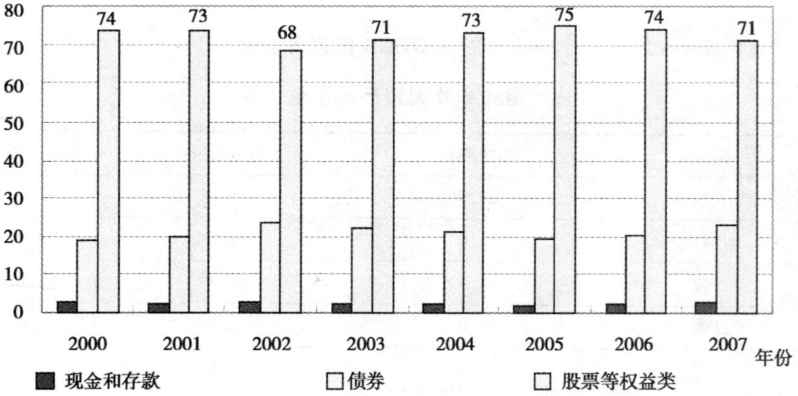

图附录1－4 英国养老基金投资结构表（%）

资料来源：笔者根据OECD数据库计算获得。

英国职业养老金资产投资以“高权益类投资、高海外投资、高衍生品投资”闻名于世。其中，英国养老金海外资产配置比例在全

① 郑秉文：“金融危机对世界养老金影响有多大?”，《中国证券报》，2009年5月14日。

球所有的国家中是最高的，该比例从1980年的7.9%上升为2006年的35%，而同期美国从0.7%上升到17%（表附录1－1、表附录1－2）。

表附录1－1　1980—2006年部分OECD国家养老金资产组合中外国资产的比重（%）

年份	澳大利亚	加拿大	日本	英国	美国
1980	—	4.6	0.5	7.9	0.7
1990	10.3	6.4	7.2	17.8	4.2
1995	14.1	14.2	9.6	19.8	11.0
2000	20.9	25.0	16.7	22.0	11.0
2006	31.0	33.0	30.0	35.0	17.0

资料来源：IMF 2003、2004；IFSL 2008。

表附录1－2　2006年部分OECD国家养老金资产组合中外国资产的比重（%）

国家	外国股票	外国债券	外国总资产
澳大利亚	26.0	5.0	31.0
加拿大	32.0	1.0	33.0
丹麦	13.4	50.4	63.8
日本	18.0	12.0	30.0
芬兰	43.0	34.0	77.0
瑞士	25.0	10.0	35.0
瑞典	15.0	11.0	26.0
英国	32.0	3.0	35.0
美国	16.0	1.0	17.0

资料来源：IFSL 2008。

英国养老金投资的高度国际化，享受了新兴国家的发展红利、人口大国的人口红利，资源大国的资源红利，巧妙地治疗了“英国病”，获得了高额的投资收益，并且在全球范围内分散英国人口老龄化风险。

第二节 美国养老保障体系的制度变迁

自1933年罗斯福开始担任美国总统至今，美国13位总统作为养老金改革和发展的总设计师，为完善养老金体系这个复杂建筑不断地擘划筹谋、殚精竭虑，最终形成了由公共养老金、私人退休金和商业养老保险三个支柱共同构成的养老保障体系。

公共养老金，又称之为社保基金，是美国老年人的“饭碗”，越是收入低的老人越依赖政府的社保基金，美国人最重要的身份证证明就是“社会保障号码”，可见养老金体系的第一支柱对于美国人是多么重要。作为第一支柱的社保基金是由美国政府强制征收工薪税所形成的“联邦老年、遗属和伤残人保险信托基金”（简称OASDI，又称为“联邦社保基金”，它由联邦政府即美国中央政府来管理），工薪税率为雇主和雇员各负担工薪所得的6.2%，自雇人员为12.4%，是典型的现收现付制养老金运营模式，全国统一标准，雇员只问耕耘，不问收获，在退休后由联邦政府政府按照退休当时的情况统一给予退休金。

到2008年年底，OASDI的覆盖面已经达到1.57亿人，几乎包括了所有成年公民。有5090万人领取OASDI基金，全年支出金额为6153亿美元①。这些资产至今100%投资美国国债，但是不允许投资股票。截至2010年8月，该计划持有的美国国债达到2.5万亿美元，当年联邦社保基金的收入为7990亿美元。小布什总统前些年提出的

① 数据来源于：维基百科，http://en.wikipedia.org/wiki/Social_ Security_ (United_ States)。

养老保障私有化改革方案，就是希望允许将这部分社保基金资产部分地投向私人企业。

作为第二支柱的私人退休金主要是私人退休账户和雇主资助的养老金计划，如个人退休账户计划（简称 IRAs）、401（k）计划、403（b）计划、457 计划等，主要特征是雇主资助、个人自愿、政府给予税收优惠。

第三支柱是指以个人年金保险、团体年金保险为主体的商业养老保险，美国商业养老保险市场同样非常发达，成为美国商业人寿保险市场的主体，并且使得美国成为全球最大的人寿保险市场之一，人寿保险的覆盖率很高（图附录 1－5）。

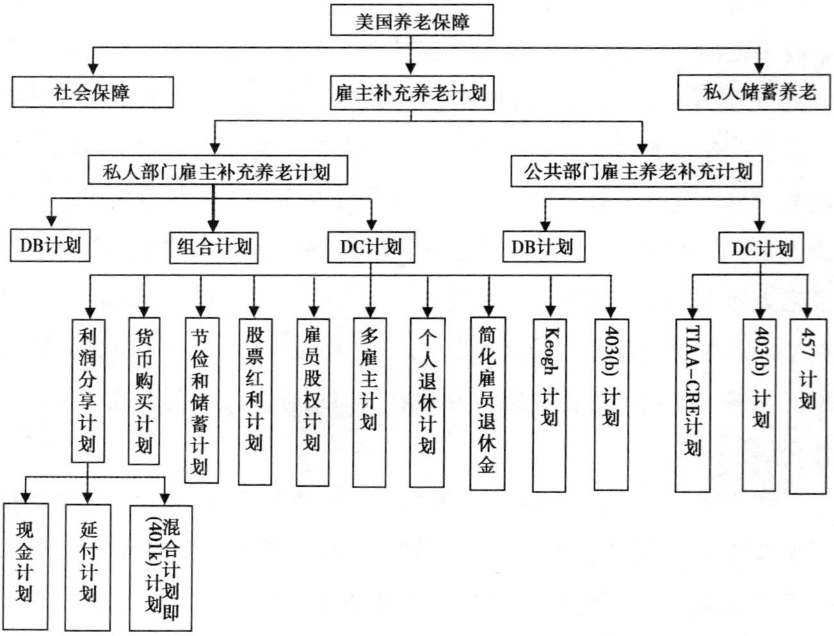

图附录 1－5　美国养老金体系

资料来源：中国保监会编著：《养老保险国别研究及对中国的启示》，中国财政经济出版社 2007 年版。

一、美国养老保障体系的第一支柱

总体来看，在美国养老金制度第一支柱的发展过程中，既有罗斯福（1933—1945 年）、杜鲁门（1945—1953 年）、肯尼迪（1961—1963 年）、约翰逊（1963—1969 年）、卡特（1977—1981 年）、克林顿（1993—2001 年）、奥巴马（2008 年起）等民主党政府不断扩大社会保障的贡献，又有艾森豪威尔（1953—1961 年）、尼克松（1969—1974 年）、福特（1974—1977 年）、里根（1981—1989 年）、老布什（1989—1993 年）、小布什（2001—2008 年）等共和党政府收缩社会保障的贡献。具体而言，也不尽然，民主党政府与共和党政府在社会保障发展上并不是如此泾渭分明、针锋相对。

1935 年《社会保障法案》。标志着美国社会保障制度的正式诞生，标志着关注贫困者的责任由非正式的民间组织转向了正式的国家制度，标志着政府必须站出来，通过发挥政府职能来有效地克服“市场失灵”。1935 年《社会保障法案》是罗斯福新政的重要组成部分。

1946 年《就业法案》。杜鲁门政府为就业保障提供了立法依据。

1956 年《社会保障修正法案》。艾森豪威尔政府扩大了福利保障的范围，将老年遗属保险制度扩大为老年遗属残疾保险制度。

1962 年《社会保障之公共福利修正案》。肯尼迪政府提高联邦制政府对地方政府社会福利开支的财政支持力度和范围。

1972 年《州和地方财政援助法》。尼克松政府赋予地方政府在提供社会福利方面的责任，压缩联邦政府的责任。

1974 年《雇员退休收入保障法案》。该法案又称之为《ERISA 法案》，诞生了个人退休金账户（即 IRAs），由福特政府拉开了美国养老金制度第二支柱大发展的序幕。

1978 年《国内税收法案》。根据《国内税收法案》的第 401 条 k

款的规定，美国著名的401（k）计划诞生了，这项规定在1979年得到法律认可，1981年又追加了实施规则，这是卡特政府的贡献。

1981年开始的里根政府，认为解决社会保障问题的关键不仅是削减援助，更重要的是将救济责任移向州和地方政府。

1988年开始的老布什政府，强调了教育的重要性。

1992年开始的克林顿政府，提出了社会保障改革的方案和目标。

2006年《美国退休金改革法案》。小布什政府称此法案是“美国30多年来对退休金法律体系最为广泛的一次改革”。

2008年奥巴马“新政”。“新政”鼓励民众攒钱养老。

值得指出的是①，在1935年实施社会保障法时，美国养老金制度实行的是基金积累制，当时的工薪税为1%。1939年，政策的制定者开始转向现收现付制。这一转制过程很容易完成了，因为它使退休者尽快得到了利益，使未来的退休者有较好的预期。

考察美国社会保障的发展历史就会发现，政策制定者对成本的增加十分敏感。从1935年到1983年的50年间，工薪税改革一直采取渐进主义策略。在最初的社会保障法案中，1937年只是征收了1%的工薪税，到1949年才增加到3%，但是即使如此，对于政治家来说也增长太快了。因此，国会要求1960年以前保持3%的封顶线。尽管后来国会将工薪税提高到了6.2%，但是这一工作共花费了20年时间才完成，50多年来增加工薪税的平均水平为每年0.1%。

二、美国养老保障体系的第二支柱

如果说1935年是美国公共养老金制度即第一支柱建设的起始之

① 杨立雄：“利益、博弈与养老金改革：对养老金制度的政治社会学分析”，《社会》，2008年第4期。

年，那么美国第二支柱的萌芽则要早得多，要早出整整 60 年[1]。

1875 年，美国运通公司（The American Express Company）在美国建立了第一个私人养老金计划。

在 19 世纪 70 年代以前，私人部门的养老金计划没有出现，主要是因为此前的绝大多数企业都是小型的家族企业。

1921 年《税收收入法案》。对股票分红或者利润分享计划（profit－sharing plans）等信托收入免除利息收入税。此前对信托收入征税，是因为当它超过雇员缴费时会分配给雇员。该法案没有批准对此前缴费超出额的税收减免。

1926 年《税收收入法案》。对养老金信托收入免税。

1928 年《税收收入法案》。允许对雇主向合格的养老金信托超出当前养老金债务水平的合理缴费进行税收减免。

1875—1929 年，美国和加拿大有 421 个私人部门养老金计划得以建立，其中 28 个在此期间没有持续。到 1929 年，397 个私人部门的养老金计划在美国和加拿大运作。

在 1930 年之前，一些主要的美国企业建立了养老金计划：新泽西标准石油（1903 年）、美国钢铁公司（1911 年）、美国通用电气公司（1912 年）、美国电话电报公司（1913 年）、固特异轮胎和橡胶公司（1915）等。

1935 年之后，美国政府积极顺应老百姓的需要，并且根据美国综合国力的增强，把第二、第三支柱从小到大地给培育起来了。其中，以 IRAs 和 401（k）这一对“双胞胎”为代表的美国私人退休金制度，构成了美国养老金制度第二支柱的主体。2009 年 IRAs 和 401（k）计划资产占到美国养老金总资产的 52%，形成了具有美国特色的养老基金。美国政府发展第二、第三支柱的主要手段，就是采取了税收优惠政策，也就是大家熟悉的 EET 税制，即对缴费、投资

① 美国员工福利研究所：“美国养老金计划的发展史”，1998 年 3 月。

收益免税，但是对养老金领取征税。EET 税制看似简单的税收制度，但是它是美国养老金发展的第一推动力，因为它改变了金融产品之间的相对比较优势，使得人们在养老金上的缴费相比存款、投资基金更加合算。

下面，我们来看看第二支柱中的两大主力军。

（一）个人退休金账户

个人退休金账户，即 IRAs，是完全由个人建立并拥有所有权的、享有税收优惠的、用于退休后生活保障的自愿性投资性账户。美国政府建立 IRAs 旨在为当时无法享受现有私人退休金计划的人员提供退休保障，减少收入需求与实际退休收入之间的巨大差距。1974 年美国国会修改了《国内税收收入法案》，规定对养老金账户的投资收益免税，但是缴费不免税。美国国会在同年通过的《雇员退休收入保障法案》内增加了个人退休金账户，规定未参加其他退休金计划的雇员可建立 IRAs，符合税收优惠条件的个人可以享受两项税收优惠，即缴费免税，投资收益免税，只在退休领取时缴纳个人所得税。IRAs 为没有被退休金计划覆盖的个人，提供了更加宽松的税收优惠。1981 年的《经济振兴和恢复法案》，将 IRAs 的适用范围到扩展全部工人，包括有养老基金覆盖的工人。

2009 年年底，IRAs 的资产规模已经达到 4.2 万亿美元（在 2007 年资本市场顶峰时期曾达到过 4.78 万亿美元），占据美国整个养老基金的 25% 以上，覆盖了美国 4600 多万人以及 39% 的家庭（图附录 1－6）。

在过去 20 年里，美国私人退休金资产规模在迅猛增长的同时，投资组合也出现了明显变化。我们以 IRAs 为例，1981 年年底，IRAs 总资产的 72% 投资于银行存款，7% 投资于共同基金，12% 投资在经纪商账户的证券，9% 投资保险公司的年金保险产品。到 2009 年年底，IRAs 银行存款占比为 10%，投资于共同基金和经纪商账户证券

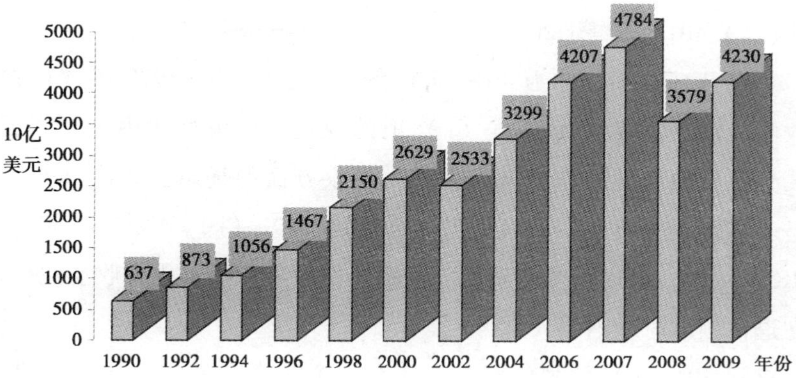

图附录 1－6　1990—2009 年个人退休账户（IRAs）资产变化

资料来源："2009 年美国养老金市场报告"（The U. S. Retirement Market，2009），参见 http：//www. ici. org。

的比例上升到 82%。其中，46% 投资于共同基金，36% 投资于经纪商账户的证券，年金保险产品占比仍为 7%（图附录 1－7）。

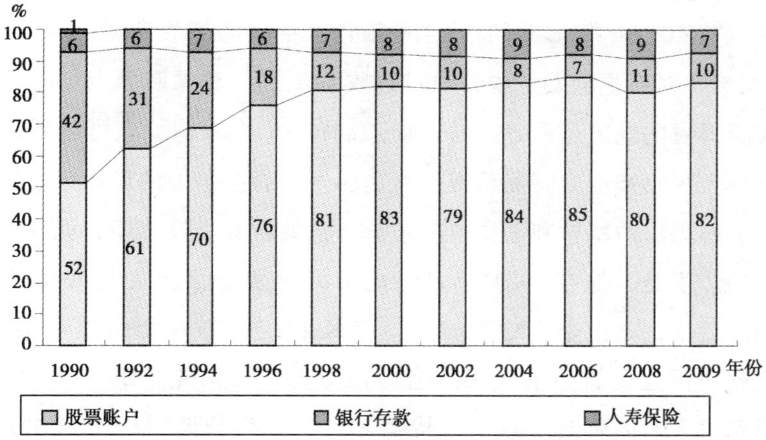

图附录 1－7　1990—2009 年 IRAs 投资组合结构

资料来源："2009 年美国养老金市场报告"（The U. S. Retirement Market，2009），参见 http：//www. ici. org。

（二）401（k）计划

401（k）计划也称为401（k）条款，是指美国1978年《国内税收收入法案》第401条第（k）项的规定。该条款适用于私人公司，为雇主和雇员的养老金存款提供税收方面的优惠。401（k）计划是“以养老为目的”的私人退休金计划。401（k）计划的参与者，与IRAs一样，可以享受两项税收优惠，即缴费免税，投资收益免税，只在退休领取时缴纳个人所得税。

讲到401（k）计划的诞生，还有一个非常有趣的美国式故事。这个故事的主人公是特德·贝纳（Ted Benna），他被誉为美国的“401（k）计划之父”。他曾经是一名优秀的企业咨询顾问，熟悉企业税收、企业财务和企业员工福利。他在1981年发现了美国1978年《税收收入法案》中的一个漏洞：由于雇员从雇主建立的养老金计划那里得到的是一个递延的补偿，不是直接的现金支付，不管是雇主缴费还是个人缴费，都不应该纳税。这样，利用1978年《税收收入法案》第401条第k款的规定，雇主和雇员的缴费都可以是税前的（当然，对雇主缴费免税，对投资收益免税，对领取养老金时缴纳个人所得税的规定是明确的）。利用这样一个大漏洞，就可以帮助商业机构大张旗鼓地为其雇员提供有诱惑力、有竞争力的退休金计划。按照美国宪法的精神和美国人的逻辑，只要没有违反法律，就应该是合法的。于是，他在1981年大胆地帮助一家企业建立了401（k）计划。后来，其他企业纷纷仿效，使得401（k）计划迅速蔓延开来，立刻获得星火燎原的效果。当然，特德·贝纳先生的“不世之功”得到了人们的赞赏。后来，特德·贝纳先生长期担任美国401（k）协会（401（k）plan’s Association）的主席。

雇主为雇员出资建立401（k）计划，不是法定的责任，但是在工会、市场竞争、美国文化的作用下，发起建立401（k）计划已经成为雇主自觉、主动、积极承担的雇主责任。所以，401（k）计划已经成为美国薪酬福利制度、员工福利计划的重要内容。401（k）计划在美国的影响已经远远超出其作为养老保险体系的一个组成部分和为退休养老进行资产积累的有效机制，正在成为一种美国文化、美国精神。现在，美国的广大家庭中出现了“少儿 401（k）储蓄计划”。父母亲为了鼓励少儿从小就树立节俭观、节约意识、责任意识，复制并创造出了“少儿 401（k）储蓄计划”，即父母亲为少儿建立一个独立的存款账户，当少儿每次将节省下来的零用钱存入该账户时，父母亲也向该账户进行匹配性存钱。这样，少儿节俭意识和储蓄意识就可以得到有效培养。由此可见，401（k）计划所代表的美国文化和美国精神正在代代传承。

到 2009 年，401（k）计划已经覆盖了 30 万家企业，4000 多万雇员，积累的资产达到 2.75 万亿美元，占到美国整个 DC 计划的 52%（图附录 1－8）。

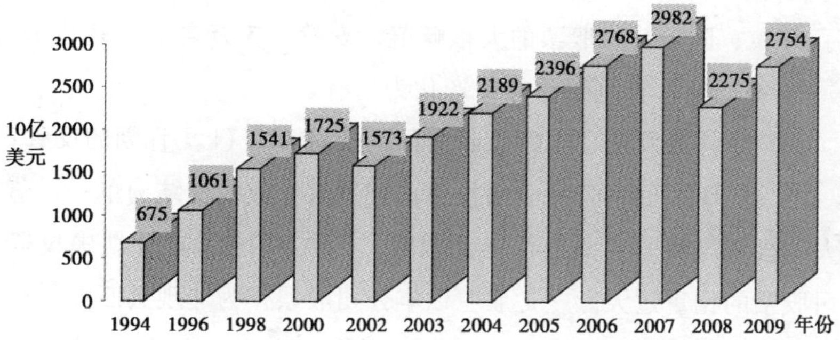

图附录 1－8　1994—2009 年 401（k）计划

资料来源：2009 年美国养老金市场报告（The U. S. Retirement Market, 2009），参见 hppt：//www. ici. org。

由于 401（k）计划的资产主要投资于股票和共同基金，因此，资本市场的风险直接传导于 401（k）计划，并导致资产价值的大幅波动。同时，401（k）计划在制度设计上也存在一些不足之处。2001 年美国安然事件的爆发，集中体现了 401（k）计划在制度设计上的缺陷。

安然公司成立于1985年，是由美国休斯敦天然气公司和北方内陆天然气公司合并而成。安然公司经历了四大步跨越，从名不见经传的一家普通天然气经销商，逐步发展成为世界上最大的天然气采购商和出售商，世界最大的电力交易商，世界领先的能源批发做市商，世界最大的电子商务交易平台。从1990年到2000年的10年间，安然公司的销售收入从59亿美元上升到了1008亿美元，净利润从2.02亿美元上升到9.79亿美元。2000年8月，安然股票价格攀升至历史最高水平，每股价格高达90.56美元。

就在安然公司发表2001年第三季度亏损的财务报表后，安然帝国的崩塌就开始了。2001年11月30日，安然股价跌至0.26美元，市值由峰值时的800亿美元跌至2亿美元。2001年12月2日，安然正式向破产法院申请破产保护，破产清单中所列资产价值高达498亿美元，成为当时美国历史上最大的破产企业。

安然公司超过21亿美元的职工养老金资产中，安然公司的股票占了58%，随着公司股票的大幅贬值，安然1.5万名员工高达13亿美元的401（k）计划退休金资产化为乌有。

安然事件爆发后，立即引起美国国会对401（k）计划的反省：

第一，单一的本公司股票投资比重过大导致投资结构单一，蕴藏巨大的投资风险。主要由于三大原因，导致401（k）计划中投资本公司股票的比重过大。一是雇主以本公司股票作为非现金匹配，可以获得税收方面的优惠；二是本公司股票投入401（k）计划可以确保股票持于友方之手，从而防止公司被竞争对手或其他人恶意收购；三是本公司股票与雇员的养老金“重叠”，可以实现“员工持股”的激励作用。

如果雇员所在的公司发展良好，401（k）计划的资产会随着本公司股票价格上涨一起增长，具有“双重保险”、“双重激励”的刺激作用。但是，一旦本公司发展失败，401（k）计划资产随着公司股票价格下跌一起缩水，就会遭遇“双缺口”、“双重压力”的打击，雇员不但会因为公司裁员而失去工作，还会失去养老金。

第二，雇员通过401（k）计划持有的本公司股票，如果继续遵守必须长期持有、并不得在股价管制期予以抛售的规定，将损害雇员的利益。这种规定给本公司高管人员滥用权力、并把损失转嫁给本公司的雇员和其他中小投资者大开方便之门，把雇员的利益完全暴露在资本市场的风险冲击之下。

针对这种状况，美国国会立即提出新的改革思路，主要包括三大内容：

第一，应当在401（k）计划中明确雇员持有本公司股票的上限。

第二，可以对401（k）计划参与者售出本公司股票的时间进行一定的限制，但不宜规定太长的期限。

第三，在股票价格管制期间，公司高管人员抛售本公司的股票要有一个明确的限制。

由于各种利益集团参与博弈，各方的利益诉求需要得到考虑和平衡。最后，布什政府建议：允许参加401（k）计划的雇员在3年后自由出售本公司股票。

总而言之，小小401（k）计划，凝聚美国大智慧！如今它已经成为影响全球养老方式选择的重要参照和坐标。

三、美国养老金资产管理

截至2009年年底，美国养老金总规模达到15.96万亿美元，而同期美国的GDP为14.33万亿美元，养老金资产规模是GDP的1.11倍。美国养老金资产总额要比中国、日本、德国三个国家GDP的总和还要多。如此规模庞大的养老资产主要由社保基金、IRAs和DC计划、私人DB计划、年金组成，其中最重要的组成部分是IRAs和属于DC计划的401（k）计划（表附录1－3）。

表附录 1-3　　1990—2009 年美国养老金资产构成情况　　单位：亿美元

年份	I		II			III					
	州和地方政府养老金计划	联邦养老金计划	IRAs(个人退休金账户)	DC 计划	私人 DB 计划	年金	总额	DC/DB	I/II/III		
1990	8100	3400	6360	8910	9230	3890	39890	96.53%	1	2.13	0.34
1991	8940	3820	7760	10600	10740	4200	46060	98.7%	1	2.28	0.33
1992	9740	4260	8730	11610	10990	4700	50030	105.64%	1	2.24	0.34
1993	10670	4680	9930	13200	12130	5190	55800	108.82%	1	2.30	0.34
1994	11050	5120	10560	14070	13050	5230	59080	107.82%	1	2.33	0.32
1995	13250	5410	12880	17130	14920	5700	69290	114.81%	1	2.41	0.31
1996	15060	6060	14670	19530	16130	6050	77500	121.08%	1	2.38	0.29
1997	17740	6590	17280	23350	17830	6280	89070	130.96%	1	2.40	0.26
1998	19960	7160	21500	26210	19280	7780	101890	135.94%	1	2.47	0.29
1999	22820	7740	26510	29780	21170	8780	116800	140.67%	1	2.53	0.29
2000	21660	7970	26290	29210	19510	8910	113550	149.72%	1	2.53	0.30
2001	20120	8600	26190	26550	17230	9770	108460	154.09%	1	2.44	0.34
2002	17770	8940	23300	23340	14460	9800	97610	161.41%	1	2.29	0.37
2003	20170	9590	30800	28650	17170	11090	117470	166.86%	1	2.29	0.37
2004	21200	10240	34750	32280	18460	12080	137820	174.86%	1	2.72	0.38
2005	27630	10720	36520	36220	23100	14430	148620	156.80%	1	2.50	0.38
2006	31750	11410	42070	42450	25570	15210	167480	166.01%	1	2.55	0.35
2007	32090	11970	47840	44410	26910	15920	180210	165.03%	1	2.70	0.36
2008	24250	12210	35790	34530	19570	13550	139890	176.44%	1	2.47	0.37
2009	27660	13240	42300	40880	21480	14070	159630	190.32%	1	2.56	0.34

资料来源："2009 年美国养老金市场报告"（The U. S. Retirement Market, 2009），参见 hppt：//www. ici. org。

第三节 日本养老保障体系的制度变迁

日本养老金第一支柱的建设，耗时 125 年。从 1875 年的“恩给”制度的初步实施，经过 1961 年“国民皆年金”制度的全面开花，一直延续到 2001 年启动的养老金改革。2001 年日本复制美国建立了日本版的 401（k）计划，它就是以“企业养老金”为代表的私人养老金制度，发展相对缓慢。日本的第三支柱主要采取团体年金保险的方式来发展，主要由人寿保险公司来进行商业化的管理。

一、日本养老保障体系的第一支柱

日本的养老金制度由来已久。1868 年日本历史上著名的“明治维新”运动开始，此后的第 7 年即 1875 年，日本就已经拥有了以军人及官吏为对象的“恩给制度”。

1923 年制定了《恩赐年金法》。

1939 年建立了船员保险制度。

1941 年制定了《劳动者年金保险法》。体力劳动者在年老、伤残、死亡时，本人或其家属可以领取养老金。

1944 年制定了《厚生年金保险法》，把养老保险制度扩展到普通工薪人员。

1954 年通过了《厚生年金保险法（新法）》。把过去报酬比例制的养老金，改为定额部分加报酬比例部分的双层养老金。

此后，日本经济迎来了历史上罕见的黄金发展时期，农村劳动力大量涌入城市，传统的父权大家族制度日渐式微，家庭结构和观念都发生了很大变化，再加上人口平均寿命的延长，日本成为世界上最长寿的国家。使得家庭养老问题浮出水面。当时，日本养老金制度只是以大企业劳动者和国家公务员为主要保障对象，覆盖面只占全国人口的四分之一，大多数人被排除在养老保险制度以外，再加上收入不稳定，生活不安定，他们难以进行必要的养老储蓄。因此扩大养老保险覆盖面、建立老有所养的国民养老保险制度迫在眉睫。

1961年制定了《国民年金法》。规定20岁至60岁的日本国民都要加入国民年金，实行“全民皆年金”制度。至此，日本养老金制度的第一支柱，已经打造成型。

日本从20世纪60年代开始建立起来的“全民皆年金”制度，一个重要特点是五花八门，形形色色，缺乏统一性，呈现出“三大类八项制度分立”的局面，因此在养老金给付上难免出现重复给付和退休收入不平等现象。同时，老龄化速度进一步加快，65岁以上人口占总人口的比重于1970年超过7%，正式进入人口老龄化国家的行列，1980年达到13.5%，1985年达到15.1%，领取养老金的人数迅速增多，日本开始面临养老金支付的财政压力。

1985年制定了《年金修改法》。改革的目的是要建立统一的公共养老金制度，实现公共养老金待遇的公平和公正，减轻政府的财政负担，稳定政府的财政收入来源，确立了妇女的“年金权利”。

1989年设立了“国民年金基金”。规定年满20岁的在校学生也必须加入“国民年金”，试图扩大覆盖面，将年轻人纳入其中，藉以达到“开源”即扩大缴费来源的目的。

1994年引入月工资浮动制。养老金支付与月工资挂钩并浮动，而不再与年工资挂钩，使得养老金支付的数额可以降低，借以达到“节流”即减少养老金支付的目的。

1997年实施“基础年金账户”制度。

1998年将日本铁路（JR）、日本电信电话（NTT）、日本烟草产业公司（JT）等行业性组织的“共济组合”统一到“厚生年金”。

1999年决定将“厚生年金”和“共济年金”的给付水平减少

5%，引入在职养老年金等[①]，进一步减少养老金支付。

值得指出的是，日本政府并非对又粗又笨的第一支柱无动于衷，无所作为。日本自20世纪80年代开始也一直在作调整，主要特点是开源节流，在第一支柱本身上做大文章。这种做法被学术界称之为“参数式改革”，即围绕第一支柱的缴费和养老金领取的参数进行调整，而不像英国、美国那样大刀阔斧地进行“结构性改革”，即对养老金体系的第三支柱进行改革。

二、日本养老保障体系的第二支柱

通过2001年“企业养老金改革”，“日本版的401（k）计划”逐渐形成。在人口红利迅速透支的大背景下，面对国内日益严峻的养老金赤字，传统的第一支柱模式已经难以负担白发苍苍的日本社会，养老压力重重的日本政府开始了第二支柱的艰苦改革。

日本养老金第二支柱就是传统的企业补充养老保险制度。企业补充养老保险为收益确定型计划（即DB计划），它的支付方式是根据职工收入、工作年限来预先确定职工未来退休后的给付额，它的筹资模式为现收现付制，完全由企业而不是个人来承担养老金给付风险。随着就业人员老龄化以及泡沫经济破裂后养老金投资的本金亏损，导致不少企业养老金计划纷纷解体，就业人员得不到全额养老积累额。再加上日本企业长期以来采取终身雇佣制度，职工的养老金不能因工作调换而随之转移，阻碍了企业发展和员工流动，进而影响日本经济发展。

2001年6月，日本政府通过了《企业养老金改革》的立法，正式引入缴费确定型计划（即DC计划）和基金积累制。这样，DC计划就代替了DB计划，基金积累制就代替了现收现付制（表附录1－4）。

---

① 王伟：“日本公共养老金制度改革评析”，《日本学刊》，2007年第4期。

表附录 1-4　　　　日本退休养老体系的变化

		第一支柱	第二支柱	第三支柱
2001 年前	名称	国民年金保险	企业年金	个人年金
	性质	收益不相联 公共经营	与收益相联 雇主发起 部分私人、部分公共	个人提供 私人储蓄 家庭支持
	参加方式	2000 万人Ⅰ 3900 万人Ⅱ 1200 人万Ⅲ	3300 万人 EPI 1200 万人 EPF 1000 万人 TQPP 80% 的企业提供 SBP 600 万成员获得 MAA	购买个人年金
2001 年养老金体制改革法案	名称	国民年金保险	企业年金	个人年金
	性质	收益不相联 公共经营	与收益相联 雇主发起	个人提供 私人储蓄 家庭支持
	没有变化的部分	/	EPI：没有变化 MAA：没有变化	私人储蓄和家庭支持：没有变化
	有变化的部分	/	EPF：建立 DB 计划的企业可以从替代性的 EPI 中出来；允许建立新 DC 计划和现金平衡计划。 TQPP：10 年内废止。	允许新的个人年金

注：(1) Ⅰ代表自雇人士（第一类人）；Ⅱ代表私人部门雇员和国内居民（第二类人）；Ⅲ代表被保险人的抚养人（第三类人）；(2) EPI 代表厚生年金保险，3300 万人，覆盖所有在私人部门工作的“第二类人”；EPF 代表厚生年金基金计划，1200 万人，代替厚生年金保险收益和缴费；TQPP 代表税收适格年金计划，1000 万成员；SBP 代表退职一次金计划（severance benefit plans），覆盖 80% 的企业；MAA 代表共济年金，600 万成员，分立于雇员年金保险收益和供款。

资料来源：“2001 年前”的内容来自于 Conrad，2001；“2001 年养老金体制改革法案”的内容来自于 Sakamoto，2001。转引自：刘云龙、傅安平：《企业年金——模式探索与国际比较》，中国金融出版社 2003 年版。

2004年养老金改革旨在保证养老金制度的可持续性和稳定性。2004年养老金改革的方向是抑制养老金支付额增长过快，引入国民养老金保费的强制性征收等。改革的目标是要恢复国民对养老金制度的信任，打消人们对养老金制度是否可以持续的疑虑，维持经济活力，构筑稳定和可持续发展的养老金制度。于是在2004年6月《年金改革相关法案》得到正式实施。

2005年，当时的日本首相小泉纯一郎及其他内阁成员由于未缴纳养老金被曝光，导致自民党在当年的参议院选举中败北。

2007年，养老金记录不全问题[①]导致当时首相安倍内阁支持率急剧下降。

2009年执政达50年之久的自民党政府下台，在野的民主党入阁称相，养老金改革的失败也是重要原因之一。

日本的第三支柱主要采取个人年金保险、团体年金保险的方式来开展，由个人和家庭自愿储蓄和购买年金保险产品，主要由人寿保险公司来进行商业化的运营管理，日本是全球最大的商业人寿保险市场之一，其中第三支柱是商业人寿保险市场的主体。

三、日本养老保险基金的资产管理[②]

1950年12月日本颁布了《日本输出银行法》，1951年颁布了《资金运用部资金法》和《日本开发银行法》，1953年颁布了《产业投资特别会计法》等。根据这些法律，原大藏省（相当于我国的财

① 所谓“养老金记录不全问题”，是指主管养老金的日本社会保险厅遗漏了5095万份养老金保险记录，此外还有1430万份厚生年金记录没有录入电脑。此举导致很多已经缴纳养老保险费的国民无法按期领取养老金。

② 按照养老金三支柱的分类，通常情况下把第一支柱积累的资产称之为社保基金。在日本，社保基金的投资采取了“财政投资融资计划”（简称财投计划）、“年金积立金”方式。因此，在本书中，出现了几个不同的表述方式。笔者将它们等同于社保基金，以与其他国家的养老金资产分类相对应。

政部）“存款部”改称“资金运用部”，由此构成了一套稳定的、多渠道的财政投资融资资金供给体系。

1953年，日本建立了第一个财政投资融资计划（简称财投计划）。

1961年日本设立年金福利事业团对社保基金进行运营。

实际上，日本是将第一支柱中的主体即国民年金保险（覆盖7100万人），以及第二支柱中的“最大头”厚生年金保险（覆盖3300万人），汇集成养老保险基金，通过厚生省（相当于我国目前的人力资源和社会保障部，此前的劳动和社会保障部）主管的国家特别会计结算，将汇集的养老保险基金存放给大藏省资金运营部，成为财投计划的重要资金来源。

日本财投计划是政府通过不同渠道所筹措的公共性、储蓄性、有偿使用的资金作为原始资金，按照国家的决策导向和政府规范加以管理，向国家财政、地方财政、公营企业、民间企业、个人等出资与贷款的制度。这是有别于以税收为财源的中央政府一般财政的投资融资活动。

2001年正式建立“年金积立金”制度（GPIF，即“旧年金积立金”），对投资体制进行重大改革，受厚生劳动省直接委托予以市场化投资。

2006年建立“新年金积立金”（即新的GPIF）作为独立投资机构，专司市场化投资业务，同时宣布“旧年金积立金”解散。“新年金积立金”制定了“战略资产配置”目标①。

截至2007年12月底，日本社保基金即“年金积立金”资产总规模为1.1万亿美元（大约合计120万亿日元），是仅次于美国的世界第二大公共养老基金（表附录1－5）。

① 郑秉文、房连泉、王新梅：“日本社保基金‘东亚化’投资的惨痛教训”，《国际经济评论》2005年5—6月。

截至2008年12月底，日本社保基金资产缩水到116.6万亿日元，即一年时间损失了8.4万亿日元（包括财投计划的损失，大约合计780亿美元）。

表附录1－5　2008年日本社保基金资产基本组合目标

	国内债券	国内股票	国外债券	国外股票	短期资产
资产配置	67%	11%	8%	9%	5%
浮动范围	±8%	±6%	±5%	±5%	—
长期投资目标收益率3.37%，风险容许偏差5.55%					

资料来源：日本“年金资金运用基金”网站。

目前，重建日本公共养老基金投资的计划浮出水面，并考虑减少对回报率低的国债进行投资。但是，当公共养老基金真正从日本国债中转出的时候，势必会对日本经济发展产生重大影响，因为日本国债规模是日本GDP的1.8倍，日本政府之所以能够保持如此高的负债率水平，一个重要原因就是其负债成本低，即支付国债的利率水平很低。一旦日本公共养老基金脱离日本国债，无疑将大幅推高长期国债利率，增加负债成本。这对日本债务承担者——日本国民来说，可能是得不偿失的①。

第四节　德国养老保障体系的制度变迁

德国是世界上第一个通过立法方式建立社会保障制度的国家，其起源可以追溯到19世纪末德国首相俾斯麦时期。德国议会1889年通过的《老年和伤残社会保险法》也是世界上第一部养老保险法律。经过100多年的演变和发展，德国最终形成了强调政府、社会、雇

① 《经济学人》，2008年第7期。

主、个人共同担负责任、权利义务相统一的社会保险制度。目前德国的养老保险体制主要由三大支柱组成，即法定养老保险、企业养老保险及私人养老保险。这三者所支付养老金的比例大约分别为70%、20%和10%[①]。

从德国法定养老保险支付养老金占比70%的水平来看，既高于美国社保基金支付占比30%（相对于高收入人群）到40%（相对于低收入人群）之间的水平，也高于日本国民年金支付占比50%以上的水平，而英国国民基础养老金支付占比甚至不到20%。

正如日本的国民年金制度一样，德国法定养老保险同样仿佛是一颗根深叶茂、枝繁叶茂的百年老树，由于德国法定养老保险提供的养老金支付过于慷慨和大方，直接带来了三大严重后果：

第一，导致国民对第一支柱养老金制度的过分依赖和偏好。

第二，严重挤占了第二、第三支柱养老金的发展空间。

第三，强化了国民对第一支柱养老金制度改革的冲突和对立。

一、德国养老保障体系的第一支柱

（一）德国社会保障制度的建立和发展[②]

1881年，德国首相俾斯麦提出工伤事故保险法案。

1884年，国会正式通过工伤保险法案，并于1885年10月起正式生效。

1882年，俾斯麦提出了疾病保险法案，在1883年获得通过，并于1884年12月1日生效。

1888年年底，老年和残疾社会保险法案提交帝国议会。

---

① 关于德国养老保险制度的运行模式，参见 http：//china. findlaw. cn/info/baozhang-fa/ylbx/ylzd/93247_ 4. html。

② 丁建定：“德国社会保障制度的发展及其特点”，《南都学坛：南阳师范学院人文社会科学学报》，2008年第28卷第4期。

1889 年 5 月 24 日，德国国会通过《老年和伤残社会保险法》，并于 1891 年 1 月 1 日开始生效。

至此，德国社会保险制度开始建立。

1885 年，德国将工伤保险法的适用范围扩大到工业企业的工人。1886 年，将其扩大到农业和林业从业者。1887 年，又将其扩大到建筑业和造船业的工人。

1899 年，德国颁布《残疾保险法》，开始对残疾人提供必要的医疗服务。

1911 年，德国颁布《社会保险法典》。

德国宣布该法典：从 1912 年 1 月 1 日起在养老保险制度中开始生效，从 1913 年 1 月 1 日起在工伤保险制度中开始生效，从 1914 年 1 月 1 日起在疾病保险中开始生效。

1919 年，《社会保险法典》将强制性疾病保险的适用范围扩大到农业工人、佣人、零工、家庭雇佣者以及流动小商贩。

可见，19 世纪末 20 世纪初是德国社会保险制度出现的时期，也是德国现代社会保障制度建立的时期，三大社会保险立法奠定了德国社会保险制度的基础。

1919 年，《魏玛宪法》第 161 条对社会保险做出明确规定：为保持健康及工作能力，保护产妇及预防因老年和疾病所导致的生活困难，联邦应该建立综合社会保险制度。

1919—1932 年，德国平均每年通过 6 部社会保险立法，其中 1921 年通过 12 部，1922 年通过 21 部，1923 年通过 16 部。

两次世界大战之间是德国社会保障制度发展的特殊时期。

（二）德国“福利国家”模式的建立和发展

第二次世界大战后，德国（东西两德合并前称联邦德国）社会保障制度发展的主要特点是建立“福利国家”模式。20 世纪 50—60 年代，德国通过一系列法令，逐步完善各种社会保险制度。

1957 年，德国政府颁布战后具有重要影响的《养老金改革法》。

该法的主要内容包括：养老金开始与在职人员工资增长挂钩；社会保障咨询委员会每隔一段时期将依据工资情况调整养老金标准。由于养老金随着工资收入增长，因此有了“活动的养老金”一说。

由于德国人口出生率下降，人口老龄化加剧，德国政府开始采取鼓励生育的政策。1954 年，德国实施家庭补贴法，给被雇用者提供从第 3 个孩子开始的家庭补贴，家庭补贴的财政来源于雇主缴费。1961 年，德国规定从第 2 个孩子开始提供家庭补贴。1964 年，德国对家庭补贴制度进行调整，联邦政府开始承担家庭补贴的费用，并在联邦劳工局建立家庭补贴机构。于是，德国家庭补贴制度逐步建立并完善起来。

20 世纪 50—60 年代中期，德国社会保障制度存在一种强烈的国家干预并逐步走向福利国家的趋势。1957—1961 年，德国疾病保险参与率从 90% 提高到 100%，1963 年，德国公共社会支出占国民生产总值的比例为 17.11%，高于英国与瑞典等福利国家。

20 世纪 50—60 年代，被称之为阿登纳（1949—1963 年担任联邦德国总理）时代，美国总统尼克松在其名著《领导者》一书中写到的“开启铁幕时代”的德国总理就是他。阿登纳时代是联邦德国建立“福利国家”的时代。

（三）德国走向养老金改革时代

20 世纪 60 年代中期以后，德国社会保障制度呈现出既发展也改革的特点。1963 年，艾哈德当选德国总理，艾哈德既是一位政治家，也是一位著名的经济学家，他撰写的经济学名著就是《来自竞争的繁荣》。与他的前任总理阿登纳强烈的国家干预主义倾向相比，他强调市场竞争的重要性，具有经济自由主义倾向。艾哈德在其施政宣言中明确指出：社会立法必须进行彻底评估，并宣布进行社会公平的官方调查。艾哈德总理希望德国在社会保障与经济发展之间取得平衡和协调，从此以后，德国开始走上了漫长的养老金改革之路。

1966年，社会公平调查委员会提交的一份报告开始对疾病保险与养老金制度进行经济学分析，政府认为，必须通过降低社会保险津贴标准并提高社会保险缴费率来应对社会保障制度的财政压力。

1967年，德国通过财政修正法，降低国家对养老金的补贴，分阶段提高养老金缴费率。1968年，提高到15%；1969年，提高到16%；1970年，提高到17%。

1969年，德国实施养老金财政赤字公平分担制度，当某个养老金机构的基金支出超过一定比例时，实行直接公平化支付，以维护各类养老金之间的财政公平。

1974年，德国实施《企业养老金法》。

该法的主要内容包括：企业职工即使在达到退休年龄前离开企业也仍然可以要求支付已允诺的企业养老金，前提是他们在离职时至少已35岁，并且要么获得此项允诺已满10年，要么在该企业中工作12年并且获得允诺已满3年。如果雇主无力支付，养老金也不会失去。它将由为此目的而设立的一笔基金中支付。《企业养老金法》强调了企业提供补充养老金的责任，开启了雇主为雇员提供企业养老金的一个新时代。

1992年，德国实施了养老金改革。

1992年养老金改革坚持了三个原则：一是工资与保险费保持大致一定的比例；二是确保退休雇员的生活水平；三是使领取养老金者能够分享到经济发展的成果。经过这次改革后，年老的雇员在从职业生活过渡到退休时就有了更多的选择自由。此后，德国的养老保险制度渐趋成熟。

1992年养老金改革的主要内容包括：

第一，提高退休年龄。退休年龄定为男性65岁，女性60岁。

第二，调整养老金计算公式。1992年起月养老金金额等于收入积分（EP，earning points）、服务年限（SY，the years of service life）、调节因子（AF，adjustment factors）、养老金现值（PV，current pension value）四者的乘积。其中：收入积分反映了投保人的相对收入状况，表示投保人每一年的工作报酬与当年所有投保人的平均收入之比；服务年限表示被保险人实际缴纳养老保险的年限；调节因子随着投保人领取养老金的时间不同而取值不同，达到法定退休年龄后领取养老金的调节因子取 1，未达到法定退休年龄而领取养老金的调节因子小于 1，鼓励延迟退休；养老金现值是一个变动的养老金计算因数，它可以确保每年在工资变化时对养老金也能作出相应的调节。它反映了一名平均工资水平的雇员每投保一年所得到月养老金水平，并且每年都随着雇员平均工资的变化而变化。

第三，提高养老保险费率。引入了联邦补贴自我调整机制，即联邦补贴随着保险费率的提高而提高，由此来确保养老保险机关的财政状况。

1999 年，德国通过了《法定养老保险改革法》[①]。

该法在养老金计算公式中加入人口发展因子，以此来面对由于人口寿命增加而导致的养老金平均领取年份的增加，人口因子是根据 1992 年养老金改革以来的 65 岁人的平均寿命变化情况确定的，与性别没有关系，而且，人口寿命增加的因素折半考虑，以便使人口老化与高龄化的负担能公平地分摊到保险费缴纳者和养老金领取者身上。

该法通过“养老金水平保障条款”来保证标准养老金水平，即所谓的一个平均收入者投保 45 年后的净养老金占平均净工资的比例，不会因为人口发展因素的计入而低于 64%。若计入人口因子，到 2030 年养老金月值将为 103 马克，而不再是 109 马克。

1999 年养老保险改革方案中的重要内容包括：第一，分级的工作能力下降养老金取代无职业能力养老金和无工作能力养老金。第

---

① 郑春荣：“德国养老保险体制现状改革方案及其筹资模式”，《德国研究》，1998 年第 2 期。

二，子女抚育期的高估。子女抚育期的评价逐步由平均收入的 75% 提高至平均收入的 100%。第三，改善企业补充养老保险的框架条件。

1999 年养老保险改革方案体现的总体趋势包括：第一，降低过高的养老金水平；养老保险费率尽可能保持平中有降，以降低德国的工资附加成本。第二，在筹资模式上，更多考虑人口老化、高龄化趋势的挑战，加大资本积累模式的份额。第三，更多地强调生育子女的义务，并在养老金的计算上或是税收和家庭政策上给予更多的优惠措施。第四，同失业作斗争仍是解决社会保障问题的关键，提高妇女就业率，缩短教育时间，改善缴费者与领取养老金者之间的比例；若德国中长期的人口发展态势如预期的那样，德国届时有可能不得不放宽移民政策，等等。

2001 年，德国政府开始全面推行“里斯特改革”法案（Riester Reform）。

该法案是由德国前劳工和社会部长里斯特提议倡导的。德国公民只要同保险公司、银行或基金签订私人退休养老金合同，就可以得到国家的补助，并且补助金额每年都在逐渐增加。2007 年，每个成年德国公民可以从国家得到 114 欧元的补助，条件是雇员将其净工资的 3%（最少 60 欧元，最高 500 欧元）用于缴纳签约的里斯特退休金。此外，国家还为每个加入里斯特养老保险计划的雇员的子女支付 138 欧元。从 2008 年起，国家将把对无子女的德国公民的里斯特退休金的补助金额提高到每年 185 欧元。

2004 年，德国社会保险系统可持续发展委员会建议将“可持续因子”纳入养老金的计算公式中。

可持续因子主要反映全社会养老保险缴纳人数（Contribution Payers）与领取人数（Pension Recipients）的比率变化趋势。它所包含的内容非常广泛，不仅关注人口寿命的变化，还反映了包括出生率、人口流动及就业等人口发展动向，而且它可以根据具体情况来抑制养老金的增长：当失业率降低时，养老金提高；当缴纳养老金的人数负担过多的领取养老金人数时，养老金下调。这样，不论是就业者或是退休者都有负担养老金成本的义务。

二、德国养老保障体系的第二支柱

（一）受到第一支柱的挤压①

1. 慷慨的公共养老金引致提前退休。1970 年以来，德国男性雇员的平均退休年龄由 65 岁降到了 61 岁，女性则由 62 岁降到了 58 岁。1998 年，退休金申领者中只有四分之一达到了法定退休年龄。

2000 年前后，年龄在 60 岁至 64 岁之间的德国老年人仍然在工作的只有 30%，而在日本和美国老年人就业率则分别达到了 73% 和 55%。德国 65 岁以上的人还在工作的只占到 5%，日本和美国则分别占到了 34% 和 17%。

1992 年养老金改革法规定：10 年内，除投保年限较长且丧失工作能力者才被允许提前退休并领取全额养老金外，其他提前退休者不再领取全额退休金。但是，曼海姆老龄化经济学研究院认为，这项改革最多只能将平均退休年龄提升半年，并没有起到很大作用。

2. 慷慨的公共养老金挤压了私人养老金的发展空间。由于公共养老金十分丰厚，职工缺乏参加第二、第三支柱养老金计划的积极性，反而加重了对第一支柱养老金的依赖，加大了对养老金改革的对抗。

3. 慷慨的公共养老金阻碍了“制度退出”的通道，导致养老金制度改革陷入“路径依赖”的陷阱：老制度“改不动”，新制度“长不大”。

---

① Richard Jackson（美国战略和国际研究中心）：“德国养老制度的变迁”，《财经文摘》，2009 年第 8 期。

（二）受到国内财经政策的挤压

1. 缺乏税收优惠政策的引导，私人养老金资产规模较小。2000年，德国私人养老金资产仅占到德国 GDP 的 15%。这一比例虽然比法国高，但是却远远低于澳大利亚、荷兰、瑞士、英国和美国，在这些国家，私人养老金资产占 GDP 的比重都在 75%—125% 之间。

2. 提供私人养老金计划的企业较少。德国的大企业通常会为雇员提供私人养老金计划。但是，中小企业并不热衷建立私人养老金计划。

3. 大多数私人养老金计划采用账面资产（book value）的做法，可用于资本市场投资的比重很小。这部分资产大多数成为企业运营资金的一部分，并没有作为金融资产投入到资本市场。1998 年，德国养老金资产中有 57% 体现为账面资产。这种财务会计制度和筹资方式，对提供私人养老金计划的企业十分有利，减少了资金开支。但是对雇员十分不利，雇员名下的私人养老金资产难以得到较高的投资回报。同时，私人养老金账面资产没有采取基金积累制，因此不利于雇员流动。一旦雇员离开该企业，其名下的私人养老金资产就有可能会失去。

4. 德国资本市场发展落后于商业银行，进一步制约了私人养老金的投资，进而严重影响到私人养老金制度优势的发挥。

三、德国养老金制度的持续改革①

目前，德国养老保险制度面临的主要问题表现为：

第一，经济增长速度降低。经济低迷造成工资增长率上不去，同

① 中国驻德国大使馆："德国对养老保险实行重大改革"，2004 年 7 月 6 日。参见 http：//www. fmprc. gov. cn/chn/pds/ziliao/zt/ywzt/wzzt/jjywj/t142141. htm。

时造成失业率下不来，对养老保险制度产生减收增支的双重不利影响。

第二，国家财政负担沉重。德国社会福利支出已经占到 GDP 的三分之一，而养老金支付则占社会福利支出的一半，给国家财政造成了沉重负担。

第三，代际转移难以为继。德国养老金采用现收现付制，直接依赖于在职职工与退休职工之比，随着人口老龄化，在职职工负担加大。

第四，竞争能力严重受损。高福利、高工资、高税收日益成为企业负担，造成产品高成本，并严重影响了企业的国际竞争力。

可以预见，未来德国养老金改革的主要举措将包括：

第一，降低养老金领取比例。

第二，提高养老金缴纳比例。

第三，提高退休年龄。

第四，扩大私人养老保险。

第五，建立主权养老保险基金。

近期来德国政府每年注入 700 亿欧元来建立养老保险基金，同时把提高的生态税补充到养老基金中。

第六，实行更为优惠的鼓励生育政策，从根本上改善人口年龄结构。

第七，引进年轻移民，在促进科技发展的同时缓解社会老龄化压力。

第八，重构社会关系保险，发挥家庭和亲友在养老保险中的作用。

附录二　制度安排与养老基金发展

在全球人口老龄化的大背景下，主要工业化国家由于人口结构转变、经济增长速度放缓、储蓄率降低，养老金制度安排的主要思路可以概括为：以三支柱发展为纲、以可持续发展为纲。

为了更好地实现养老保障功能，私人养老金制度发展坚持了六大基本原则：公平性原则、积累性原则、养老消费原则、税惠性原则、基金投资原则、基金监管原则。本章重点围绕养老保障的功能实现来阐述前面三大原则，后面两章即第五和第六章详细讨论后面三大原则。

第一节　养老保障与养老基金管理

养老金制度作为提供养老保障的制度安排，第一要务就在于“以养老为目的”，向退休者提供稳定的、安全的退休收入，确保保障老年经济安全。可以说，实现老有所养和养老保障，是养老金制度和养老基金管理的起点。

一、制度安排的思路

（一）“以三个支柱发展为纲”

目前，现代国家的养老金制度基本上是由三个支柱构成：第一支柱是基本养老保险（又称之为社会养老保险），政府通过强制性征收社会保障税（或者养老保险费）的方式来提供，采取现收现付制的管理模式。第二支柱是补充养老保险（又称之为企业年金制度、职业养老金制度、私人退休金制度），由雇主发起设立，雇主和个人共同缴费，享受国家给予的税收优惠政策，采取基金积累制，并且投资于资本市场。第三支柱是商业养老保险，个人根据自己的意愿向商业保险公司购买年金保险产品，满足个人差异化的养老需要，而商业保险公司通过汇聚保费收入，投资于资本市场，并向退休后的投保人提供年金化的养老金给付。

在笔者看来，养老金制度安排的最大奥妙就在三个支柱上，三个支柱是纲，纲举目张。三个支柱，谁大谁小，谁先谁后，谁主谁次，学问大得很。可以说，如何摆布、重构三个支柱，如何处理好三个支柱之间的主次关系、主辅地位，反映了治国安邦的大智慧、大聪明。

笔者对英、美、日、德四国养老金制度发展的总体概括是：英国甩包袱，为第一支柱甩包袱，结果甩出第二、第三两个支柱来；美国种竹子，先种下第一支柱这棵小竹子，结果竹子发芽，长出了两棵大竹子，这两棵大竹子就是第二、第三两个支柱；日本与德国栽老树，第一支柱一树独大，根深叶茂，阻碍了第二、第三支柱的生长。日本和德国不一样的地方在于：日本养老金制度下的第二支柱迟迟长不大，但是给了第三支柱一个茁壮成长的机会；而德国养老金制度下的第二、第三支柱都没有长大，可以说德国养老金制度下只有第一支柱的繁荣，没有其他支柱的机会。

英国最开始建立的第一支柱，又粗又笨，高水平广覆盖。由于人口老龄化加剧，导致财政支付压力凸显，结果不得不实行养老金私有化改革，从而拉开了全球养老金私有化改革大潮。在养老金私有化改革过程中，撒切尔夫人大刀阔斧，手起刀落，为养老金改革立下了汗马功劳。于是，在税收优惠政策的诱导下，通过独具匠心的“协议退出”机制设计，有效地降低了第一支柱的替代率水平，降低了第一支柱的压倒性优势地位，促使人们越来越倚重、越来越热爱第二、第三两个支柱。结果，原本一马当先、一枝独秀、一柱独大的第一支柱，反而越来越处于从属和次要的地位。第二支柱在税收优惠政策的作用下，反而从无到有，由小到大，异军突起，后来居上。第三支柱虽然没有得到偏爱，但是稳扎稳打，波澜不惊，倒也发展得顺风顺水。这样，英国养老金制度的三支柱体系锻造成型。

在 OECD（经济合作组织，简称“经合组织”）国家中，英国人口老龄化程度十分严重，但是，其养老金支付在财政支出中的占比却是 OECD 国家中最低的。这一高一低的数据背后，养老金改革的力量就显现无遗了。第一，得益于对养老金制度的改革，为第一支柱甩掉了部分的养老包袱，减轻了政府的财政负担，增强了个人的养老责任；第二，得益于第二、第三支柱养老金在全球范围内投资、在权益类市场上投资、在另类市场上投资，获得了较高的养老金投资收益；第三，通过养老基金全球投资，把英国人口老龄化风险在全球资本市场上化解了。

美国政府在1935年开始构建养老金制度的时候就非常谨慎，完全不像英国人和德国人那么慷慨，最开始只覆盖老年及老年遗属，后来才扩展到残疾人士，所以美国建立起来的养老金第一支柱很细小，可以说是灵巧的第一支柱，短小精悍的第一支柱。但是，美国人不满足于第一支柱的建设，接下来的几十年里，美国政府把第二、第三两个支柱从无到有地给长起来了。以个人退休金账户（IRAs）和401（k）计划为代表的美国私人退休金制度，构成美国养老金体系第二支柱的主体。以个人年金保险、团体年金保险为代表的商业养老保险成为美国养老金体系的第三支柱，并由商业保险公司来运营管理，构成美国商业人寿保险市场的主体，并且使得美国成为全球最大的商业人寿保险市场之一。在第二、第三支柱的成长过程中，政府采取的主要刺激手段就是税收优惠政策，也就是我们大家熟悉的EET税制。税收优惠政策是美国私人退休金制度发展的第一推动力。这样，美国社会养老保险（即美国社保基金）支付的财政压力相对于OECD国家而言要小得多。我国著名养老保障专家、中国社会科学院拉丁美洲研究所所长郑秉文教授认为，“美国社保基金的财务可持续性领先欧洲百年”。可见，美国既享受到了适度的福利制度带来的甜头，也避免了过于慷慨的福利制度所产生的苦头。

作为东西方文明碰撞最为激烈的日本，其养老金制度具有浓郁的欧洲血统，刚劲雄浑，高水平广覆盖。日本养老金第一支柱的建设，耗时125年。从1875年“恩给”制度的初步实施，经过1961年“国民皆年金”制度的全面开花，一直延续到2001年的养老金改革。日本养老金体系中的第一支柱，就好比一棵根深叶茂的百年老树，耸立在那里，占尽天时地利，紧靠它的第二支柱受到严重挤压，只能艰难地成长。直到2001年，日本才复制美国建立了日本版401（k）计划，它就是以“企业养老金”为代表的第二支柱。由于日本国民普遍对第一支柱失去信心，同时还没有看到第二支柱的希望，因此给了第三支柱一个良好的成长机会。

日本养老金体系中的第三支柱主要采取团体养老保险的方式来发展，由人寿保险公司来进行商业化的运营管理，它构成日本商业人寿保险市场的主体，并使得日本成为全球最大的商业人寿保险市场之一。日本养老金制度体系的最大特点就是，第一支柱一树独大，根深叶茂，枝繁叶茂。

德国作为世界上第一个建立起社会保障制度的国家，从其最早制定的《工人疾病保险法》、《工伤事故保险法》、《老年和残疾社会保险法》算起，至今已有120多年的发展历史，逐步形成了一套包括社会保险、社会赡养、社会救济和社会补贴在内的历史悠久、内容丰富、体系健全、完备成熟、执行有序的社会保障制度。在1963年“阿登纳时代”谢幕之前，德国一直致力于做大做强养老金第一支柱。从1963年“艾哈德时代”开始，德国开始对养老金第一支柱进行发展和改革，但是养老金改革的着力点和主要内容都是围绕法定养老金的参数调整展开的，因此与英国大刀阔斧的“养老金私有化改革”相比，德国养老金改革只能看做是小打小闹、修修补补的调整。直到1999年和2001年养老金改革，德国政府才正式大张旗鼓地表明建立多支柱养老金体系的决心，即在法定养老保险之外大力发展“补充养老保险”（包括第二支柱的企业养老保险和第三支柱的个人养老保险）。同时，德国借鉴英美等国养老金制度发展的经验，通过DC模式和基金积累制模式来推动企业养老保险发展，同时明确企业养老保险可以享受税收优惠，缴费比例每年由行业劳资部门和政府协商决定，并且通过国家补贴的方式来推动私人养老保险发展。从2002年起，德国规定企业职工有权利要求雇主将一部分工资或者节假日奖金变成企业养老保险，企业养老保险的筹资方式、组织形式及受保人等均可自由选择，进一步推动补充养老保险的发展。值得指出的是，德国和日本一样，在发展多支柱养老金体系方面，行动迟缓，进展缓慢，相比英美两国颇有“轻舟已过万重山”的感叹！

（二）“以可持续发展为纲”

上面是笔者从养老金制度发展最基础、最宏观角度进行的思考。如果要对世界各国养老金制度安排进行完整的梳理和评价，还可以采用另外两种方式来展开，这两种方式的共同逻辑可以概括为“以可持续发展为纲”。

一是从养老金制度与养老保障方式组合方面来展开“可持续性”研究。它包括：养老金计划形态（DB 与 DC）、筹资模式（现收现付制与基金积累制）、税收待遇（是否 EET 税制）、运营模式（个人账户与统一账户）、适用法律（契约模式与信托模式）、监管方式（分散监管与统一监管）等方面的内容。

二是从养老金制度与社会经济发展环境方面来展开“可持续性”研究，它包括：与人口发展相合、与经济发展相合、与消费发展相合、与财政发展相合、与金融发展相合、与福利发展相合等方面的内容。

当然，当今世界大多数国家的养老金制度发展是通过养老金制度改革来推进的，首要任务就是要通过建立多支柱的养老金体系，来降低第一支柱承担的养老金支付压力，从而减轻政府面临的财政压力。因此，养老金制度发展的主要问题，就转变为养老金制度改革的问题。这样，政府就面临着养老金制度“如何才能改得动?”、“如何才能发展得起来?”从该角度来看，养老金制度发展就具有综合性、整体性的特点。可以说它是“以三支柱发展为纲”、“以可持续发展为纲”、“以可改革性（可发展性）为纲”的全面考量。

综合以上分析，“以养老为目的”的制度设计思路可以用图附录 2－1 表示。如图附录 2－1 所示，为了服从“以养老为目的”这一制度初衷，应当选择构建多支柱的养老金体系，以国家公共养老金来满足基本养老需求，以私人养老金来满足个性化的养老金需求；以税收政策来推动私人养老金发展，以公平合理性要求来保障私人养老金积累的合理性，以账户管理和领取要求来保证基金资产积累的连续性与稳定性；以基金投资和基金监管来保证养老基金资产的安全性和收益性。

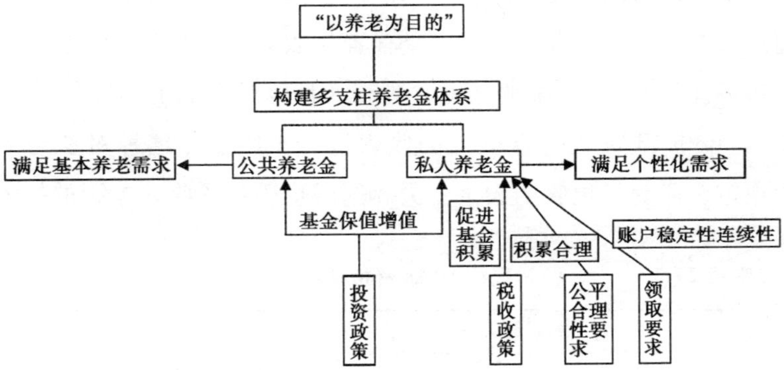

图附录2－1　"以养老为目的"的养老金制度安排

二、制度设计的原则

根据养老金制度覆盖的三个主要环节，即缴费环节、基金积累环节、领取环节，我们可以把"以养老为目的"的具体制度安排概括为三个主要方面。

（一）贯彻公平性原则

1. 参与人资格限制

美国《国内税收收入法》在给予私人退休金计划税收优惠的同时，也严格规定了其合格性标准，只有符合计划合格性标准才能够享受税收优惠，以保证享受税收优惠的养老金缴费额的确是为了保障退休收入需要。

401(k) 计划对雇员的年龄和工龄进行了限制，其规定为，最低参加计划的雇员年龄不得超过21岁，同时服务工龄满1年方可成为合格的计划参加者。如果计划规定服务工龄满2年给予完全的权益归属，则最低参加计划的工龄可以规定为2年。为防止雇主制定苛刻的条件，此规定只对年龄和工龄两项进行了限制。

IRAs除了对参与人年龄有限制外，对存款人的收入也作了一些限制，如传统IRAs中规定，一个未婚的IRAs拥有者到2005年年收入超过5万美元、已婚的IRAs拥有者年收入到2007年超过8万美元，将不能向其IRAs缴纳免税缴费额（具体资格认定如表附录2－1所示）。Roth IRAs也对存款人的收入进行了限制。这种对参与人收入的规定，避免了税收的大量流失，同时也避免了收入差距的拉大。

表附录2－1　　现行IRAs资格认定①

已调整总收入			你或你配偶是否参加了养老计划	投入资金种类（最多 $ 2000）
已婚				
联合	分别	个人		
调整后的总收入≤ $ 40000	$ 0	≤ $ 25000	是	全部免税
调整后的总收入≤ $ 40000	$ 0	≤ $ 25000	否	全部免税
$ 40000＜调整后的总收入≤调整后的总收入＜ $ 50000	＜ $ 10000	$ 25000＜调整后的总收入＜ $ 35000	是	部分免税
$ 40000＜调整后的总收入≤调整后的总收入＜ $ 50000	＜ $ 10000	$ 25000＜调整后的总收入＜ $ 35000	否	全部免税
调整后的总收入≥ $ 50000	≥ $ 10000	≥ $ 35000	是	全部免税
调整后的总收入≥ $ 50000	≥ $ 10000	≥ $ 35000	否	全部免税

① 资料来源：中国保监会编著：《养老保险国别研究及对中国的启示》，中国财政经济出版社2007年版。

2. 公平性要求

美国私人退休金计划的合格性要求，除了对雇员的参与资格进行规定外，还要求必须通过无歧视测验，以保证计划有利于全体雇员。其中一项重要的规定就是禁止优惠高薪雇员。计划应对所有雇员一视同仁，覆盖一定数量和比例的雇员。资助雇员退休金计划的雇主不能随意决定哪些雇员可以参加退休金计划，哪些不能参加，也不能随意对计划参加者提供不同的福利待遇。由于高薪雇员比低薪雇员更有可能向私人养老金计划进行税前缴费，为防止参加计划的高薪雇员获得太多的退休金，必须在计划参加的条件要求和计划提供的福利标准上做出禁止优惠高薪雇员的规定。

具体而言，美国私人养老金制度主要通过无歧视要求、最低覆盖要求和最低参加要求三个方面的具体安排来保障计划的公平性，这里主要介绍美国税收法案有关公平性要求的规定①。

（1）无歧视要求。无歧视要求主要包括：

第一，缴费或养老给付的数额无歧视。其中，缴费的数额无歧视——对于确定缴费型计划，法规提供了两种安全测试。第一种测试适用于同一分配公式的确定缴费计划，也就是提供给雇员同一分配率的计划。在分配公式中已明确允许的不同，可以在应用这种测试时考虑进去。第二种测试则适用于那些使用同一分配公式，并以年龄式服务年限进行加权的确定缴费计划。如果计划中的高薪雇员的平均分配率没有超过非高薪雇员的平均分配率，则该计划符合要求。如果计划不满足以上两种情况，但计划中的高薪雇员的分配率都不超过非高薪雇员的分配率，则计划也符合要求。

养老给付的数额无歧视——法规包括四种安全测试，符合这些测试的计划被认为在养老给付的数额上无歧视。所有测试都要求计划有

① 这里主要参考中国保监会编著的《养老保险国别研究及对中国的启示》（中国财政经济出版社2007年版）一书中对相关制度的介绍。

同样的给付公式；要求任何提前退休给付或最后生存给付都建立在相似的基础之上，并对所有覆盖的雇员实施；要求公式建立在无歧视的收入定义之上，并且对所有雇员规定同样的退休年龄。

两种安全测试适用于单位信用成本计划，即每服务 1 年的养老给付是收入的一个固定百分比，或每服务 1 年的给付为一个固定数额。第一种测试适用于在单位信用成本法基础上提供应计养老金给付的计划。而后者适用于比例应计规则的计划。还有两种测试应用于符合比例应计规则的统一给付计划。例如，计划定义年退休给付为退休时收入的 50%，并将此给付在所有服务年度或参加年度中平均分配。这样的计划只有当最高统一给付在至少 25 年中进行分配时，才符合要求。

对于不属于以上任何一种情况的计划，必须满足关于养老给付数额无歧视的一般测试。只有在高薪雇员的应计给付率不超过任何一个非高薪雇员的应计给付率的情况下，该计划才满足此测试。

第二，给付、权利和特性的无歧视获得。任选形式的给付、辅助给付及计划提供的其他权利和特性必须是无歧视的。任选形式的给付是其他分配选择，如提早退休给付或退休类型的补助。辅助给付包括一定的社会保障补充、残疾给付、辅助的人寿保险和健康保险给付、确定缴费计划下的死亡给付、给付确定型计划下的退休前死亡给付和破产给付。其他权利或特性指退休计划中雇员可享受的一切权利或特性，除了作为任选形式的给付或者辅助给付一部分的权利或特性，以及对雇员没有多大价值的权利或特性均可归入这一类。例如，贷款条款、直接投资权利、进行某一特定形式投资的权利、对某一特定类型的雇主证券进行投资的权利、进行某一特定税前或税后比率的缴费或者进行匹配缴费的权利、购买附加的退休或辅助给付的权利、进行滚动缴费的权利以及划转进或划转出计划的权利。

第三，在特定环境下计划的无歧视效果。计划修改和对过去服务信用的认可必须不会产生有利于高薪雇员的歧视效果。建议法规包括一个安全测试，至多5年的过去服务年限信用的认可被认为是无歧视的，同时最高收入的25名雇员收到的年分配率也被规定有一个最高限额。然而，对分配的限制将不适用于资金积累率超过110%的计划（以现在的负债为基础进行衡量），对可支付给付金额不足现在负债1%的计划也不适用。

第四，雇员缴费。一般情况下，来源于雇主缴费的给付必须分别满足无歧视要求，对于那些包括雇员缴费且没有被分配到独立账户的收益确定型计划（即DB计划），建议法规提供了如何确定雇主来源给付的规定，同时提供了如何确定收益确定型计划下雇员缴费是否无歧视的规定。

（2）最低参加要求。这一要求主要包括以下几方面内容：

第一，计划中受益雇员的确认。雇员只有在计划年中真正获得应计给付时，雇员才被看做在这一计划年中受益。而在401（k）或401（m）计划下，符合资格的雇员就被认为在该计划中受益。在这种情况下，无论雇员在这一计划年中是否有应计给付，也无论他是否进行了可选择的缴费，均被认为在该计划下受益。

第二，对于确定缴费型计划的要求。如果确定缴费计划对要求数量的雇员提供现时养老金给付，则该计划符合要求。如果确定缴费计划对雇员和以前的雇员均没有现时给付，则该计划自动符合要求。

第三，对于给付确定型计划的要求。如果给付确定型计划对要求数量的雇员提供现时应计给付，此计划符合要求。如果要求数量的雇员获得有意义的应计给付或者现在正收到有意义的给付，此计划也符合要求。在确定获得有意义的应计给付的雇员数是否满足要求的数量时，可以将以前的雇员也纳入雇员之中。确定雇主是否正在提供（或者已经提供）有意义的给付必须以所有的事实和环境为基础。

第四，最低参加要求对计划的期望。凡是满足下面四个条件之一的计划就被认为符合要求，而不用通过对参加要求的进一步测试：不包括高薪雇员的计划；只包括集体议价协议覆盖的雇员的复名雇主计划；某些资金积累不足的给付确定型计划；正在收购和处置的计划。

第五，测试以前的雇员。如果给付确定型计划在计划年为以前的雇员提供附加的给付，则此计划必须符合《国内税收法案》有关以前的雇员的规定。也就是说，计划必须满足对以前的雇员的最低参加规定，或者计划使至少 5 名以前的雇员受益并且满足以下两者之一：使至少 95% 的以前的雇员获得应计给付；至少有 60% 正收到附加给付的雇员是非高薪雇员。

（3）最低覆盖要求。国内税收法案对于最低覆盖要求的规定主要包括：

一般规定：

一般地，在每个季度的计划中，在职雇员和以前的雇员都必须满足 IRC401（6）的两条要求之一。

比率百分比测试。在这种测试下，计划中受益的非高薪雇员的百分比至少为计划中受益的高薪雇员的百分比的 70%。例如，计划中受益的人中有 60% 为高薪在职雇员，35% 为非高薪的在职雇员，则此计划不能通过该测试，因为比率的百分比不足 70%。

平均给付测试。这种测试分为两个部分，计划必须符合这两部分的要求。在第一部分即无歧视分类测试下，要求计划不以有利于高薪雇员为基础使一类雇员受益，在第二部分即平均给付百分比测试下，非高薪雇员的平均给付百分比至少相当于高薪雇员的平均给付百分比的 70%。

无歧视分类测试：

为满足 410（b）规定的无歧视分类测试，计划必须覆盖一类雇员，而且这种分类必须是合理的并且反映商业类别的。此外，计划还必须满足以下两项测试之一：安全港或非安全港测试（safe harbor）、事实和环境测试。其中，在“安全港或非安全港测试”下，计划的比率百分比必须至少等于安全港（或非安全港）百分比。安全港（或非安全港）百分比是建立在雇主员工总数内所有非高薪雇员的含量百分比之上的。表附录2－2举例说明了对应于非高薪雇员含量百分比的安全和非安全港比率百分比。

表附录2－2　在安全/非安全港测试下410(b)提供的无歧视分类

含量百分比	安全港比率百分比	非安全港比率百分比
≤60.00	50.00	40.00
62.00	48.50	38.50
64.00	47.00	37.00
66.00	45.50	35.50
68.00	44.00	34.00
70.00	42.50	32.50
72.00	41.00	31.00
74.00	39.50	29.50
76.00	38.00	28.00
78.00	36.50	26.50
80.00	35.00	25.00
82.00	33.50	23.50
84.00	32.00	22.00
86.00	30.50	20.50
88.00	29.00	20.00
90.00	27.50	20.00
92.00	26.00	20.00
94.00	24.50	20.00
96.00	23.00	20.00
98.00	21.5	20.00

对于没有通过安全港测试，但通过非安全港测试的计划，在通过所有“事实和环境”测试后，可以被认为无歧视。

事实和环境测试。其他一些因素可以在应用“事实和环境”测试时考虑进去，这些因素主要包括：雇主进行这样分类的基本商业理由；在计划下受益的雇员同员工总数的百分比；是否每一薪水范围内覆盖雇员的数量能够代表在这一薪水范围内雇员的总数；对于满足安全港百分比，这种分类还有多少距离。

3. 每期缴费额的限制

政府对私人养老金的税收优惠措施，激励了人们积极地进行养老金的积累，降低了国家的财政压力，但同时也减少了国家的税收收入。为避免当期政府税收的大量流失，税法对每期养老金的缴费额作出限制。

401(k) 计划中雇主向计划缴费的配比缴费可以作为生产成本在每个财政年度税前列支，不计入基数，免税缴费额度最高为企业员工工资总额的15%。2001年以前，雇员的缴费限额为工资的15%，最高金额不超过10500美元，若加上雇主的配比缴费部分，合计缴费最高限额为雇员工资的15%，且不超过30000美元。2001年的《经济增长法》提高了这一缴费限额，从2002年的11000美元逐渐增加到2006年的15000美元，最高缴费比例也提高为工资的100%。雇主配比缴费的免税缴费最高限额为工资总额的15%。2002年以后，雇主与雇员每年合计缴费限额为40000美元。为了避免公司在缴费中出现有利于关键雇员的安排，有关法律还制定了“歧视性测试”条款，如为了确保公司为低工资雇员提供401(k) 计划，IRAs规则限制由公司给高薪雇员延迟支付的最高限额。

针对IRAs的有关规定为：要符合401 (k) 计划附加的条件，对每期缴费额数的限制以及年度测验的要求。目前每年能够存入IRAs的最高限额为4000美元，不同参与者的缴费上限随其收入状况、年龄及其他条件而有所不同。美国私人养老金体系的三种退休金计划的个人缴费限额具体规定如表附录2-3所示。

表附录2-3　三种私人退休金计划的个人缴费限额比较　（单位：美元）

	401(k) 计划	IRAs 计划	简易个人退休账户
2001年以前	10500	2000	6000
2002年	11000	3000	7000
2003年	12000	3000	8000
2004年	13000	3000	9000
2005年	14000	4000	10000
2006年	15000	4000	2005年以后以500美元的增幅逐步根据生活指数进行调整
以后	2006年以后以1000美元增幅逐年根据生活指数进行调整	2008年以后提高到5000美元	

资料来源：Economic Growth and Tax Relief Reconciliation Act（June 24，2001），U. S. Congress，sec. 601 & sec. 611；转引自王岩妍：《美国401(k)计划评述及其对中国的启示》，硕士学位论文，2003年。

以新加坡的中央公积金为例，为了保证缴费的合理性，其对不同年龄雇员的缴费上限都作出了规定，具体内容如表附录2-4所示。

表附录2-4　新加坡中央公积金规定的不同年龄雇员的缴费上限

年　龄	雇员承担部分的缴费上限
55岁以下	1200
55岁到60岁	750
60岁到65岁	450
65岁以上	300

资料来源：中国保监会编著：《养老保险国别研究及对中国的启示》，中国财政经济出版社2007年版，第211页。

为了鼓励企业员工参加强积金计划，香港政府制定了优惠的税收政策。雇主在强积金中的供款，包括强制性的和自愿性的，均可以在税前列支，但上限为雇员总薪酬的15%。雇员及自雇人员的供款在年最高限额 12000 英镑以内的部分可以免征个人所得税。当领取强积金的累积权益时，雇员基本上无需纳税。不过，若计划成员不幸身故而使强积金提早发放，有可能要缴纳遗产税①。

（二）贯彻积累性原则

养老保障体系制度安排的目标就是要使退休后有收入保障，因此，养老金资产积累的连续性和稳定性十分重要，因此对养老金账户中积累的资产给予十分严格的管理要求。

1. 对提前取款的惩罚

美国税法对包括 401(k) 计划和 IRAs 在内的私人退休金计划明确规定，不得提前取款。

只有符合以下条件才能从个人账户中领取养老金：年龄≥59.5 岁；死亡或永久丧失工作能力；发生大于年收入 7.5% 的医疗费用；55 岁以后离职、下岗、被解雇或提前退休。

一旦提前取款，对此的惩罚包括：未达到退休年龄所提取款项视为一般收入所得，按 20% 的税率预缴所得税，同时加收 10% 的惩罚税。通常情况下，税款和罚金叠加将会是一笔重负，因此很少有人会提前支取退休账户里的资产，从而可以实现养老金资产的有效积累。

2. 对借款行为的约束

美国私人退休金计划允许个人向自己的养老金账户借款。但是，这种借款行为不被鼓励和提倡。

401(k) 计划和 IRAs 都允许借款，但是都对借款数量进行严格限制，而且要求借款人必须在一定的时间内偿还本金和利息。

个人向养老金账户借款的最大优点是利息支付到自己的账户中，而不是支付给商业银行或其他商业贷款人。

---

① 中国保监会编著：《养老保险国别研究及对中国的启示》，中国财政经济出版社 2007 年版，第 290 页。

值得指出的是，通过401(k) 计划和IRAs借款，会产生两大不利影响：一是个人的借款行为会影响养老金账户资产的增殖能力，影响未来的收益；二是必须用税收收入来还款，这样就等于为借款进行双重纳税。因为向401(k) 计划的缴费是税前款，而支付贷款利息是税后款。

很显然，不到万不得已的情况，个人通常不会向养老金账户行使借款权。

3. 对困难取款的审查

美国私人退休金计划允许个人向自己的养老金账户进行困难取款，困难取款不需要偿还，但是在1年内不能向该计划中缴费，而且要承担困难取款的两个代价：一是支付所得税，二是接受10%的罚金。

困难取款被严格限制为4种用途：支付自己、配偶或需要抚赡养人的医疗费用；自己、配偶或未成年子女中级以上教育的下一年的学费；购买第一套住房；避免失去主要住房的居住权。其他理由都不能成为困难取款的条件。

4. 确保账户资产的灵活转移

个人账户的个人缴费及收益和已经受益的雇主缴费及收益，都属于个人资产，个人有权自由处置。当个人辞职或出现其他状况时，应当方便其个人账户资产的转移，以保证退休金资产的有效积累。

美国的法律允许个人账户资产从一个IRAs滚存进入另一个IRAs或者从合格退休计划滚存（Rollover）进一个IRAs账户或从一个401(k) 计划转入另一个401(k) 计划，且对资产滚存免予征税。

（三）贯彻养老消费原则

1. 确保养老金用于养老消费

为了保障养老金真正用于养老消费，美国税法对于养老金的延期领取也建立了一套严格的惩罚制度。我们以401(k) 计划和IRAs为例：

美国税法规定雇员年满59.5岁后，无论退休与否，都可以从自己的私人退休金账户中领取退休金。若这时不需要领取退休金，雇员可以将领取时间推迟至70.5岁。但是70.5岁以后，无论雇员是否需要领取退休金，他都必须开始从自己的401(k)和IRAs账户中提款。

美国税法规定养老金账户拥有者达到70.5岁时，必须从账户中取款，通常取款时限应该是在应纳税年度的12月31日。也就是说，在12月31日之前，该拥有者从401(k)和IRAs账户中提取的存款将与其他收入一起计入当年的应税收入。

美国税法还规定第一次取款的时间可以延迟到账户拥有者达到70.5岁那年的4月1日。如果账户拥有者没有在此期限之前提取一定限额以上的退休金，将缴纳相当于该年应取限额50%的罚金。

很显然，在退休者70.5岁之后，“以养老为目的”之养老保障原则就转变为“以养老消费为目的”。对以美国为代表的主要工业化国家而言，消费增长是国家经济增长的重要组成部分和重要保证。在老龄化时代，老年消费增长对于国民经济增长具有十分重要的意义。退休者在70.5岁之后仍然不从养老金账户中取款，就意味着该账户的养老金资产很有可能成为遗产。

2. 确保养老金资产细水长流

世界上大多数国家，允许退休者可以选择一次性领取或分期领取退休金。对于分期领取方式，国家规定了最低领取金额，这一最低金额根据人口预期寿命与现有资产余额来定。

随着人口预期寿命延长、账户养老金资产数量增多以及老龄化条件下社会储蓄率降低等一系列新情况、新形势，不少国家调整了养老金领取的条件。在过去一段时间里，不少国家鼓励退休者选择一次性领取方式，甚至可以享受特殊的优惠所得税率。但是，现在越来越多的国家鼓励退休者采取年金化的领取方式，希望确保养老金资产细水长流。

由于进行高风险投资或不合理地安排消费支出等多种原因，退休者在退休时一次性领取的养老金往往难以充分起到养老保障的作用，最后政府不得不对这些退休者提供困难救助，从而增加公共开支，也使得个人账户积累的私人养老金失去其意义。因此，政府鼓励人们对养老金资产采取分期或年金化领取模式。通常私人养老金计划都对养老金的领取征收所得税，如果领取的金额过大，如一次性领取，则按当年的所得税税率征税的话，需要缴纳大量的税金。另外，对一次领取过多的，有的还要求缴纳罚金。

美国401(k)计划规定：如果退休雇员分期领取的金额每年超过150000美元或一次性领取金额超过750000美元，需要为超过部分交纳15%的罚金。

新加坡公积金制度为了保证其成员有足够的资金积累来应付更长的退休时间，当中央公积金成员超过55岁时，需先在其退休账户中预留一个最低数量的金额，然后才可以提取其积累的剩余部分。从2000年7月1日起，这个最低限额是65000新元，其中40000新元是抵押财产，25000新元是现金。并且最低限额每年增加5000新元，直到2003年达到80000新元（表附录2－5）。

表附录2－5　　新加坡中央公积金制度规定的最低限额的数额

55岁生日以后	最低限额	现金数额	抵押财产
1995年7月1日	4000	4000	36000
1996年7月1日	4500	8000	37000
1997年7月1日	5000	12000	38000
1998年7月1日	5500	16000	39000
1999年7月1日	6000	20000	40000
2000年7月1日	6500	25000	40000
2001年7月1日	7000	30000	40000
2002年7月1日	7500	35000	40000
2003年7月1日	8000	40000	40000

资料来源：中国保监会编著：《养老保险国别研究及对中国的启示》，中国财政经济出版社2007年版，第214页。

香港的强积金规定：所有由强制性供款所累积的权益必须保留至计划成员达到退休年龄为止。雇员个人账户中积累的养老金必须等到雇员达到65岁法定退休年龄时，才可以一次性全数提取。以下情况除外：年满60岁且已退休、永久性离开香港、完全丧失工作能力、身故以及过去12个月没有供款且户头结余少于5000英镑，并表明日后不再工作①。

第二节 税收待遇与养老基金发展

养老金曾经几乎纯粹是税收法律的一个产物（埃尔森：Ellison，2003），可见税收政策对私人养老金制度发展具有十分重要的意义，对雇主和员工在收入所得上的税收优势被认为是推动私人养老金发展的主要动力、第一推动力（Mumy & Manson，1983）。税收优惠可以激励人们提高养老金的储蓄水平，在社会保障之外为雇员提供补充的退休收入来源。在大多数经济学家看来，通过提供税收优惠来鼓励私人退休金制度发展，是美国政府制定的长期经济金融政策。

一、税收制度与养老金发展

（一）税收制度的类型

从私人养老金制度的法律关系和运营特征来看，它是一个长期承诺的、受法律保护的延期支付合同，同时也是一个基金管理、资金运用和待遇制度不同环节综合发展的补充养老金制度。在私人养老金计划中，其账户内资金将经历养老金缴纳、基金投资和养老金领取三个

① 中国保监会编著：《养老保险国别研究及对中国的启示》，中国财政经济出版社2007年版，第290页。

环节。实际上，私人养老金计划的三个环节都受到税收政策的影响。在缴费环节，涉及企业所得税和个人所得税；在投资环节，涉及增值收益税和利息税；在领取环节，涉及个人所得税、遗产税、赠与税。根据这三个环节可能的征税领域，可以组成八个基本的征税模式，如表附录2-6所示。

表附录2-6　　企业年金的征税模式组合

	EET	TEE	TTE	ETT	EEE	TTT	TET	ETE
缴费环节	E	T	T	E	E	T	T	E
投资环节	E	E	T	T	E	T	E	T
提取环节	T	E	E	T	E	T	T	E

其中：T(tax) 表示征税；E(exempt) 表示免税。

在这八种税制类型中，最宽松的税制是EEE模式，因为它对私人养老金计划的每一个环节都做免税对待；最严厉的税制是TTT模式，它对私人养老金计划每一个环节都作征税对待。从发达国家的实践来看，采用EEE税制和TTT税制的国家并不多，原因是EEE税制在税收过程中都给予税收全免的优惠待遇，容易导致税收流失，显然违背个人所得税的公平调节原则；采用TTT税制，显然起不到税收激励的作用，反倒是一种竭泽而渔的做法。

此外，ETE只对投资征税，从国家角度讲，税收损失相对较大，而且缺乏对个人收入的调节作用。TET对缴费和领取两个环节征税，在税收政策上又失公平，也不利于养老金发展。TTE和ETT则是将养老储蓄看做是一种普通的商品和服务，而且TTE与针对储蓄产品的税收待遇相同，因此税收优惠程度不明显。

相比之下，TEE和EET模式的税收优惠程度高于TTE和ETT模式，在当期消费和未来消费中保持中性，并且与社会保障制度下的养老金在性质上相同，因此被认为是两种非常可取的政策。

在税率相同的情况下，TEE和EET模式在税收待遇上没有差别。

但是，由于个人所得税实行的是累进税率，而个人在不同阶段的收入水平不同，因而使用的税率也不同。雇员在退休后的收入水平比在职的大部分时间的收入要少，从而导致他们在养老金领取阶段适用的边际税率比养老金缴费阶段的边际税率要低，因此，采用 EET 模式可以使他们享受更优惠的税收待遇。

（二）税收制度的激励

关于税收政策对于私人养老金计划的影响，塞莫洛特等（Cymrot，1981）采用一个两期的模型来刻画劳动力的流动比率和所得税在劳动合同中所扮演的角色，该劳动合同的一个特点是它包含了养老金计划。在假定企业的预期成本函数和雇员的预期效用函数的前提下，模型对最优合同进行了刻画，并且对历史经验进行了简单回顾，该模型表明：税收激励是劳动合同中提供私人养老金的一个重要诱导因素。通过比较含有和不含税收优惠的最优劳动合同，模型结果表明：（1）没有税收优惠，合同中将不含养老金；（2）通过提高工资水平增长的斜率，劳动力流动率将降低；（3）工资的一定比例的延期支付优势是由于收入所得税的结构所导致的；（4）当劳动力流动率很低的时候，养老金计划的税收优势不能弥补他们的行政成本。由此可见，税收优惠政策对私人养老金计划的建立起着决定性的作用。

从发达国家的经验来看，实施税收优惠政策的主要目的在于鼓励私人养老金计划的发展。原因在于：税收优惠政策的实行，能够改变企业建立或个人参加私人养老金计划的成本和收益，从而影响他们的行为选择。

这里以美国 401(k) 计划的税制为例进行说明。401(k) 计划是具有广泛影响的成功的私人养老金计划，且 401(k) 计划的迅速发展与其享有的税收优惠政策是密不可分的，而且使用于 401(k) 计划的 EET 税制被世界上大多数国家所借鉴和采用。

对于雇主而言，无论雇主是将资助的养老金以工资的形式直接付给雇员，还是以税前缴费的形式存入其主办的合格私人养老金计划，都可以在税前列支，能够获得同样的减税待遇。但是，在保持支出相同前提下，雇主通过为员工提供私人养老金的方式将部分员工的工资收入转移到退休储蓄账户，可以改变雇员当期和退休后的收入结构，从而减少雇员的税收支出，这无形之中增加了雇主给雇员提供的福利待遇。而且，通过建立私人养老金计划，雇主可以建立一套完善的有竞争力的薪酬福利体系，吸引优秀员工，增强员工的归属感，提高员工工作的积极性。

对于雇员而言，延期纳税的益处主要体现在以下三个方面：

首先，雇员向401(k)计划的缴费可以税前列支，意味着雇员当期应税收入的下降，当期缴纳的个人所得税也相应减少。

其次，延期缴税的优势还在于其对退休资产收益的影响。在401(k)计划中，由于个人退休金在投资阶段是免税的，资金可以在账户内滚存投资。我们可以将参加401(k)计划与将养老金以定期存款存入银行的方式进行比较，为方便比较，假设两者都以复利投资，且收益率相同。由于将养老金存入银行需缴纳利息税，每期缴纳的利息税会使存入银行的养老金的受益低于401(k)计划的养老金的收益。考虑到养老金计划是长期行为且以复利投资，当期投资收益的减少必然会减少以后每期可用以投资的本金，所以雇员参加401(k)计划的实际税后收入要远大于不参加该计划的税后收入。

最后，虽然401(k)计划的参加者退休后领取这笔退休金时还是要缴纳个人所得税，但雇员退休后的收入一般小于工作时的收入，而且退休金提款还享有特殊优惠税率，适用的税率及所缴纳税款都相应降低，因此可以节省纳税总额。

（三）税收制度的效率

效率一般是指投入与产出或成本与收益之间的对比关系，而私人养老金税收优惠制度的效率也可以从成本与收益的对比来解释。税收优惠政策的制度成本主要包括税收优惠制度的界定、设计、政府组织的成本，也包括制度运行中的组织、维持和实施等费用。具体来看，私人养老金税收优惠制度的成本包括两个部分：制度的直接运行成本和间接运行成本。直接运行成本包括税收优惠政策的制定和运行过程中政府的组织、维持、贯彻实施等造成的政府部门的直接费用；间接运行成本包括两方面，一方面来自于税收优惠政策的制度约束给计划造成的运行成本的增加，另一方面来自于政府税收收入的减少。

在制度的直接运行成本一定的情况下，税收优惠制度的成本主要由制度的间接运行成本所决定。而在间接成本中，政府的税收收入损失无疑是最引人关注的，虽然如前面所述，制度约束造成的运行成本的增加也是税收优惠制度不可忽视的一部分。博斯沃斯和贝尔特斯（Bosworth & Burtless，2004）运用现值方法，考察了所有 OECD 国家中享受税收优惠的退休储蓄计划的每一单位缴费的净税收成本。结果表明，不同国家的税收成本存在巨大差异，从每美元 40 美分（捷克）到几乎为零（墨西哥，新西兰）。超过一半的 OECD 国家的税收成本超过 20 美分，但是许多 OECD 国家产生了至少 10 美分的净税收成本。基于 2000 年的缴费标准，享受税收优惠的私人养老金的税收成本占 GDP 的比重从 1.7%（澳大利亚，爱尔兰，英国）到少于 0.2%（日本，斯洛文尼亚）。

从对我国企业年金的税收成本的测算来看，其中刘云龙、姚枝仲、傅安平（2002），劳动和社会保障部社会保险研究所（2003），张勇、王美今（2004）的测算具有一定代表性。

刘云龙等（2002）首先假设企业将原本以直接薪金方式发放给职工的工资改为以养老金方式发放，计算得出免征企业所得税导致的税收减少额为企业年金保险保费增加额的 24.2%，免缴个人所得税导致的税收减少额达到企业年金保险保费增加额的 34.2%。此外，通过养老金增长测算得出税收减少额对整个财政收入和税收收入的影响非常小，均只占 1% 左右。因此，对养老金缴费阶段的税收优惠对于促进企业年金发展是一条成本较低的政策。

原劳动和社会保障部(2003) 的测算则是以基本养老保险和企业年金之间的关系为基础，假设从2003年起企业职工按工资收入的8%建立企业年金，到2020年将形成相当规模的企业年金基金，其中历年收入、支出的平均增长速度为14.7%和36%，而同期基本养老保险的收入、支出平均增长速度为12.2%和8.9%，这说明企业年金作为第二支柱的作用将不断增强，积累额将高于基本养老保险。伴随着累计税收额的逐年增加，企业年金积累额始终保持在税收累计减少额的5—6倍，这表明国家每投入1元资金将导致企业年金积累额增加5—6元。

张勇、王美今(2004) 指出，上述研究将雇员的实际寿命等于预期寿命，从而把企业年金当成了确定性年金。他们从不确定性出发，构建了企业年金税收支出的精算统计模型，并综合了企业年金的“跨期”特性和基准税收的选择。研究表明，2002年我国企业年金税收支出为18.3亿元，在确定性情形下，雇员的平均税收支出为288元，比不确定性条件下的278元要高出3.6%，即目前的测算高估了我国企业年金的税收支出。而从替代率看，他们认为企业年金替代率水平每提高1%，税收优惠比例就要增加大约0.45%，税收支出增长11.2%。在当前政策下，要使替代率水平达到20%的改革目标，税收优惠比例应提高到9%，同时税收支出增长125%，达到41亿元。

一般意义上，制度收益是指制度通过降低交易成本、减少外部性和不确定性等，给经济人提供的激励与约束的程度。具体对于私人养老金的税收优惠政策而言，其制度收益主要表现在以下两个方面。

1. 完善养老保障体系，减轻政府财政负担

随着人口老龄化的到来，各国基本养老保险负担不断提高，财政压力加大，如表附录2-7所示，各国政府在养老金方面的隐性债务已经普遍超过GDP的100%。政府通过提供税收优惠政策，刺激私人养老金发展，完善养老保障体系，可以减轻政府在基本养老保障方面

的负担，减少政府公共养老金支出的财政压力。

表附录 2－7　部分国家 90 年代的养老金隐性债务①

国家	养老金隐性债务占 GDP 比重（%）	国家	养老金隐性债务占 GDP 比重（%）
阿根廷	120	日本	162
巴西	187	秘鲁	37
加拿大	121	土耳其	72
智利	80	美国	113
中国	69	委内瑞拉	37
法国	216	哥伦比亚	30
德国	157	墨西哥	141.5
匈牙利	213	克罗地亚	350
意大利	242	乌克兰	141

2. 有利于促进国家的经济增长

利用税收优惠政策带动私人养老金市场的发展，有利于促进国家的经济增长，主要表现在下面四个方面：（1）有利于提高居民储蓄，加快资本积累，提高资源的配置效率，从而促进经济增长②；（2）有利于促进金融市场，特别是资本市场的发展③；（3）有利于劳动力的流动，有利于劳动力市场的培育和发展；（4）有利于提高企业的获利能力和竞争力，有利于提高职工的工作效率。

---

① 阿根廷、巴西、加拿大、智利、中国、法国、德国、匈牙利、意大利、日本、秘鲁、土耳其、美国数据为 1995 年数据，数据来源于韩大伟、厉放、吴家亨著：《养老金体制》，经济科学出版社 2000 年版；委内瑞拉、哥伦比亚、墨西哥、克罗地亚、乌克兰数据为 20 世纪 90 年代的数据，数据来源于艾森黛拉·詹姆斯著："养老保障新体制——理论、实践和经验证据"，社会保障基金管理国际研讨会，1997 年，转引自魏加宁主编：《养老保险与金融市场——中国养老保险发展战略研究》，中国金融出版社 2002 年版。

② 当然，私人养老金的发展对于一国储蓄率的影响并没有明确的结论，这一点在第一章的文献综述中已经有论述。

③ 这一点将在第六章中进行具体阐述。

从制度的成本与收益来对制度的效率进行考察是一种典型的新古典经济学的分析范式。然而，虽然私人养老金税收优惠政策导致的税收损失成本在一定条件下是可测的，但是制度运行的其他成本以及税收优惠政策的收益都不具有可测性，导致直接从收益与成本的对比关系来考察制度效率具有一定的局限性。

从制度效率的影响因素来考察私人养老金税收优惠政策的制度效率，可以在一定程度上能够弥补上述不足。一般来说，影响制度效率的因素主要包括：（1）制度的普适性；（2）其他相关制度安排实施其功能的完善程度；（3）制度的实施机制（袁庆明，2005）。基于这种思路，从制度效率的影响因素来对美国私人养老金体系的税收优惠政策的制度效率进行考察，可以得出比较满意的结论。

第一，从制度的普适性来看。首先，美国私人养老金的税收政策具有"一般性"，即对于不同企业、不同员工都实行相同的税收优惠待遇；其次，税收政策具有"确定性"，即税收政策以严格明确的税收法律、会计制度为基础，对于可享受税收优惠的条件、缴费额度、缴费比例等都有明确的规定；最后，税收政策具有"稳定性与一定的开放性"，美国私人养老金的税收政策从1921年开始实施至今，基本的税收规则都保持了一致性，即合格计划下一定额度、一定比例的税收减免。但是，对于具体的合格性要求，比例与额度的限制都随着实际情况的变化而不断进行调整，如2001年《经济增长和税收救济协调法》根据人们生活水平的变化情况，将401(k)和IRAs账户的缴费额度和比例都进行了调整。

第二，从与其他制度安排的结合来看。整体制度安排下各个制度之间的结合效率可以分为三种——制度耦合、制度真空与制度冲突。在美国私人养老金体系的整体制度安排下，税收优惠与养老保障制度安排的关系最为紧密。从税收优惠政策的目的来看，税收政策的目的是为了引导私人养老金市场的发展，并实现"以养老为目的"。为此，美国私人养老金税收制度既考虑了通过税收优惠来刺激私人养老金需求的需要，又考虑了合理控制税收优惠的额度与比例的需要，同时还考虑了防止养老金提前领取和延期领取的可能，保证税收优惠范围内的缴费是用来保障个人的养老生活。从而，税收优惠与养老保障制度形成了一种完全互补的制度安排。

第三，从制度的实施机制来看。美国采用综合个人所得税制，个人年终申报，再汇总清缴，多退少补，这样节省了政府进行私人养老金税收管理的许多运作成本，提高了制度运行的效率。

二、税收待遇与制度安排

（一）税惠政策的基本思路

1. 推动私人养老金发展

推动私人养老金计划的发展是税收优惠政策建立的主要目标。由于私人养老金计划采取的是自愿原则，是否建立或参加该计划由雇主和雇员自由决定，政府并不强制要求，因此需要建立一套激励机制来鼓励雇主建立（以吸引优秀员工）、雇员参与（以获得税收优惠）私人养老金计划，这就是税收优惠政策的目的。国家实施税收优惠政策，就是为了调动雇主和雇员两方面的积极性，鼓励私人养老金计划的发展，提高雇员退休后的收入水平，降低基本养老保障体系的支付压力。

2. 实现“以养老为目的”

私人养老金的本质是一种补充性养老金，它和社会保障养老金一样，都属于老年人的经济保障计划，用以维持老年人的基本生活水平。税收优惠政策的实施也服从于“以养老为目的”之基本原则，其优惠的程度要能使私人养老金维持在合理的水平，因此需要对缴费的额度与比例进行限制，对提前与延期领取进行税收惩罚，真正保证私人养老金用于养老。

3. 提高制度效率

如果税收优惠政策的力度不够强大，可能无法吸引雇员参加私人养老金计划，从而达不到引导储蓄资金流向私人养老金计划的目的。如果税收优惠政策的力度过于强大，一方面，将会使私人养老金计划成为一种避税的储蓄工具；另一方面，过大的税收优惠幅度意味着国家财政收入的减少，加重政府财政负担。因此，税制的选取，税惠比例的确定，税收额度的高低，都会影响税收制度的效率。

（二）税惠政策的制度安排

1. 税收制度的选取

美国政府对私人养老金体系采取 EET 税制，即企业和个人向私人养老金计划的缴费可以税前列支；养老金投资收益免税；养老金领取时征收个人所得税。

实际上，目前世界各国在对待私人养老金计划的税制上，采用最多的就是 EET 税制，即允许雇主与雇员从他们的税前收入中扣除养老金缴费额，并减免养老金投资收益所得税，但对待养老金领取时则像对待其他应纳税收入一样，征收个人所得税。如表附录 2－8 所示，美国、加拿大、英国、荷兰、瑞士、意大利、法国、匈牙利、德国、瑞典等国，都实行 EET 税制。

表附录 2－8　部分国家企业养老计划税制类型比较

国家	税制类型	附　注
美国	EET	
加拿大	EET	
英国	EET	对一次性领取免税
荷兰	EET	
瑞士 a	EET	
意大利	EET	对其他形式储蓄投资也免税
法国 a	EET	只对国家强制的现收现付计划（pay－as－you－go）的缴费及投资环节免税

续表

国家	税制类型	附　　注
匈牙利 c	EET	
德国	EET	雇主以空账（book reserve）缴费的现收现付计划；
	TE（T）	基金积累计划（Support Fund），对一次性领取免税
瑞典 b	ETT	
丹麦 b	E（T）T	只限于对房地产投资收益征税
日本	（E）T（T）	对待遇确定计划只部分免税，对一次性领取免税
新西兰 b	TTE	
澳大利亚 ab	TTT	领取环节税率较低
俄罗斯 c	TTT	
捷克 c	Tax Credit	以政府直接出资（tax credit）形式给予鼓励。

资料来源：E. Philip Davis，1995，Pension Funds。

注：a. 瑞士、法国、澳大利亚 3 国的企业养老保险是国家法定强制实行的；b. 瑞典、丹麦、新西兰、澳大利亚 4 国在税制改革（分别在 1991 年、1984 年、1987 年、和 1992 年）之前是 EET 税制。C. 匈牙利、俄罗斯、捷克 3 国为经济转型国家，其余 11 国均为 OECD 国家。

2. 税惠幅度的规定

前面已经介绍了美国政府针对 401(k) 计划的税收政策。下面我们以德国和澳大利亚为例来进行考察。

德国国会于 2001 年 5 月通过了《养老保险改革法令》，其中一项重要内容就是：大力发展职业养老保险和个人自愿养老保险等商业性养老保险，改变养老保障过分依赖公共养老保险体系的局面。为此，德国采取了直接补贴和税收优惠政策等多种措施。具体措施包括：

第一，直接对养老储蓄进行补贴。所有购买经政府认可的商业性养老保险项目的受雇人士和自雇人士均可享受养老储蓄补贴，补贴由政府相关部门直接注入投保人的储蓄账户。如表附录 2－9 所示，根据养老保险储蓄率的不同，国家将分别给予不同额度的基本补贴和未成年子女补贴。

表附录 2－9　　德国的养老储蓄补贴制度

年度	储蓄率（%）	基本补贴（欧元/年）	未成年子女补贴（欧元/年）
2002	1	38	46
2004	2	76	92
2006	3	114	138
2008	4	154	185

阿克塞尔·H. 博西－苏潘："德国养老保险改革动向"，《国际经济学》，2005 年 9—10 月号。转引自侯立平："21 世纪德国的两次养老保险体制改革"，《保险职业学院学报》，2006 年第 2 期。

第二，对特别支出实行免税待遇。作为享受直接养老储蓄补贴的替代，用于购买经国家认可的商业性养老保险的储蓄额也可作为"特别支出"享受免缴所得税的待遇。如表附录 2－10 所示，2002 年可免缴所得税的特别支出额为 525 欧元/年，到 2008 年特别支出额将增加到 2100 欧元/年。

表附录 2－10　2002—2008 年德国可以享受免缴所得税待遇的最高储蓄额

年度	可免缴所得税特别支出额（欧元/年）
2002	525.000
2003	1.050
2006	1.575
2008	2100.000

资料来源：同表附录 2－9。

澳大利亚对养老金制度给予的税收优惠幅度相对较少，但其对雇员和雇主的缴费都有相应的税收优惠政策安排，具体税收优惠政策如表附录 2－11 所示。

表附录 2－11　澳大利亚企业补充养老保险缴费的税收优惠政策

对于雇员缴费的税收优惠	
评估的年收入	最大税收回扣
27000 澳元以下	允许雇主对每个雇员的缴费享有 10% 的税收回扣，但不能超过最高限额 100 澳元
27000—31000 澳元	以 27000 澳元为起点，评估的年收入每增加 1 澳元，税收回扣将减少 2.5 分
对于雇主缴费的税收优惠	
财务年度末雇员的年龄	可扣除的缴费额的最大值
25 岁以下	12643 澳元
25—49 岁	36893 澳元
50 岁以及 50 岁以上	92976 澳元
对于自我雇佣者缴费的税收优惠	
财务年度末自我雇佣者的年龄	1997—1998 年度的可扣除的缴费额的最大值
25 岁以下	10232 澳元
25—49 岁	28420 澳元
50 岁以及 50 岁以上	70492 澳元

资料来源：中国保监会编著：《养老保险国别研究及对中国的启示》，中国财政经济出版社 2007 年版，第 113—114 页。

3. 税惠政策的管理

给私人养老金制度提供税收优惠政策，一个重要出发点就是要贯彻“以养老为目的”之养老保障。因此，享有税收优惠政策的私人养老金计划，必须遵守和贯彻“以养老为目的”之养老基金管理。

世界各国对所实施的税收优惠政策的税收管理，往往十分严密，而且十分严格，税收管理的举措包括：

（1）控制享受税收优惠政策的最高缴费额度。

（2）确保所有雇员缴费的合理性和公平性。

（3）限制提前取款、借款、困难取款等行为。

（4）要求养老金用于养老消费而非遗产继承。

（5）鼓励雇员选择年金化领取方式确保养老金细水长流。

很显然，税惠政策的税收管理与“以养老为目的”之养老基金制度安排是一致的、一体的。由于本书前面章节比较详细地介绍了相关内容，这里不再赘述。

第三节 基金投资与基金监管

目前，主要工业化国家的养老金资产规模都十分庞大，不少国家的养老金资产规模甚至已经超过银行资产规模。在英、美等国，养老基金投资已经成为资本市场上最大的机构投资者，成为本国金融市场上流动性最强的本土资本。本章将从养老基金投资和养老基金监管两个方面对此进行研究。

截至2007年年底，世界主要国家和地区“企业养老金”[①] 基金（即第二、第三支柱养老金资产，第二支柱养老金资产占比大约为三分之二，个人养老金和养老保险产品占比大约为三分之一）总计大约29万亿美元。美国私人退休金资产规模为世界之最，为17.1万亿美元，占比为60%左右。英国企业养老金资产规模位居第二，为2.7万亿美元，占比为10%左右。然后依次为：加拿大1.5万亿美元，荷兰1.1万亿美元，澳大利亚1.0万亿美元，日本0.9万亿美元，瑞士0.6万亿美元。

主要有两大原因导致各国养老金资产占全球养老金总资产的比重发生变化。一是由于新兴经济体等国家企业养老金发展十分迅速，导致主要工业化国家企业养老金资产的占比呈现下降趋势。二是由于各国企业养老金资产投资于资本市场，且投资于资本市场的比重差别较

① 各个国家对此的称呼不一，美国称之为“私人退休金”，英国称之为“职业养老金”，日本称之为“企业养老金”，德国称之为“企业养老保险”，澳大利亚称之为“超级年金”，我国称之为“企业年金”。

大，导致各国企业养老金资产的占比会出现较大的波动。当资本市场表现优异的时候，投资于资本市场比重高的国家排名相对靠前；当资本市场表现较差的时候，投资于资本市场比重高的国家排名相对靠后。从美国私人退休金资产占全球养老金总资产的比重变动情况来看，由于投资资本市场的比重较高，因此其占比往往有较大波动；特别是由于新兴经济体养老金资产积累的速度较快，美国的占比呈现逐渐下降的趋势。2001 年的时候，美国养老金资产占全球养老金总资产的比重为 70% 左右，到 2007 年时候，该比重为 60% 左右，下降了约 10%。简单地讲，美国养老金资产的占比每 2 年会下降一个百分点。英国养老金资产占全球养老金资产的比重的变动，与美国的情况非常类似，主要是因为新兴经济体国家养老金的发展，摊薄了他们的份额，但是这并不影响美国和英国养老金资产绝对额的增长势头。

与“企业养老金”相对应的是“公共养老金”即社保基金（第一支柱养老金资产）。截至 2007 年年底，全球社保基金资产大约为 4.4 万亿美元，其中美国独占鳌头，社保基金资产为 2.2 万亿美元，占比为 50%。日本位居第二，日本社保基金（GPIF，年金积立金）大约为 1.1 万亿美元，占比为 27%。接下来是韩国和瑞典。其中美国和日本的社保基金合计占比为 77%，超过了四分之三①。

一、养老金制度的属性

（一）养老金制度的财政属性

养老金制度的财政属性主要体现在养老保障性、补充保障性、税惠性和福利性四个方面。

1. 养老保障性

---

① 关于企业养老金和社保基金的相关数据，资料来源于：郑秉文：“金融危机对世界养老金影响有多大？”，《中国证券报》，2009 年 5 月 14 日。

养老金制度的基本社会经济功能是对抗老龄化危机，确保老人经济安全。由于长寿风险、疾病风险、收入降低风险和通货膨胀风险等4大难题，老年人经济安全具有不确定性。建立养老金制度，充分调动政府、雇主、雇员三方的积极性，为社会成员年老时准备充足的资金，正是为了有效对抗老龄化危机、确保老年人经济安全的重要制度安排。养老保障性要求养老金资产必须用于养老并采用强制性年金化领取方式，防止提前领取或过高的投资风险。

2. 补充保障性

在三支柱养老保险体系中，国家提供的基本养老保险、雇主提供的养老金计划、个人购买商业养老保险“三足鼎立”。作为第二、第三支柱的私人养老金制度对整个养老保险体系起补充的作用，与第一支柱共同构筑一个总的替代率水平。同时，三者之间又存在一定的替代性和挤出效应。假定个人购买的商业性养老保险的替代率水平确定，则私人养老金制度的建立和发展，就可以降低基本养老保险的替代率，从而降低基本养老保险的支付压力，最终降低由财政承担的支出压力。

3. 税惠性

国际上对养老金制度的通行税收政策是EET税制，即允许雇主与雇员从他们的税前收入中扣除养老金缴费额，并减免养老金投资收益所得税，只对养老金领取额征收个人所得税。美国的IRAs计划和401(K)计划、英国的职业年金计划(Occupational Pension Plans)、加拿大注册养老金计划(Registered Pension Plans)就是享有这种税收优惠政策的典型。

实际上，EET税制的税惠特征产生了两大积极的作用，一方面鼓励雇主和雇员向养老基金计划和其他适格的养老金计划供款，增加了全社会可投资的储蓄资产，提高了整个社会的储蓄率，有利于经济的长期增长。另一方面，养老基金计划和养老金计划的投资收益可以享受税惠政策，它改变了个人选择不同投资组合策略的相对收益率水平，因为相对于非适格投资计划而言，养老基金资产从一开始就可以通过资产的税惠性来获得高于其他投资选择所能获得的收益。美国学者们纷纷在“税收政策与资产选择”的大题目下，通过跨国家、历史性的实证分析和计量检验，得出了一些基本结论：由于税收政策的非中性，税收政策改变了人们在非税政策环境下的资产安排策略，养老金资产的税惠性鼓励人们对养老金计划进行供款，导致了养老金资产的快速积累。

4. 福利性

从微观层面上看，养老金计划是企业薪酬福利制度的基础，是雇主为雇员提供的员工福利计划（employee's benefits plan）的一个组成部分。员工福利计划是一个范畴很广的概念，美国商务部曾经将它宽泛地定义为“在工资之外的任何形式的支付和收益”，它包括全面覆盖员工生老病死的保险保障计划、股票期权计划、各种货币补贴计划、各种非货币的福利计划（如培训计划、休假计划等）等等。对雇主而言，建立养老金计划是一种负债性的、支出性的财务行为，同时也是满足和实现雇主多重战略目标的重要举措①。对雇员而言，养老金计划是一种远期实现收益的福利制度，它增加了雇员退休后的养老金收入。

（二）养老金制度的金融属性

养老金制度的金融属性，主要体现为养老金资产的金融属性，可以从以下几个方面来加以概括。

---

① 雇主是否建立私人养老金计划，所关注和考虑的重要问题有：第一，相对于员工的需要而言，向员工提供的福利是否充足。第二，相对于同业公司和同地区的企业而言，该企业的薪酬福利计划是否具有竞争力。第三，相对于已经提供的福利计划而言，建立私人养老金计划是否重复并产生浪费。第四，建立私人养老金计划对雇员的激励作用究竟有多大？要求提供敏感性分析报告。第五，建立私人养老金计划对实现人事和招聘目标有多大的帮助？要求提供相关性研究报告。第六，建立私人养老金计划对企业成本控制有多大的影响？要求提供财务分析报告。第七，建立私人养老金计划是否能够满足法律、监管、税收等方面的要求？

1. 流动性、安全性和收益性

养老金资产的流动性主要是指向退休者支付养老金、短期加入者的离职给付、困难取款等方面的情况，其中最主要的是向退休者支付年金。由于养老金管理规定的差异，有些国家允许向养老金计划的短期加入者在离职时给付现金，也允许养老金计划的参与者进行困难取款。因此，养老金资产的流动性要求就会变得相对复杂，它在客观上要求资产管理人预测养老金资产的流动性需要，合理进行资产安排。

养老金资产的安全性主要来源于养老金资产用于保障退休者生活需要，是老百姓的“养命钱”，是退休者维持生活最主要资金来源。因此，必须确保养老金资产的本金安全和资产运用安全。

养老金资产的收益性是指养老金资产必须实现增值要求，这一方面是由资金的自然“趋利性”要求决定的，另一方面也是因为长期资产的积累必须能够对抗通货膨胀和其他影响资产实际购买力因素的侵袭。由于养老金计划筹资方式的差异，在有些情况下，养老金资产收益性直接表现为资产管理人的资金成本。

通常情况下，养老金资产的流动性、安全性和收益性三者之间是密不可分的，这就要求养老金必须做到安全性与收益性并重，同时兼顾流动性。

2. 长期性、稳定性和积累性

通常情况下，养老金计划的参与者从第一次供款开始，到第一次领取养老金，资产积累期可以达到30—50年，由此可见养老金资产具有长期性。同时，养老金计划的参与者在养老金管理规定的强制性和税惠政策的激励性作用下，往往会持续进行供款[①]，形成一个稳定的供款现金流。养老金资产的长期性、稳定性和累积性一方面有利于

---

① 当然，每一个人的供款水平在30—50年的时间里，可能会有波动，不一定随着时间的推移而持续增加供款额，但是由于养老金计划参与者人群规模巨大，再加上计划参与者年龄差异、收入水平差异以及其他方面的诸多差异，在供款额上会呈现出“此消彼长”的特点，从而从整体上看，供款额和养老基金现金流是稳定的。

资产管理人对养老金资产进行合理配置，通过选择长期投资品种从而获得较高的投资收益；另一方面，养老金由于其长期性、稳定性和累积性，往往可以累积起数量巨大的资产规模（图附录2－2）。

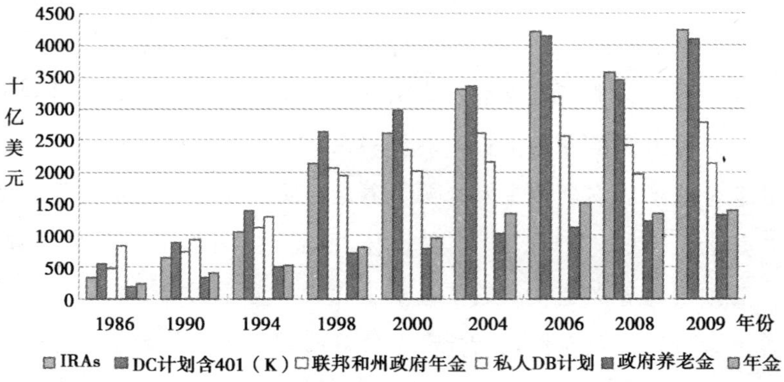

图附录2－2　1986—2009年美国养老基金总资产发展情况

资料来源：“2009年美国养老金市场报告”（The U. S. Retirement Market, 2009），参见：http：//www. ici. org。

（三）养老金制度的投资属性

养老金制度的投资属性①，即养老金与资本市场密不可分的关系，主要表现为三个方面的内容。

1. 养老金资产保值增值的需要

养老金作为长期资产，具有保值增值的需要，天然具有投资属性。一是通过获得投资收益，防范通货膨胀导致养老金资产贬值的风险。二是通过获得投资收益，提高退休者的养老金待遇水平。三是通过获得投资收益，缓解人口预期寿命提高带来的长寿风险，或者降低养老金计划的缴费水平。

2. 资本市场发展的需要

① 养老金制度的金融属性和投资属性，确实很难截然区分。本书做此区分，意在强调养老金资产与金融市场、金融工具之间的直接联系。

养老金资产的长期性、稳定性和累积性，最适合资本市场的发展。

第一，可以为资本市场发展提供巨额的长期资金。

从下表中我们也可以看到，在IRAs和401(k)计划的投资组合中，IRAs投资于国内股票的资产达到8230亿美元，国内股票投资占到其总资产的51%。401(k)计划投资于国内股票的资产达到了6610亿美元，国内股票投资占到其总资产的43.6%。很显然，单单是IRAs和401(k)计划投入到美国国内股票市场的资金总额就达到了1.48万亿美元（见表附录2－12）。

表附录2－12　2009年IRAs和401(k)的投资组合　单位：10亿美元

类别	国内股票	国外股票	混合基金	债券	货币市场
IRAs	823	263	314	323	230
DC	965	294	395	283	165
401(k)	661	230	319	198	108
403B	200	31	42	32	23
457计划	33	8	11	11	2
其他DC计划	72	25	22	42	31

资料来源："2009年美国养老金市场报告"（The U.S. Retirement Market, 2009），参见http://www.ici.org。

第二，可以为资本市场发展培育出众多的机构投资者。

私人养老金不断地向养老基金、人寿保险公司和共同基金等机构投资者注入资金，使它们能活跃在资本市场上，这对于稳定一国的资本市场，提高资本市场的运行效率具有十分积极的意义。

有效的资本市场是指资本市场上各种金融资产的价格能够准确地反映有关信息，保证金融资源的有效配置。要使得资本市场有效率，一方面要保证各种信息的准确披露，同时还要使金融资产的价格能够及时地对各种相关信息作出正确的反应，这就需要大力发展机构投资者。

以美国为例，1960年之前美国的股市几乎由个人投资者垄断，但到了20世纪90年代中期，人寿保险公司、共同基金和养老基金等机构投资者持有的股票已经占到58%，而上述机构投资者的资金很大一部分来自于私人养老金。

3. 金融市场创新的需要

美国著名养老金专家博迪（Bodie）1990年的研究成果表明，养老基金是促进过去40年美国金融创新的主要力量。无论是以直接方式还是间接方式，私人养老金都促进了资产抵押债券的发展、结构性金融工具和金融衍生产品的广泛运用、指数基金零息债券的出现、市场波动时旨在保护投资者的综合性金融工具的供给等。而智利和拉美国家基金制养老保险制度的重大调整，更是极大地促进了金融创新的进程。金融创新进程自身，又较大程度地增进了金融市场的效率。养老基金的积极参与还极大地促进了发达国家由银行导向型的金融结构向证券导向型的市场结构发展，催生了金融体系的结构性制度变迁。另一方面，养老基金和机构投资者的迅速发展，也推进了会计、审计技术的发展，拓展了金融监管的内涵与外延，对金融监管提出了更高的要求。因此，养老基金的发展，不但增大了资本市场规模，而且还促进了资本市场的成熟程度和金融创新进程。

当然，养老金资产的投资属性，还有其他的表现形式，如稳定资本市场的作用，稳定国家金融体系的作用，增强本土资本力量的作用等等。

二、养老金监管与治理

（一）养老金监管的动因和范围

1. 养老金监管的主要动因

从养老金制度的经济保障功能和金融功能来看。一方面，养老金制度作为三支柱养老保险体系的组成部分，为退休者提供“养命钱”，因此，养老金制度的重要性和特殊性就显现出来。另一方面，养老金计划通过受托方式或合约方式与金融市场联系在一起，其投资的风险性也显现出来。所以，养老金制度发展必须满足5大要求：规范性、安全性、收益性、可持续性、与其他经济金融制度发展的协调性。这5大要求也就成为养老金监管的5大主要动因。

（1）从养老金制度运营的特征来看。首先是养老金合约的长期性，经济学和金融学对长期性金融制度安排的金融风险程度的考察表明，由于信息不对称（information asymmetry）、有限理性（bounded rationality）、道德风险（moral hazard）等多种因素的存在，往往面临较多的并且是较大的风险，需要有内外部的、专业化的监管力量介入。其次是养老金运作的多环节性，养老金制度包括缴费、投资、领取3个不同的环节，每一个环节中所蕴藏的风险因子和风险程度也是不一样的，因此，对养老金的监管不但是必须的，而且要有针对性。相对于缴费环节和领取环节而言，养老金投资环节面临的风险较大，因此，世界各国对养老金的投资监管往往被置于重点监管和优先监管的地位。

（2）从养老金对金融市场和金融体系的影响来看。由于养老金的长期积累和庞大的资产规模，养老金资产的投资直接与货币市场、资本市场上的金融机构和金融工具联系在一起，一方面养老金资产容易给其他金融机构和金融工具带来冲击，另一方面，其他金融机构和金融工具也容易给养老金体系带来冲击。因此，各国政府都对养老金投资方向、投资比例、投资组合、投资策略、投资决策程序、信息披露等一系列内容进行限制，力图通过对养老金投资的有效监管，来确保金融制度和金融体系的稳定性。

（3）从税收管理的角度来看。由于针对养老金制度的税收待遇特征，往往会导致税收收入流失以及“经济扭曲效应”，因此，必须对养老金制度的缴费环节和领取环节进行有效监管，避免养老金发展对税收、收入再分配、其他金融机构发展的负面影响。

（4）基金监管的其他要求。这些要求还包括：方便政府监管政策的实施、实现养老金领取者的要求和预期、有利于开展国际合作等等。

2. 养老金监管的核心内容

养老金监管的核心内容，主要是与养老金监管动因联系在一起的，其最终的基础还是养老金制度的财政属性、金融属性、投资属性。可以从宏观和微观两个方面来加以考察。

（1）从宏观方面来看。养老金监管的核心内容包括 6 大方面：①要不要实行税收优惠政策？如何对税惠适格计划（tax – qualified pension plan，TQPP）进行监管？②选择什么样的发展模式，是英美法体系下的受托人制度，还是大陆法体系下的金融机构与消费者之间的契约型制度？③要求养老金计划严格采用缴费确定型（defined contribution，DC）模式，还是允许采用收益确定型（defined benefit，DB）模式？在 DB 模式下如何对养老金计划的管理人进行监管，确保他们有足够的偿付能力？④养老金制度运营的基本要求是什么？如何制定健全的《养老金管理规定》来进行规范监管和规范发展？⑤实行的是统一监管还是分散监管模式？分散监管模式下的监管机构之间如何进行充分合作？⑥养老金资产的投资渠道、各投资渠道的投资比例限制如何设定？如何避免养老金资产过于暴露在资产市场的风险之下？

（2）从微观方面来看。养老金监管的核心内容主要包括 15 个方面：①养老金计划发起人的资格认定。②养老金计划参与者的资格认定。③养老金计划的税惠适格性认定。④雇主向养老金计划享受税惠政策的供款限制。⑤雇员向养老金计划享受税惠政策的供款限制。⑥关于赋益权的时间规定。⑦关于提前取款的经济惩罚。⑧关于困难取款的资格认定。⑨婚姻状况与养老金计划的供款分担和资产分割。⑩养老金资产与遗产处理。⑪账户管理要求。⑫养老金计划的可携带性与转账要求、转账管理。⑬投资管理。⑭销售管理。⑮对养老金体系的金融再保险制度安排。

3. 影响养老金监管的主要因素

（1）监管机构的确立。确立监管机构的问题，实际上是在选择由现有的监管机构来承担对养老金制度的监管职能，还是成立一个新的、专门的监管机构来承担监管职能。目前，美、英两国的做法是由现有的监管机构来完成监管职能，因为养老金服务的提供商大多是基金公司、寿险公司、银行、资产管理公司、信托公司，现有的监管机构和监管法律基本上可以覆盖养老金的运作，只需要增加对养老金的缴费和领取、投资组合等进行限制就可以了。

（2）受托人制度。英美法系的国家对养老金制度实行受托人管理模式，其法律基础是信托法，养老金的运营管理主要涉及委托人、受托人、保管人、投资人、中介人（简称为“5人”模式），而能够成为适格（qualified）受托人的金融机构主要包括寿险公司、基金公司、银行、信托公司等；实行大陆法系的国家，没有将养老金资产唯一地界定为信托资产，更多的是在合同法的基础上，由雇主与金融机构通过签订金融合约（或购买金融产品）的方式来发展养老金业务。在受托人模式下，信托法明确规定了受托人、资产管理人、投资人享有的权利和义务，并在三者之间建立了有效制衡关系。

（3）投资监管的细化。由于养老金资产投资风险的特殊性，在制定对养老金资产投资监管的条例中，往往对投资扩展、债务投资、权益投资和其他证券投资、可转换证券、权益保证、远期合约、期权合约和现金合约等都作出了具体而明确的规定。

（4）养老金监管机构与税务当局、劳动部门的联系。由于养老金计划享受税收优惠待遇，如何确定养老金计划的税收适格条件、供款比例、供款上下限、收入限制等一系列问题就成为监管的重要内容。通常情况下，养老金的监管机构必须同税务当局进行协调，涉及养老金税务方面的政策往往需要由税务部门来制定。由于养老金计划提供的是员工福利，关于适格员工资格的认定、权益归属时间的规定，通常情况下由劳动部门进行监管。

（5）统一监管还是分散监管。美国是一个实行国家联邦主义和财政联邦主义的国家，因此，州政府和联邦中央政府分别对所辖的养老基金进行监管。而英国政府在近年来调整对养老基金的监管体制，由多部门监管走向由一个部门统一监管。香港强积金制度推行后，明确由一个专门的机构——香港积金局来行使统一的监管职能。

(6) 信息技术、标准格式和标准文本。养老金计划的健康运营依赖先进的账户行政管理系统、信息技术系统、会计标准，它包括适应雇主缴费和雇员缴费匹配的缴费管理系统和账户记录系统，能够对所有缴费和团体账户下的未分配资金进行完整的记录并进行清晰的管理，可以接受监管部门检查、独立会计师事务所的审计以及计划参与者的查询。同时账户行政管理系统还能够根据雇主和雇员的需要，实现账户转移、权益归属转移的要求。先进的养老金行政管理系统能提供投资账户报告、计划年度报告（企业）、计划成员权益报告（个人）、税务报告、业绩统计报表等报告和报表，进行充分的信息披露，确保年金计划的规范性。为了实现对业务数据和财务数据信息的有效监管和及时沟通，监管部门往往制定统一的标准格式和标准文本，实现对数据信息的标准化管理和统一管理。

(7) 强制力度、惩罚和诉讼程序。为了确保所有的监管制度和监管规则能够得到有效的服从和遵守，国家赋予监管机构拥有一定的强制力度和处罚权力。在受托人模式下，基金管理人、投资管理人、资产受托人和其他方参与养老基金的经营管理主体，都必须经过批准。对那些不遵守养老基金监管要求的参与者，监管机构有权取消他们的经办资格。对于违反养老基金监管规定做法的参与者，监管机构可以对他们的违规行为作出处罚。

（二）养老金监管的制度安排

1. 监管规则的选取

根据各国监管机构对养老金投资资产的组合类别和投资比例的限制程度，可以区分为审慎人原则（Prudent Person Rules，Prudent Man

Rules，简称 PPR 或 PMR）和数量限制规则（Quantitative Asset Restrictions，简称 QAR）两种基本的监管模式。

两种监管模式的选择取决于一国资本市场的发育程度、投资管理人的投资管理能力高低、公司治理结构和公司内控制度的完善程度、监管经验多少和监管水平高低以及法律渊源等诸多因素，并且对确定一国养老金的风险收益模式起着十分重要的作用，对养老金的投资业绩也会产生不同的影响，因此监管模式的选择一直是养老金投资监管中备受关注的大问题。从法律渊源角度来看，英国和美国属于英美法系国家，大多采用审慎人原则。德国和法国属于大陆法系国家，大多采用严格数量限制规则（表附录 2 - 13）。

表附录 2 - 13　审慎人原则与数量限制规则的特点比较

审慎人原则	数量限制规则
监管目标集中于投资管理人的行为	集中于对投资进行限制，而不是对组合进行限制
要求投资组合管理采取多样化的方式	对“风险资产”实行数量限制
允许投资人在坚持多样化的前提下，实行投资的自由选择	把谨慎视同于低风险资产
监管机构更关注信息方面	对单个金融工具的投资进行限制
	不允许投资的自由选择

资料来源：根据翟燕立所著的《国际养老基金投资监管的实践及其对中国的启示》（硕士学位论文，2002 年）一文整理获得。

从两者的优劣势比较来看，数量限制规则存在比较明显的缺陷，即由于“数量限制规则”的使用，使得养老基金资产组合受到严格的限制，这将导致：（1）“资产免疫策略”或“资产负债管理技术”在期限匹配的应用上很困难甚至不可能，从而增加了养老基金资产面临的收益率波动和资产负债匹配风险；（2）忽视了资产多样化可以减小资产组合的风险和价格波动水平；（3）不能实现资产配置的最优化，影响养老基金投资业绩水平；（4）使投资组合不能对经济环境、证券、货币和不动资产市场的变化作出快速反应，导致投资组合不必要的损失；（5）对金融衍生产品使用的限制，导致投资组合投资低收益的资产和承担不必要的风险；（6）可能导致资产管理行业投资管理技能难以提高，投资技能退化。

2. 投资组合的限制

为了有效地防范和控制养老基金投资于高风险金融品种可能造成的投资风险，许多国家对养老基金的投资组合进行了限制。从 OECD 的调查看，目前大多数 OECD 成员国都存在对养老基金证券组合的数量限制，特别是限制养老金计划的成员和养老金管理人的利益冲突。除了日本外，养老基金自我投资①是受到限制的，其最高投资比例从 30%（芬兰、瑞士）到 0（丹麦）不等。有大约一半的 OECD 成员国对投资的资产类型有限制，最主要的是对股权投资和国外证券投资的限制。16 个国家对股权投资有限制，从 0（墨西哥）到 65%（比利时）不等。

3. 收益率水平的要求

为了进一步约束养老基金投资者的投资行为，防范养老基金投资风险，有些国家对养老基金的投资收益水平提出了相应的要求。各国对养老基金投资收益水平的要求可分为两种，即最低收益水平和最高收益水平②。

目前，大多数国家要求养老基金每年至少给投资者带来一个最低的投资回报水平，部分国家甚至还规定了最高的收益水平。最低收益

---

① 养老基金的自我投资，是指建立私人养老金计划的雇主，将该计划资产投资于本企业的股票。

② 如翟燕立（2002）指出，并非所有国家都对养老基金投资有最低收益要求。在实行审慎人原则的国家里，投资经理人被赋予了投资全权，对其经营业绩的判定并不只简单地看基金的收益水平，而是看投资经理人是否“像一个谨慎的人一样”进行投资，只要能够做到这一点，理事会一般不对基金的收益水平作特别要求。但是，如果养老基金的投资经理人按照监管部门的要求公布了其投资政策，而养老基金的投资损失系由其违背公开承诺所引起，则投资监管部门就会追究基金理事会和投资管理人的责任。

在规定上可采取绝对值和相对值两种形式，绝大多数拉美国家采用相对值的形式。阿根廷、智利、秘鲁三国以整个行业的表现作为参照标准，例如，智利就规定养老基金的年收益不得比行业平均收益低2个百分点或低于行业平均值的50%以上。其他一些拉美国家，如哥伦比亚，采取了以市场平均表现和一个标准投资组合共同构建参考指标的办法。也有一些国家以绝对值的形式对投资收益加以规定，例如，瑞士就规定养老基金必须要达到年收益4%的目标（表附录2－14）。

对养老基金最高投资收益的限制较少出现，目前有此规定的国家主要有阿根廷、智利、萨尔瓦多和乌拉圭。例如，阿根廷将养老基金投资收益的最高限值设定为行业平均收益的170%，智利则为50%。秘鲁过去也对最高收益有所限制，但有关规定已自1996年11月起停止执行。

表附录2－14　部分国家对养老金最低收益水平的规定

国家	最低收益水平要求
阿根廷	二者孰低：（a）比基金业年均收益低2个百分点；（b）比基金业年均收益低30%。
智利	二者孰低：（a）比基金业年均收益低2个百分点；（b）比基金业年均收益低50%。
哥伦比亚	考虑资本市场整体收益水平和一个标准的投资组合的收益后制定出的一个平均收益水平。
匈牙利	对各年龄段的投保人标准不同，例如，对40岁组的投保人账户中的积累其投资收益不得低于4%。
秘鲁	二者孰低：（a）比基金业年均收益低2个百分点；（b）比基金业年均收益低50%。
波兰	所有养老基金平均收益的50%，或比平均收益水平低4个百分点。
新加坡	2.5%（名义收益率）
瑞士	4%（名义收益率）
乌拉圭	二者孰低：（a）2%；（b）比基金业平均收益低2个百分点。

4. 信息披露制度①

为了解决养老基金投资管理中的信息不对称问题，防止养老基金投资管理人利用信息优势损害基金受益人的利益，给养老基金资产安全带来道德风险，各国对养老基金投资管理都建立了信息披露制度以及即时监督投资管理人的行为。

从信息披露要求来看：

美国《雇员退休收入保障法案》（EERISA）规定，养老基金管理人必须履行以下两方面有关信息披露和报告的义务：第一，向参与人和受益人提供信息披露的义务。各个雇员受益计划的行政管理人，必须向本计划所覆盖的各个参与人和受益人提供概要性计划陈述和其他信息资料。第二，向监管当局备案的义务。行政管理人有义务就年报、终止和补充报告等信息资料向秘书处和养老金收益担保公司（PBGC）备案。

英国《信息披露法案》等法律对养老基金管理人向中央登记机构备案年报没有任何要求。但是，1995 年《养老金法》规定了养老计划的审计师和精算师关于养老计划重大违法行为的告知义务，该法第 48 条第 4 款规定：包括受托人和雇主在内的参与养老计划管理的其他人，负有告知职业养老计划监管局有关养老计划违法行为的义务。

从信息披露时间、内容和格式要求来看：

美国《雇员退休收入保障法》中的相关规定主要包括：（1）方便性要求。行政管理人必须把其最新更新的数份概要性计划陈述、最新年报、谈判协议、信托协议、合同或本计划所据以建立和运营的其他工具，放置于其主要办公地点，以使本计划的任何参与人或受益人能够方便地查阅，或放置于其他适合的地点，以使所有参与人可以方便地获得所有相关信息。（2）时间要求。行政管理人必须在本计划

① 美国和英国的信息披露要求主要参考郑木清（2006）“养老基金信息披露监管的国际经验和我国的政策”（《人口与经济》，2006 年第 1 期）一文。

的财政年度结束后的210天以内，向各个参与人、受益人提供这一财务年度的报表和明细表，并且提供为公平地总结最新年报所必需的其他资料。（3）收费标准的要求。行政管理人在任何参与人或受益人提出书面要求时，必须提供一份最新更新的概要性陈述、最新年报、终止报告、谈判协议、信托协议、合同或本计划所据以建立和运营的其他工具。行政管理人可以收取合理的费用，以补偿其提供这些完整文本所发生的成本。（4）提供次数的限制。参与人或受益人无权在任何一个12个月的时期内接收超过一份以上的报告。（5）关于年报构成和责任的规定。《雇员退休收入保障法》规定，各种雇员受益计划年报由财务报表、公共会计师报告和意见、注册精算师报告和意见以及其他信息或证明资料等组成。

英国《信息披露法》和《养老计划财务报表的建议准则》等法律中有关信息披露时间、内容等要求主要包括：（1）可获得性的要求。《信息披露法》未要求养老计划向成员分发信息文件，但要求养老计划必须把大量的信息以文件保存并保持可获得性。《信息披露法》还要求，如果养老计划寄送出了一份文件，必须同时附上一份载有进一步的信息可以获得和查询应该发往的地址的书面提示；养老计划必须做到确保养老计划的文件是最新更新的和完整的。（2）信息文件构成的要求。《信息披露法》中要求，养老计划成员一旦提出要求，与养老计划有关的其他主要经常性文件必须可以立即获得，这些主要经常性文件包括：养老计划文件（包括信托契约和规则以及任何修改文件、各个参与雇主的名称和地址以及投资原则报告等）、筹资和估值报告（包括最新精算估值报告、最新的MFR（最低筹资要求）和缴费安排或支付安排）、最新年报和过去五年的年报。（3）基本信息内容的要求。根据《信息披露法》的规定，养老计划基本信息包括以下七个方面的信息：成员资格；缴费；受益；提前离开者的权利和转移；章程、税收和解约状况；进一步的信息和查询；投诉。（4）提供基本信息的时间要求。《信息披露法》（第4条）规定：在新成员和潜在成员不必提出要求的情况下向他们提供本养老计划基本信息，如果现实条件允许，应在他们加入计划之前提供；如果不具备这一条件，就在他们加入之后的两个月以内提供；现有的成员、现有的或潜在的成员的配偶以及公认的工会组织也有权在提出要求的情况下获取这些信息，但不能多于一年一次。(5) 基本信息情况变化的告知要求。《信息披露法》（第4条第5款）规定：任何与养老计划有关的变化，如果该变化将会导致基本信息的重大改变，那么必须在该变化发生之前（如果现实条件允许），并且在任何情况下都必须在变化发生之后的三个月之内，向所有成员和受益人通知这一变化情况。

5. 风险补偿机制

为防止因私人退休金计划受托人、投资管理人、保管人的管理不善或违规行为而使养老基金受益人承担超过正常水平的投资风险，确保基金投资收益能够为受益人退休后的生活提供充足保障，许多国家都在对基金投资的各个环节采取相应风险控制措施的基础上，建立了相应的风险补偿机制，以作为保障基金积累水平、保护基金受益人利益的最后一道防线。

针对养老基金不同的筹资方式，风险补偿机制的监管要求也不同。收益确定型（DB）计划往往提供收益担保，一旦投资失败或者投资回报达不到预定收益目标，雇主有义务对养老金赤字进行弥补。但是，严重的情况往往是一旦雇主破产，则由雇主建立的DB型计划会跟随破产。所以，针对DB计划，大多数国家建立了收益担保公司，其中以美国养老金收益担保公司（Pension Benefit Guaranted Corporation，PBGC）最为著名。

通常情况下，缴费确定型（DC）计划不提供收益担保，完全由计划参与者承担投资风险，也有部分基金在自愿基础上建立了风险储备，以熨平收益上的波动。德国针对基金制企业养老金计划的个人账户资产实行货币基础担保计划（Money - Back Guarantees）；智利针对缴费确定型（DC）计划建立了最低真实收益率担保；阿根廷和波兰针对 DC 计划建立了最低名义收益率担保；就连英国也建立了一个专门针对职业养老金计划的养老金补偿委员会（the Pensions Compensation Board，PCB）去管理一个补偿计划①。

对基金投资最低收益有要求的拉美国家中，政府监管部门采取了以下措施来确保在计划参与者的利益能够得以保障②：（1）建立风险准备金。所有负责养老基金投资运营的基金管理公司都必须以自有资本建立风险储备金，并与养老基金以相同的方式进行投资运作。（2）建立盈余公积金。部分国家要求养老基金利用高收益时期的部分盈利建立盈余基金，用以弥补低收益时期的投资损失。例如，在智利，基金盈利超过行业均值 150% 的部分都要进入该公积金；在阿根廷，超过平均值 130% 的部分也要进入这一公积金。（3）公司重组。市场表现不佳的公司将与其他公司合并或被其他公司兼并。（4）政府直接干预。政府可以采取直接干预措施以保护养老金投资的利益。20 世纪 80 年代初，智利政府就曾临时接管了四家破产的基金管理公司，后将其卖给了私人投资者。

总体而言，如果养老基金投资出现亏损，养老基金管理公司首先要依次使用盈余公积金和风险储备金来弥补损失，当这两项资金用尽后，公司就必须招募新股弥补基金自身的亏损和上述两项耗尽了的储备金。如果公司不能达到上述要求，政府就会介入对公司进行清算，并由政府弥补基金的缺口，基金中的投资者也会随即被转移到自己选定的其他投资公司中。

具体而言，一般由各基金管理公司或出资成立中央担保基金，或自行提取一定比例作储备，或由基金管理公司的自有资本作支撑。当

① 邓大松、刘昌平："政府在养老金制度监管中的职责"，《中国行政管理》，2003 年第 10 期。

② 本部分资料主要来源于：翟燕立"国际养老基金投资监管的实践及其对中国的启示"（硕士学位论文，2002 年）一文。

储备不足时，财政预算予以支持。例如，在智利，为了防止基金收益的过度波动，养老基金管理公司被要求建立投资储备和盈余储备两种储备金。投资储备由相当于基金管理资产1%的自有资本构成；盈余储备则由基金一年的实际投资收益率超过所有的养老基金平均收益率的1.5或2个百分点以上的差额部分构成，是养老基金的资产，不属于基金管理公司。当基金的年实际投资收益低于所有的养老基金平均收益率的0.5个到2个百分点以下时，基金管理公司首先用盈余储备金弥补差额：如果不足，再用公司的投资储备基金弥补；如果仍然不足，则公司要被强制进行破产清算，由政府来弥补基金收益率的剩余差额，个人账户余额则被转移到其他基金管理公司。澳大利亚也建立了类似的基金转移制度，其法律规定，一旦某养老基金出现问题，其资金则被勒令全部转入其他安全的基金。如果已经发生支付危机，则立即进行基金清算，基金法人要承担无限偿付责任；如果还有亏损，则由财政弥补亏损额，并报保险与养老金管理委员会，然后由各个基金按比例分摊。

三、英国职业养老金监管

英国以其信托法传统、养老金治理、养老基金管理、养老金监管享誉全球。在很长一段时间里，英国养老金监管的一个重要特点是多体系监管，通过一系列的政府机构和非政府机构来监管养老基金。

由于英国的养老金体系享受了慷慨而又复杂的税收减免，因此，在国内税收收入局（相当于我国的国家税务总局）成立了一个专门的“养老金计划办公室”。这个办公室由一批富有经验的人员组成，他们可以在现有享受税收优惠的养老金计划之外，批准建立新的养老金计划。一方面承担税收管理的职责，另一方面还指导养老基金产业的发展。

由于许多养老金计划还代替“国家收益关联计划”来提供收益，

隶属于社会保障部的供款局则负责监管“协议转让”的供款过程。

1995年政府依据《社会保障法案》建立了职业养老金监管局（Opra）和养老金赔偿委员会。同时，职业养老金监管局下辖职业养老金咨询局（OPAS）和“养老金计划民情调研员”两个非官方的团体组织，他们配合职业养老金监管局，负责对养老金纠纷进行调解和处理。实际上，他们主要承担对养老金的第二支柱进行监管的职责。

1997年成立的金融服务局（FSA）负责监管个人养老基金或者开放式养老基金以及资产管理公司，它代替了原来存在的两个监管机构：一个是负责监管销售投资产品于公众的个人投资局（PIA），另一个是负责监管机构投资者的投资管理监管局（IMRA）。个人投资局和投资管理监管局是两个自律性的非官方团体。实际上，他们同时承担了对养老金第三支柱进行监管的职责。

2004年“养老金监管局”取代职业养老金监管局（Opra），养老金保护基金委员会（PPF）取代养老金赔偿委员会。

（一）职业养老金监管局的监管机制

在英国，职业养老金监管局是对职业养老金计划的法定监管者。它是根据1995年《社会保障法案》的要求建立，于1997年4月开始运转。

当1991—1992年“麦克斯韦尔丑闻”发生之后，英国当局看出了原有监管体制的缺陷，虽然政府利益如税收收入不能受到损害，但是养老金计划本身、计划的参与者利益也不能够受到损害，必须要通过监管来实现养老金计划的稳健经营。

于是，英国政府决定成立职业养老金监管局，确保职业养老金计划在法律框架下运行，确保职业养老金计划承诺的实现，阻止和预防职业养老金计划受托人出现不当行为。职业养老金监管局可以对那些伤害职业养老金计划稳健经营的粗心、失误以及不诚实的受托人行为，开展调查并采取相应的行动。

很显然，英国政府希望通过职业养老金监管局的统一监管来确保职业养老金计划“活力十足”、“健康长寿”，同时也希望通过监管者的“火眼金睛”，能够对职业养老金计划受托人的不当行为“明察秋毫”。但是，大家都知道，监管者并没有“火眼金睛”，往往也不能“明察秋毫”，于是，英国政府开始为职业养老金监管局配备“一双慧眼”，即在职业养老金监管局之下，建立了职业养老金咨询局（OPAS）和“养老金计划民情调研员”两个非官方的团体组织，配合职业养老金监管局开展工作。这两大非官方的团体组织，同时代表了对养老金进行监管的两大辅助性机制：一是建立“吹哨”机制，由职业养老金咨询局（OPAS）引进专业裁判或者专业仲裁者来开展工作。二是建立“成员抱怨”机制，类似于我国“消费者投诉”的管理制度，主要由“养老金计划民情调研员”组织来实施。

建立“吹哨”机制，是英国政府基于监管现状作出的选择，因为英国有13万多个职业养老金计划，而且80%以上的职业养老金计划覆盖的人数非常少（通常不超过12人），职业养老金监管局不可能对每一个计划发生任何事情都进行调查，也不可能对每一个计划定期进行现场监管。于是在1995年《社会保障法案》中，将职业养老金咨询局、“吹哨”机制建立起来。要求精算师和审计师向职业养老金监管局报告以下几个方面的行为和事项：与法律相冲突、违反职业养老金规则的内容、侵害计划成员的利益等。从该机制的运作来看，精算师和审计师是对委托人负责的，他们要将涉及委托人利益的敏感事项直接向监管者报告。不过，如果精算师和审计师没有履行好报告职责，从法律角度来说，不会受到惩罚，但是会受到专业性行业组织的责难。尽管“吹哨”机制在英国存在广泛争议，但是它的功能是十分清晰的，它是代表委托人利益的，可以对受托人的不当行为进行有效约束，从而有利于职业养老金计划的“长治久安”。

“成员抱怨”机制实际上提供的是一个发表意见的论坛或者反映意见的渠道，通常情况下，内部人最清楚问题的所在或潜在问题是什么。英国政府的做法是鼓励广大的养老金计划参与者通过“成员抱怨”机制，直接将自己的意见或不满反映给监管机构和“养老金计划民情调研员”组织。实际上，这个“抱怨”机制有两大作用：一是借助于成员的“内部人”身份，将问题和潜在问题提前发现并加以预防，起到“未雨绸缪”、“防患于未然”的作用。二是有利于避免通过司法程序来解决成员和计划发起人、受托人之间的利益冲突，节省了制度经济学所定义的“社会成本”。

通常情况下，养老金计划的参与者（即内部成员）可以写信给职业养老金咨询局（OPAS），职业养老金咨询局是由一系列的专业咨询人士如精算师和律师组成，这些专业咨询人士不在职业养老金咨询局支薪，他们利用自己可能挤出的时间来为职业养老金咨询局工作，可以视为一种志愿者组织。一般情况下，职业养老金咨询局接到来信后，会转交给某位专业人士进行调查，如果专业人士的调查报告支持“投诉者”的抱怨意见，则最后由职业养老金咨询局向雇主或养老基金发出通知，要求他们采取有效办法平息事情。这是“成员抱怨”机制的第一条渠道。另一条渠道则是“养老金计划民情调研员”，不管是公共部门还是私人部门的雇员，都可以直接向养老金计划民情调研员反映，隶属于职业养老金咨询局的民情调研员也是由技术专家组成的志愿者组织。

（二）职业养老金监管局的监管要求

职业养老金监管局要求职业养老金计划采用受托人方式：受托人是养老金计划的管理者，承担由信托法和职业养老金监管局颁布的养老金法案规定的义务。在许多情况下，他们有责任报告是否违反信托法和养老金法案的做法。职业养老金监管局的重要工作就是要说服受托人更好地管理养老金计划，并接受来自受托人提交的最大数量的报告，这些报告是由受托人方面的专业咨询师、精算师、审计师、保管人或者是律师来起草的。

受托人要求是指用来管理职业养老金计划运作、要求受托人遵守、明确职业养老金监管局职责的一系列要求，它包括：

选择受托人：计划参与者有权选择至少1/3的受托人。

计划成员获得信息：新成员加入计划后的2个月内，雇主必须提供关于养老金计划的详尽资料。所有的成员可以查阅计划的档案，包括年度报告和受托人表现及有关规则。

抱怨机制：每一个计划都必须建立一个明晰的抱怨程序和抱怨反映通道。

保存好记录：所有的计划必须保存好适当的记录，包括受托人大会的记录。

确认缴费已经支付：所有的职业养老金计划必须仔细保存好向计划供款的记录。对收益确定型年金计划的要求是必须每年建立经过审计的账户，对缴费确定型年金计划的要求是必须由一个独立的审计师来确认正确的缴费已经支付。

养老金投资：在专业咨询人员的帮助下，养老金计划的受托人需要解释投资计划所遵循的基本原则。受托人必须确保养老金计划资产的独立性。同时，必须确保通常情况下不得有超过5%的养老金资产投资于雇主的企业或相关业务。

选择专业咨询人员：受托人负责选择专业咨询人员，在信息技术和法律事务方面提供建议。

“最低资金要求”：适用于收益确定型（DB）计划，确保有足够的现金用来支付计划成员的收益。

总之，养老金监管是养老金发展的重中之重，英国通过信托法、审慎人原则、养老金监管打造了养老金治理的三道防线。由于养老金计划的参与者前赴后继、绵延不断，养老金资产的缴费额源源不断、日积月累，可以将继往开来的养老金发展看做是修建万里长渠，或者是修建资本市场上的养老金大坝，那么养老金治理、养老金防线，就是要将这道万里长渠、养老金大坝，打造成密不透风、密不渗水的铜墙铁壁。

参考文献

[1] Allen, F., 1992, in: C. Mayer and X. Vives. eds, *Stock Markets and Resource Allocation in Capital Markets and Financial Intermediation*. Cambridge University Press, Cambridge.

[2] Allen, F., and D. Gale, 1995, "A Welfare Comparison of Intermediaries and Financial Markets in Germany and the US", *European Economic Review*, 39 (2), 179 - 209.

[3] Allen, F., and D. Gale, 1997, "Financial Markets, Intermediaries, and Intertemporal Smoothing", *Journal of Political Economy*, 105 (3), 523 - 546.

[4] Allen, F., and D. Gale, 1999, "Diversity

of Opinion and Financing of New Technologies", *Journal of Financial Intermediation*, 8 (1 -2), 68 -89.

[5] Allen, F., and D. Gale, 2000, *Comparing Financial Systems*, MIT Press.

[6] Arellano, M., and S. Bond, 1991, "Some Tests of Specification for Panel Data: Monte Carlo Evidence and an Application to Employment Equations", *The Review of Economic Studies*, 58 (2), 277 -297.

[7] Arellano, M., and O. Bover, 1995, "Another look at the instrumental variable estimation of error - components models", *Journal of Econometrics*, 68 (1), 29 -51.

[8] Axel Borsch - Supan, 2003, "Labor Market Effects of Population Aging", *Labour*, Vol. 17, pp. 5 -44.

[9] Attanasio O. P., and S. Rohwedder, "Pension Wealth and Household Saving: Evidence from Pension Reforms in the United Kingdom", *The American Economic Review*, Vol. 93 (5) p. 1499.

[10] Anders S. B., and D. S. Hulse, "Social Security: The Past, the Present, and Options for Reform" *The CPA Journal*; May 2006; 76, 5; ABI/INFORM Global p. 20.

[11] Anonymous, "Policies to counter population aging", Organization for Economic Cooperation and Development. *The OECD Observer*; Apr/May 1997; 205; ABI/INFORM Global p. 12.

[12] Bakshi, G. S., and Z. W. Chen, 1994, "Baby Boom, Population Aging and Capital Markets", *Journal of Business*, 67 (2), 165 -202.

[13] Bhargava, A., L. Franzini, and W. Narendranathan, 1982, "Serial Correlation and the Fixed Effects Models", *Review of Economic Studies*, 49 (158), 533 -549.

[14] Baltagi, B. and P. X. Wu, 1999, "Unequally Spaced Panel Data Regressions With AR (1) Disturbances", *Econometric Theory*, 15 (6), 814 -823.

[15] Bodie, Z., 1990, "Pension Funds and Financial Innovation", *Financial Management*, 19 (3), 11 -22.

[16] Bosworth, B., and G. Burtless, 2004, " Supply - Side Consequences of Social Security Reform: Impacts on Saving and Employment", Working Papers, Center for Retirement Research at Boston College, No. 2004 -01.

[17] Beck, T., A. Demirgu - Kunt and R. Levine (2000), "A New Database on

Financial Development and Structure", *World Bank Economic Review.* 14: 597 -605.

[18] Beck, T., A. Demirgu - Kunt and R. Levine, and V. Maksimovic (2001), "Financial Structure and Economic Development: Firm, Industry, and Country Evidence", In *Financial Structure and Economic Growth: A Cross - Country Comparison of Banks, Markets, and Development*, Eds: Demirguc - Kunt, A. and R. Levine. Cambridge, MA: MIT Press: 189 -242.

[19] Black, S. W. and M. Moersch (1998), "Financial Structure, Investment and Economic Growth in OECD Countries", In *Competition and Convergence in Financial Markets: The German and Anglo - American Models*, Eds: S. W. Black and M. Moersch. New York: North - Holland Press: 157 - 174.

[20] Boot, A. W. A. and A. Thakor (2000), "Can Relationship Banking Survive Competition?" *Journal of Finance*, 55: 679 -713.

[21] Blake, D., and L. Mayhew, "ON the Sustainability of the UK State Pension System in the Light of Population Ageing and Declining fertility". *The Economic Journal*, Vol. 116, pp. 286 -305.

[22] Barry B, and G. Burtless, "Pension Reform and Saving", *National Tax Journal*; *Vol. 57 (3)*, 2004, pp. 703 -727.

[23] Blommestein, H. J., "Pension funds and financial markets", Organization for Economic Cooperation and Development. *The OECD Observer*, Jun/Jul 1998; 212; p. 23.

[24] Bernstein, M. C., "The Future of Private Pension Plans", *Journal of Risk and Insurance*, 1967, Vol. 34 (1), pp. 15 -26.

[25] Banks, J., and C. Emmerson, "Public and private pension spending: Principles, practice and the need for reform", *Fiscal Studies*, 2000, Vol. 21 (1), pp. 1 -63.

[26] Cymrot, D. J., 1980, "Private Pension Saving: The Effect of Tax Incentives on the Rate of Return", *Southern Economic Journal*, Jul 1980, Vol. 47 (1), pp. 179 -190.

[27] Cymrot, D. J., 1981, "Tax Incentives, Turnover Costs and Private Pensions", *Southern Economic Journal*, 1981, Vol. 48 (2), pp. 365 -376.

[28] Chang, A. E., "TAX POLICY, LUMP - SUM PENSION DISTRI-

BRTIONS, AND HOUSEHOLD SAVING", *National Tax Journal*, 1996, Vol. 49 (2), pp. 235 – 252.

[29] Daly, M. J., "The Impact of Public Pensions on Personal Retirement Saving in Canada: Some Evidence", *Southern Economic Journal*, 1982, Vol. 49 (2), pp. 428 – 439.

[30] Davis, E. P., 1995, *Pension Funds. Retirement Income Security and Capital Markets. An International Perspective. Oxford University Press*, New York.

[31] Davis, E. P., 1998, "Regulation of Pension Fund Assets" in Blommenstein, H. J. and Funke, N. (eds) *Institutional Investors in the New Financial Landscape Paris*: OECD.

[32] Diamond, P. A., 1965, "National Debt in a Neoclassical Growth Model", *The American Economic Review*, Vol. 55 (5), pp. 1126 – 1150.

[33] Diamond, P. A., "Macroeconomic aspects of Social Security reform", *Brookings Papers on Economic Activity*, Vol. 28, 1997, pp. 1 – 87.

[34] Dziobek, C., and J. R. Garrett, 1998, "Convergence of Financial Systems and Regulatory Policy Challenges in Europe and in the United States", In: Stanley W. Black, Mathias Moersch (eds.), *Competition and Convergence in Financial Markets*. Amsterdam: Elsevier, 195 – 215.

[35] DeViney, S., "Life course, private pension, and financial well – being", *The American Behavioral Scientist*, 1995, Vol. 39 (2), pp. 172 – 185.

[36] Disney, R., and C. Emmerson, M. Wakefield. "Pension reform and saving in Britain", *Oxford Review of Economic Policy*. Oxford: Spring 2001. Vol. 17.

[37] Eduardo Walker & Fernando Lefort, 2002. "Pension Reform And Capital Markets: Are There Any (Hard) Links?," *Abante, Escuela de Administracion*. Pontificia Universidad Católica de Chile., vol. 5 (2), pp. 77 – 149.

[38] Fields, Gary S, "Private Pension Policies in Industrialized Countries: A Comparative Analysis", *Industrial & Labor Relations Review*; Jul 1996; 49, 4; p. 768.

[39] Feldstein, M., 1974, "Social Security, Induced Retirement, and Aggregate Capital Accumulation", *Journal of Political Economy*, 82 (51), 905 – 926.

[40] Feldstein, M., and A. Pellechio, 1979, "Social Security and Household

Wealth Accumulation: New Microeconometric Evidence", *The Review of Economics and Statistics*, 61 (3), 361 -368.

[41] Feldstein, M. and H. Siebert, 2002, *Social Security Pension Reform in Europe*, Chicago: The University of Chicago Press.

[42] Feldstein, M., and L. Jeffrey, 2000. "The Distributional Effects of an Investment - Based Social Security System," NBER Working Papers, No. 7492.

[43] Geanakoplos, J., M. Magill and M. Quizii, 2004, "Demography and the Long - run Predictability of the Stock Market", *Brookings Papers on Economic Activities*, 241 -325.

[44] Goldsmith, R. (1969), *Financial Structure and Development*, New Haven: Yale University Press.

[45] Holzmann R., "Pension reform, financial market development, and economic growth: Preliminary Evidence From Chile", IMF Working Paper No. 96/94, 1996.

[46] Hubbard, R. G., "Pension Wealth and Individual Saving: Some New Evidence", *Journal of Money, Credit, and Banking*, 1986, Vol. 18 (2), pp. 167 -178.

[47] Jensen, S. E. H., and S. B., Nielsen, 1995, "Population ageing, public debt and sustainable fiscal policy", *Fiscal Studies*, vol. 16 (2), pp. 1 -20.

[48] Kennickell, A. B., M. Starr - McCluer and Sunden A. E., 1997, "Family finances in the U. S.: recent evidence from the Survey of Consumer Finances", *Federal Reserve Bulletin*, Board of Governors of the Federal Reserve System (U. S.), Issue (Jan), 1 -24.

[49] Kotlikof, L. J., 1979, "Testing the Theory of Social Security and Life Cycle Accumulation", *American Economic Review*, Vol. 69 (3), pp. 396 -410.

[50] Larry Zimplaman, "The United States Retirement System", *International Symposium On Pension Fund Management*, 20, July, 2000.

[51] Landis, M., & R. Helmut, 1998, "A Simulation Model of Global Pension Investment", OECD Development Centre Working Paper No. 137.

[52] La Porta, R., F. Lopez - de - Silanes, A. Shleifer and R. W. Vishny, 1997, "Legal Determinants of External Finance", *Journal of Finance*, 52 (3), 1131 - 1150.

[53] La Porta, R., F. Lopez - de - Silanes, A. Shleifer and R. W. Vishny, 1998, "Law and Finance", *Journal of Political Economy*, 106 (6), 1113 - 1155.

[54] Levine, R., 2000, "Bank - Based or Market - Based Financial Systems: Which Is Better?", *University of Minnesota mime.*

[55] Levine, R., N. Loayza and T. Beck (2000), "Financial Intermediation and Growth: Causality and Causes", *Journal of Monetary Economics*, 46: 31 - 77.

[56] Levine, R., 2002, "Bank - Based or Market - Based Financial Systems: Which Is Better?", *Journal of Financial Intermediation*, 11 (4), 398 - 428.

[57] Lee & Ko, Seoul, "Pension plans spur growth of financial market ", *International Financial Law Review*, London: Jan 2006, p. 1 Iss. 1; p. 70.

[58] Merton, R. C., 1995, "A Functional Perspective of Financial Intermediation", *Financial Management*, 24 (2), 23 - 41.

[59] Michael, F., 2003, "Capital Flows among the G - 7 nations: A Demographic Perspective", FEDS Working Paper No. 2003 - 54.

[60] Mitchell, O. S., and S. P. Zeldes, 1996. "Social Security Privatization: A Structure for Analysis," *American Economic Review*, Vol. 86 (2), pp. 363 - 67.

[61] Munnell, A. H., 1976, "Private Pensions and Saving: New Evidence", *The Journal of Political Economy*, 84 (5), 1013 - 1032.

[62] Mumy, G. E., and W. D. Manson, "Payroll Taxes, Social Security, and the Unique Tax advantage of Company Pensions", *Journal of Risk and Insurance*, 1983, Vol. 50 (1), pp. 161 - 166.

[63] Merton, R. C. and Z. Bodie (1995), "A Conceptual Framework for Analyzing the Financial Environment", In *The Global Financial System: A Functional Perspective*, Eds: D. B. Crane, et al., Boston, MA: Harvard Business School Press: 3 - 31.

[64] Modigliani, F. and R. Brumberg, 1980, "Utility analysis and aggregate consumption functions: an attempt at integration", in A. Abel ed., *The Collected Papers of Franco Modigliani*, MIT Press, Cambridge, Mass.

[65] Murray, R. F., "THE FUTURE OF PRIVATE PENSIONS: SOME ECONOMIC ASPECTS", *Journal of Risk and Insurance (pre - 1986)*; Mar 1967; 34, 1; pp. 27 - 32.

[66] *Mumy, G. E.*, "The Role of Taxes and Social Security in Determining the Structure of Wages and Pensions", *The Journal of Political Economy*, 1985, Vol. 93 (3), pp. 574 – 585.

[67] Oldfile, G. S., "FINANCIAL ASPECTS OF THE PRIVATE PENSION SYSTEM", *Journal of Money, Credit, and Banking*, 1997, *Vol.* 9 (1): 48 – 54.

[68] Orszag, P., and J. E. Stiglitz. "Rethinking Pension Reform: Ten Myths about Social Security Systems." In Robert Holzman and Joseph Stiglitz, eds., *New Ideas About Old Age Security*. (The World Bank: 2001).

[69] Peterson, P. G., *Will America Grow Up Before It Grows Old?*, New York: Random House, 1996.

[70] Pecchenino, R. A., and P. S. POLLARD, "AGING, MYOPIA, AND THE PAY – AS – YOU – GO PUBLIC PENSIO SYSTEMS OF THE G7: A BRIGHT FUTURE?", *Journal of Public Economic Theory*, Vol. 7 (3), 2005, pp. 449 – 470.

[71] Poterba, J. M., S. F. Venti & D. A. Wise, 1996, "Do 401(k) Contributions Crowd Out Other Persoanl Saving?", NBER Working Papers, No. 4391.

[72] Poterba, J. M., "The Impact of Population Aging on Financial Markets", NBER Working Papers 1085, 2004.

[73] Poortvliet, W. G., and T. P., *Laine*, "A global trend: Privatization and reform of social security pension plans", *Benefits Quarterly*, Vol. 11 (3), pp. 63 – 84.

[74] Poortvliet, W. G, and T. P. Laine, "Privatization and reform of Social Security pension plans as a global trend—Part I: the Underlying Problem", *Journal of the American Society of CLU & ChFC*; Jul 1997; 51, 4; pp. 54 – 62.

[75] Poortvliet, W. G., and T. P. Laine, "Privatization and reform of Social Security pension plans as a global trend—Part II: Social Security Reform", *Journal of the American Society of CLU & ChFC*; Sep 1997; 51, 5; pp. 78 – 83.

[76] Rajan, R. G. and L. Zingales, 1998, "Which Capitalism? Lessons From the East Asian Crisis", *Journal of Applied Corporate Finance*, Vol. 11: 40 – 48.

[77] Rejda, G. E., and J. R. Schmidt, "Impact of Social Security and ERISA on Insured Private Pension Contributions", *Journal of Risk and Insurance*, 1984, Vol. 51 (4), pp. 640 – 651.

[78] Stiglitz, J. E. (1985), "Credit Markets and the Control of Capital", *Journal of Money, Credit and Banking*, 17: 133 – 152.

[79] Shleifer, A. and R. W. Vishny (1997), "A Survey of Corporate Governance", *Journal of Finance*, Vol. 52: 737 – 783.

[80] Shrestha, L. B., "Population aging in developing countries", *Health Affairs*; May/Jun 2000; Vol. 19, No. 3; pp. 204 – 212.

[81] Uhlenberg, P., "Population Aging And Social Policy", *Annual Review of Sociology*, 1992, Vol. 18: 449 – 474.

[82] Weinstein, D. E., and Y. Yafeh, 1998. "On the Costs of a Bank – Centered Financial System: Evidence from the Changing Main Bank Relations in Japan," *Journal of Finance*, Vol. 53 (2), pp. 635 – 672.

[83] Wray, L. R., "Social Security in an Aging Society", *Review of Political Economy*, Vol. 18 (3), 2006, pp. 391 – 411.

[84] 青木昌彦:《比较制度分析》，上海远东出版社 2002 年版。

[85] 袁庆明:《新制度经济学》，中国发展出版社 2005 年版。

[86] 黄少安主编:《制度经济学研究（第七辑）》，经济科学出版社 2005 年版。

[87] 张庆洪主编:《保险经济学导论》，经济科学出版社 2004 年版。

[88] [德] 柯武刚、史漫飞:《制度经济学——社会秩序与公共政策》，商务印书馆 2003 年版。

[89] [日] 韩大伟、厉放、吴家亨:《养老金体制——国家比较、改革思路、发展对策》，经济科学出版社 2000 年版。

[90] 朱青:《养老金制度的经济分析与运作分析》，中国人民大学出版社 2002 年版。

[91] 科林·吉列恩、约翰·特纳、克利夫·贝恩、丹尼斯·拉图利普:《全球养老保障——改革与发展》，中国劳动社会保障出版社 2002 年版。

[92] 林羿:《美国的私有退休金体制》，北京大学出版社 2002 年版。

[93] 孙建勇主编:《企业年金管理指引》，中国财政经济出版社 2004 年版。

[94] 孙建勇主编:《企业年金运营与监管》，中国财政经济出版社 2004 年版。

[95] 孙建勇主编：《社会保障基金运营与监管》，中国财政经济出版社 2004 年版。

[96] 孙建勇主编：《社会保障基金监管制度国际比较》，中国财政经济出版社 2004 年版。

[97] 杨燕绥编著：《企业年金理论与实务》，中国劳动社会保障出版社 2003 年版。

[98] 魏加宁主编：《养老保险与金融市场》，中国金融出版社 2002 年版。

[99] 邓大松、刘昌平著：《中国企业年金制度研究》，人民出版社 2005 年版。

[100] 弗里特·T. 艾伦等著：《退休金计划》，经济科学出版社 2003 年版。

[101] 劳伦斯·汤普森著：《老而弥智——养老保险经济学》，中国劳动社会保障出版社 2003 年版。

[102] 彼得·E. 高得、弗吉尼亚·S. 尼科尔：《如何制定你的退休金计划》，中国金融出版社 2000 年版。

[103] 约翰·戈登：《伟大的博弈：华尔街金融帝国的崛起（1653－2004）》，中信出版社 2005 年版。

[104] 中国保监会编著：《养老保险国别研究及对中国的启示》，中国财政经济出版社 2007 年版。

[105] 耿志民：《养老保险基金与资本市场》，经济管理出版社 2000 年版。

[106] 刘贵平：《养老保险的人口学研究》，中国人口出版社 1999 年版。

[107] 张松：《养老基金与资本市场互动的理论与实证研究——兼论中国养老基金与资本市场良性互动的政策思路》，西南财经大学出版社 2006 年版。

[108] 钟仁耀：《养老保险国际比较研究》，上海财经大学出版社 2004 年版。

[109] 张运刚：《人口老龄化背景下的中国养老保险制度》，西南财经大学出版社 2005 年版。

[110] 郑伟：《中国养老保险制度变迁与经济效应》，北京大学出版社 2005 年版。

[111] 董裕平：《金融：契约、结构与发展》，中国金融出版社 2003 年版。

[112] 蔡则祥：《金融结构优化论》，中国社会科学出版社 2006 年版。

[113] 张杰："金融中介理论发展述评"，《中国社会科学》，2001 年第 6 期。

[114] 郑伟、孙祁祥："中国养老保险制度变迁的经济效应"，《经济研究》，2003 年第 10 期。

[115] 任若恩、蒋云、徐楠楠、林黎："中国代际核算体系的建立和对养老保险制度改革的研究"，《经济研究》，2004 年第 9 期。

[116] 袁志刚："国养老保险体系选择的经济学分析"，《经济研究》，2001 年第 5 期。

[117] 袁志刚、宋铮："人口年龄结构、养老保险制度与最优储蓄率"，《经济研究》，2000 年第 11 期。

[118] 郑秉文："养老保险'名义账户'制的制度渊源与理论基础"，《经济研究》，2003 年第 4 期。

[119] 程永宏："现收现付制与人口老龄化关系定量分析"，《经济研究》，2005 年第 3 期。

[120] 封进："中国养老保险体系改革的福利经济学分析"，《经济研究》，2004 年第 2 期。

[121] 何樟勇、袁志刚："基于经济动态效率考察的养老保险筹资模式研究"，《世界经济》，2005 年第 4 期。

[122] 北京大学中国经济研究中心宏观组："中国社会养老保险制度的选择：激励与增长"，《金融研究》，2000 年第 5 期。

[123] 唐旭、Baljit Vohra、杨辉生："中国养老基金的投资选择"，《金融研究》，2001 年第 11 期。

[124] 王立新、王娴："养老金制度与金融发展"，《金融研究》，1998 年第 3 期。

[125] 李珍、杨玲："养老基金制度安排与经济增长的互动——以美国为研究对象"，《金融研究》，2001 年第 2 期。

[126] 李健、贾玉革："金融结构的评价标准与分析指标研究"，《金融研究》，2005 年第 4 期。

[127] 王辰华、王玉雄："中印金融结构的变迁与效率评价"，《世界经济研究》，2006 年第 3 期。

[128] 陈国进、林辉："金融制度结构与经济增长"，《南开经济研究》，2002 年第 3 期。

[129] 王军生："金融结构优化的国际经验与借鉴"，《国际金融研究》，2005 年第 10 期。

[130] 劳平："金融结构历史演变的初步考察"，《国际金融研究》，2003 年第 6 期。

[131] 郑木清："关于养老基金国际投资的有效监管"，《国际金融研究》，2005 年第 2 期。

[132] 朱松华："证券投资基金的发展与美国金融结构变迁"，《国际金融研究》，2002 年第 10 期。

[133] 支燕："政府对养老基金投资管制的国际比较与借鉴"，《商业研究》，2004 年第 4 期。

[134] 支燕："中国养老金制度安排的经济分析"，《天津社会科学》，2002 年第 3 期。

[135] 李琼、万里虹："现收现付制和基金积累制的比较分析"，《保险研究》，2005 年第 8 期。

[136] 林义、陈志国："养老基金与资本市场互动机理及其条件分析"，《保险研究》，2006 年第 2 期。

[137] 林义："养老基金与资本市场互动发展的制度分析"，《财经科学》，2005 年第 4 期。

[138] 别朝霞："养老保障与经济增长文献述评"，《经济评论》，2004 年第 5 期。

[139] 柏杰："养老保险制度安排对经济增长和帕累托有效性的影响"，《经济科学》，2000 年第 1 期。

[140] 李军："人口老龄化条件下的经济平衡增长路径"，《数量经济技术经济研究》，2006 年第 8 期。

[141] 陈秉正、郑婉仪："中国企业年金的发展预测分析"，《数量经济技术经济研究》，2004 年第 1 期。

[142] 谢安："中国人口老龄化的现状、变化趋势及特点"，《统计研究》，2004 年第 8 期。

[143] 彭秀健："中国人口老龄化的宏观经济后果——应用一般均衡分析"，《人口研究》，2006 年第 4 期。

[144] 邬沧萍、王琳、苗瑞凤："中国特色的人口老龄化过程、前景和对策"，《人口研究》，2004 年第 1 期。

[145] 黄勤："美国的企业年金制度及其对我国的启示"，《产业经济研究》，2003 年第 3 期。

[146] 易建华："养老金融资制度比较与现实选择"，《经济科学》，1998 年第 3 期。

[147] 田存志、杨志刚："养老金投资对经济增长的影响研究：一种新的理论视角"，《财经研究》，2006 年第 2 期。

[148] 张本波："我国人口老龄化的经济社会后果分析及政策选择"，《宏观经济研究》，2002 年第 3 期。

[149] 田存志、杨志刚："养老金投资对经济增长的影响研究——一种新的理论视角"，《财经研究》，2006 年第 2 期。

[150] 潘莉："企业年金的制度演进、运作模式及其在我国的发展"，《广东社会科学》，2004 年第 5 期。

[151] 张勇、王美今："中国企业年金税收优惠政策的成本研究——我国企业年金税收支出的精算统计分析"，《统计研究》，2004 年第 8 期。

[152] 郑秉文、胡云超："英国养老制度市场化改革对宏观经济的影响"，《国际经济评论》，2004 年第 1 期。

[153] 郑秉文、胡云超："英国社会养老制度市场化改革对储蓄的影响"，《欧洲研究》，2004 年第 1 期。

[154] 郑秉文、胡云超："英国养老制度市场化改革对劳动力市场的影响——对中国的三点重要启示"，《中国人口科学》，2004 年第 2 期。

[155] 郑秉文、胡云超："英国养老制度改革'市场化'取向的经验与教训"，《辽宁大学学报》（哲学社会科学版），2003 年第 4 期。

[156] 杨红燕："日本养老年金制度及其启示"，《日本研究》，2002 年第 2 期。

[157] 李新伟："日本养老保障制度的发展及其启示"，《现代日本经济》，2002 年第 4 期。

[158] 阎中兴："日本养老保险制度改革及其对我国的启示"，《现代日本经济》，2003 年第 2 期。

[159] 孟双见、吴海涛："日本人口老龄化对日本社会经济的影响"，《日本问题研究》，2005 年第 4 期。

[160] 边恕："日本公共养老金的支付危机与养老保险制度改革"，《日本研究》，2003 年第 3 期。

[161] 阎中兴："日本养老保险制度改革及其对我国的启示"，《现代日本经济》，2003 年第 2 期。

[162] 丁纯："德国养老保障体制的改革"，《欧洲》，2000 年第 2 期。

[163] 侯立平："21 世纪德国的两次养老保险体制改革"，《保险职业学院学报》，2006 年第 2 期。

[164] 刘跃斌、高颖："德国的养老保险体制改革"，《武汉大学学报》（哲学社会科学版），2005 年第 9 期。

[165] 王学东："德国养老保险制度的现状和趋势"，《当代世界与社会主义》（双月刊），2001 年第 4 期。

[166] 陈飞飞："人口老龄化与德国法定养老保险制度改革"，《德国研究》，2006 年第 4 期。

[167] 王信："养老基金的国外投资：国际经验与中国的选择"，《证券市场导报》，2003 年 3 月。

[168] 肖汉平："国外养老基金投资规则与绩效的比较"，《证券市场导报》，2006 年 4 月。

[169] 肖汉平："美国 401（K）计划与 IRAs 运作机制研究"，《证券市场导报》，2005 年 11 月。

[170] 高永、刘会明、鞠阳："国外养老基金投资管理及其启示"，《西南金融》，2005 年第 7 期。

[171] 黄顺祥："养老基金投资的国际经验"，《经济导刊》，2002 年第 6 期。

[172] 徐小波、李志明："养老基金投资风险及其防范"，《金融与经济》，2005 年第 9 期。

[173] 郑木清："养老基金信息披露监管的国际经验和我国的政策"，《人

口与经济》，2006 年第 1 期。

[174] 张旭华：“养老基金与资本市场的关系研究”，《宁夏大学学报》（人文社会科学版），2006 年第 1 期。

[175] 李湛：“养老基金投资运营管理的国外模式及其启示”，《广东金融学报》，2004 年第 4 期。

[176] 张怡、阎春宁、牛海霞：“养老基金的增值管理比较研究”，《上海大学学报》（自然科学版），2002 年第 2 期。

[177] 齐明珠、徐征第：“养老金计划改革的宏观经济影响：中国与发达国家的比较研究”，《市场与人口分析》，2001 年第 6 期。

[178] 齐建华：“英、美养老基金和互助基金在金融全球化中的作用”，《国外理论动态》，2000 年第 7 期。

[179] 马亚：“世界金融结构变迁趋势及对中国的启示”，《金融教学与研究》，2005 年第 4 期。

[180] 杨雪：“欧盟国家人口老龄化及其对社会经济政策的影响”，《人口学刊》，2002 年第 5 期。

[181] 范勇、杨艳萍：“美国、英国、瑞典补充养老保险比较研究及借鉴”，《江西农业大学学报》（社会科学版），2002 年第 12 期。

[182] 樊天霞、徐鼎亚：“美国、瑞典、新加坡养老保障制度比较及对我国的启示”，《上海大学学报》（社会科学版），2004 年第 5 期。

[183] 林义：“论养老保险的经济影响”，《中国保险管理干部学院学报》，1994 年第 5 期。

[184] 郭席四：“我国企业年金制度的税收优惠问题研究”，《上海经济研究》，2005 年第 9 期。

[185] 齐明珠、徐征：“养老金计划改革的宏观经济影响：中国与发达国家的比较研究”，《市场与人口分析》，2001 年第 6 期。

[186] 万明国：“功能金融与养老基金风险管理”，《湖北经济学院学报》，2003 年第 1 期。

[187] 耿琳：“养老保险制度改革：我们能不能移植 401(K)”，《金融时报》，2000 年 11 月 30 日。

[188] 张松：《养老基金与资本市场互动的理论与实证研究——兼论中国养

老基金与资本市场良性互动的政策思路》，博士学位论文，2005 年。

[189] 彭雪梅：《企业年金的税收政策研究》，博士学位论文，2004 年。

[190] 姜新：《中国金融结构研究》，博士学位论文，2005 年。

[191] 赵伟军：《转轨时期我国金融结构的变迁及其动因的实证研究》，博士学位论文，2004 年。

[192] 李耀：《养老保险基金运行的经济学与社会实证研究》，博士学位论文，1998 年。

[193] 刘渝琳：《我国养老保险基金投融资模式与运行机制研究》，博士学位论文，2006 年。

[194] 李军：《老龄化与养老保障宏观经济效应分析》，博士学位论文，2003 年。

[195] 孙伍琴：《不同金融结构下的金融功能研究》，博士学位论文，2003 年。

[196] 姜海川：《金融结构演进比较研究》，博士学位论文，2006 年。

[197] 金旭红：《中国企业年金税收优惠政策研究》，硕士学位论文，2004 年。

[198] 王岩妍：《美国 401(K) 计划评述及其对中国的启示》，硕士学位论文，2003 年。

[199] 李理：《美国 IRA 体制及其对我国的启示》，硕士学位论文，2005 年。

[200] 叶茂：《美国养老保障与经济发展》，硕士学位论文，2004 年。

[201] 李理：《美国 IRA 体制及其对我国的启示》，硕士学位论文，2005 年。

[202] 皮专胜：《养老基金与资本市场》，硕士学位论文，2002 年。

[203] 庞海燕：《智利的养老金制度改革》，硕士学位论文，2005 年。

[204] 钟晖：《储蓄结构与金融发展经济增长》，硕士学位论文，2003 年。

[205] 李双月：《日本适应人口老龄化的社会保障制度改革》，硕士学位论文，2001 年。

[206] 陆文磊：《论金融结构的演进机制：一个金融效率的观点》，硕士学位论文，2002 年。

［207］黄为：《养老基金的筹资与投资分析》，硕士学位论文，2002 年。

［208］翟燕立：《国际养老基金投资监管的实践及其对中国的启示》，硕士学位论文，2002 年。

［209］贾晶："保险经营与企业年金开发"，北京大学保险与社会保障研究中心网站。

［210］闻鸣："企业年金模式选择研究"，北京大学保险与社会保障研究中心网站。

［211］罗亚琳："中国企业年金模式选择"，北京大学保险与社会保障研究中心网站。

［212］钟子埙："企业年金税收的经济学分析"，北京大学保险与社会保障研究中心网站。

［213］刘子兰："养老金计划私有化问题研究"，北京大学保险与社会保障研究中心网站。

［214］何平："中国企业年金财税政策与运行"，北京大学中国保险与社会保障研究中心第二次双周讨论会。

［215］李珍、杨玲："养老基金制度安排与经济增长的互动"，《金融研究》，2001 年第 2 期。

［216］林义、陈志国："养老基金与资本市场互动机理及其条件分析"，《保险研究》，2006 第 2 期。

［217］Bhargava, A., L. Franzini, and W. Narendranathan, 1982, "Serial Correlation and the Fixed Effects Models", *Review of Economic Studies*, 49 (158), 533 - 549.

［218］Baltagi, B. and P. X. Wu, 1999, "Unequally Spaced Panel Data Regressions With AR (1) Disturbances", *Econometric Theory*, 15 (6), 814 - 823.

［219］Blommestein, H. J., 1998 "Pension funds and financial markets", Organization for Economic Cooperation and Development. *The OECD Observer*; Jun/Jul 1998; 212; p. 23.

［220］Dicks - Mireaux, L., and M. 1984, "Pension Wealth and Household Savings: Tests of Robustness", *Journal of Public Economics*, 1984. Vol. 23 (1 - 2); pp. 115 - 139.

［221］ Ellison, R. , "Tax policy and pensions", Pensions, 2003, Vol. 8 (3), pp. 199 – 202.

Leimer, D. R. , and D. H. Richardson, "Social Security, Uncertainty Adjustments and the Consumption Decision", *Economica*, 1992, Vol. 59 (235), pp. 311 – 335.

［222］ Rodriguez, L. J. , "Europe's Retirement Blues", *Journal of Commerce*, 1998, February 5.

［223］ Samwick, A. A. , "Is pension reform conducive to higher saving?", *The Review of Economics and Statistics*, 2000, Vol. 82 (2), pp. 264.

［224］ Salisbury, Dallas, L. , "Pension tax expenditures: Are They Worth the Cost?", *Benefits Quarterly*; Fourth Quarter 1993; 9, 4; pp. 66 – 77.

［225］ Stevenson, R. W. (1998, July 19), Britons govern their own retirements. *New York Times*, 6.

［226］ Walker, E. , F. Lefort, (1999) . "Pension Reform and Capital Markets: Are There Any (Hard) Links?" REVISTA ABANTE, Vol. 5 (2), pp. 77 – 149 .

［227］ 中国保险监督管理委员会人身保险监管部编:《补充养老保险课题报告》, 2005 年。

［228］ 中国保险监督管理委员会人身保险监管部编:《中国养老保险发展国际研讨会暨第二届企业年金与保险发展论坛优秀论文集》, 2005 年。

［229］ 李扬:《完善金融体系, 发展契约型金融机构》, 北大赛瑟论坛讲演, 2004 年。

［230］ 林毅夫、孙希芳、姜烨:《经济发展中的最适金融结构理论初探》, 北京大学中国经济研究中心讨论稿系列, 2006 年。

［231］ 中国保监会编著:《养老保险国别研究及对中国的启示》, 中国财政经济出版社 2007 年版。

［232］ 中国保险行业协会美国养老金考察团:《美国退休金考察报告》, 2003 年。

［233］ 刘云龙、傅安平著:《企业年金发展: 模式探索与国际比较》, 中国金融出版社 2004 年版。

［234］ 刘云龙、姚枝仲、傅安平: "中国企业年金发展与税惠政策支持",

《管理世界》，2002 年第 4 期。

[235] 刘云龙、傅安平、潘前进："我国企业年金发展与监管政策选择"，《经济研究参考》，2000 年第 12 期。

[236] 马玉荣："评审专家刘云龙：401（k）计划是精细先进的金融制度"，《证券日报》，2005 年 8 月 30 日。

[237] 刘云龙："养老基金、税收待遇与金融结构变迁：一个基于美国私人退休金制度的分析框架"，载中国社会科学院经济学部、中国博士后科学基金：《全球化下的中国经济学 2006》，中国社会科学文献出版社 2006 年版。

[238] 刘云龙、肖志光："养老基金与金融结构变迁"，载《中国企业年金规范与发展》，中华工商联合出版社 2007 年版。

后记

本书是在我的博士后出站报告《养老基金、税收待遇与金融结构变迁》的基础上修改而成的。我于2002年10月至2006年3月，在中国社会科学院金融研究所从事应用经济学博士后研究工作，这是我人生的一大际遇，得到了李扬老师、王国刚老师、王松奇老师等的教诲，多次参与了该所热烈而又睿智的讨论。每次走进金融研究所所在的那座两层小楼，感受到的不是压力和紧张，而是放松和乐趣，久而久之，甚至有一种不愿出站的留恋。

作为博士后合作导师，李扬老师宽厚

严谨的大家风范和风细雨的教导方式，深邃独到的学术见解，让我深受教益。

在完成博士后研究工作过程中，得到了众多师长的关心，他们是：我的博士生导师、北京国民经济研究所所长樊纲研究员，中共中央党校副校长石泰峰教授、教务部主任王东京教授，国务院发展研究中心副主任刘世锦研究员、宏观经济研究部副部长魏加宁研究员，全国人民代表大会常委会委员、中国人民大学郑功成教授，财政部财政科学研究所所长贾康研究员、副所长刘尚希研究员和白景明研究员，中国社会科学院经济研究所张曙光研究员、胡家勇研究员，中国社会科学院拉丁美洲研究所所长郑秉文研究员，北京大学经济学院院长孙祁祥教授，北京大学于小东教授，清华大学社会政策研究所所长杨燕绥教授，中国人民大学统计学院党委书记王晓军教授，中国人民大学公共管理学院院长董克用教授、李珍教授，北京师范大学管理学院执行院长唐任伍教授，中央财经大学财经研究院院长王雍君教授，中国政法大学法律硕士学院院长费安玲教授，武汉大学副校长吴俊培教授，中南财经政法大学党委副书记张中华教授，中南财经政法大学经济学院院长卢现祥教授，西南财经大学林义教授，武汉大学社会保障研究中心邓大松教授，南开大学经济学院副院长李秀芳教授，首都经济贸易大学金融学院庹国柱教授，北京工商大学副校长谢志华教授、经济学院院长杨德勇教授、保险系主任王绪瑾教授，湖南大学法学院副院长曲茂辉教授、孙昌军教授，新华社副总编辑、欧洲分社社长刘江教授，新华社对外编辑部严文斌主任，人力资源和社会保障部基金监督司陈良司长、张昕处长，中国证监会研究中心祁斌主任，中国金币总公司邵长年董事长，中信银行苏国新副行长，中国科学技术信息研究所副所长赵志耘博士，国务院发展研究中心《经济要参》杂志社副社长何玉兴博士，中国经济体制改革研究会邵志光先生，中国少儿出版社副社长申平华教授，中国财产再保险公司总裁何春雷博士，中国人保健康保险公司总裁李玉泉博士、中国人保资产管理公司副总裁石新武博士、中国人保寿险公司副总裁傅安平博士。

中国社会科学院金融研究所赵培德主任、郭金龙博士、刘菲博士、曹红辉博士、阎建军博士，中国社会科学院世界经济与政治研究所何帆博士、姚枝仲博士、张斌博士，中国社会科学院经济研究所张晓晶博士，北京大学中国教育财政科学研究所刘明兴博士，北京师范大学钟伟博士、罗楚亮博士，武汉大学社会保障研究中心刘昌平博士，《华夏时报》财经部主任李春喜先生，我的朋友李保平博士、潘前进博士、欧明钢博士、罗钢博士、武剑博士、姚勇博士、马栓友博士、梅红博士、李洪斌博士、卢晓峻博士、陈湘永博士、段家喜博士、王强博士、李航博士、田向阳博士、蒋羽扬博士、谢旭博士、石葛铭先生、朱英桃先生、王新祥先生、邹谷林先生、方林先生、杨学连先生、高菁先生、陈征阳先生、王炼文先生、龚刚先生、贺雪云女士、陶冶女士、江如圭女士、胡砚女士、谷晓燕女士、高松凡先生、向世华先生、陈中华先生，他们为我完成博士后研究工作提供了大量的帮助，我从他们的研究和帮助中受益匪浅。

中国保险监督管理委员会人身险监管部、资金运用监管部以及政策研究室，人力资源和社会保障部基金监督司、社会保险研究所，给我提供了许许多多交流和沟通的机会。

中国财政经济出版社的张立宪副总编、刘五书博士、林治滨先生、卢关平博士，为“长期资本”系列书稿的出版鼎力相助、倾力谋划。作为出版人，他们对我有知遇之恩，他们对养老金发展有先见之明。

北京工商大学硕士研究生杨雨亭、骆俊峰、赵鹏、王鹏程，在交流观点、整理数据、帮助校对等方面提供了大量的帮助，在此表示衷心感谢！

特别感谢给我如师长如兄长般关怀的傅安平博士，十多年来他为我的学习和工作提供了太多的支持和帮助。

最后，向所有关心和帮助过我的老师、领导和朋友，表示衷心的感谢。

刘云龙
2011 年 9 月